동아시아 속에서의 高句麗와 倭

한일관계사학회 편

景仁文化社

<발간사>

고구려 대외관계사의 새로운 지평을 열며

이번에 출간된 '동아시아 속의 고구려와 왜'는 작년 10월 한일관계사학회 주최로 열린 국제학술회의 자료를 수정, 보완한 것이다. 학술회의 주제로 '동아시아 속의 고구려와 왜'로 정한 것은 최근에 중국의 동북공정, 일본의 역사교과서 왜곡 등 역사현안 문제가 불거지고 있고 이에 대한 학회 차원의 학문적 대응의 필요하였기 때문이다.

우리 민족사의 중요한 뿌리를 갖고 있고 고대동아시아의 중요한 축으로 존재했던 고구려를 중국사의 일부로서 취급하려는 인식과 고구려를 일본의 조공국으로 간주하려는 일부 역사서술에 대한 잘못된 인식을 불식시킬 학문적 연구가 필요하였다. 외교의 독자성은 왕권의 독립성을 말해주는 것이고 국가의 독자적 정체성을 확인하는 길이기도 하다.

지금까지 고대한일관계사에서 고구려와 왜와의 관련된 연구는 극히 드물었다. 무엇보다 사료적 제약으로 연구자들의 관심이 적었고 또한 양국 관계가 특별이 있었겠는가 하는 연구자들의 선입견이 작용했다고 본다. 사실 국내기록에는 고구려와 왜관련 사료가 거의 남아있지 않다. 기껏해야 광개토왕비문에 보이는 고구려와 왜병의 전쟁기사가 고작이고, 이것도 공적접촉이 아니기 때문에 교류의 실태를 파악하기가 어렵다.

그러나 일본측 기록에는 의외로 고구려 관련기록이 많이 나오고 양지역의 관계를 말해주는 고고학적 자료도 적지 않게 남아 있다. 그래서 기왕에 알려지지 않은 고구려와 왜의 관계사를 종합적으로 검토하고 전체상을 살펴볼 수 있는 기획연구를 추진하게 되었다.

　고구려 광개토왕대의 양국의 군사적 접촉에서 6세기후반 이후의 공적인 교섭과 교류, 멸망 전후의 양국의 교류의 실태 나아가 고구려유민의 일본열도에서의 생활에 이르기까지 다양한 주제들로 구성되어 있다. 한일 연구자 9인의 논문 중에서 8편은 학술회의 발표문이고 보론의 '고대일본의 고구려관 연구'는 기존에 발표된 원고이나 고대일본의 고구려에 대한 전체적 인식을 추구하고 있어 본서의 성격과도 부합하고 이 분야에 대한 독자의 이해도 높힐 수 있다고 생각되어 추가하게 되었다. 본서의 출간이 이 분야에 대한 관심과 앞으로의 연구를 촉진시킬 수 있는 계기가 되기를 기대해 본다.

　끝으로 한일관계사학회의 학술회의에 참여하시고 옥고를 정리해 주신 한국과 일본의 연구자 여러분께 감사의 말씀을 드린다.

2006년 12월

한일관계사학회 회장　연 민 수

<축 사>

새로 조명해보는 高句麗와 倭 관계

역사는 시간(tempos)과 공간(topos)이 엮는 무대 속에서 이루어지는 사람과 사람 간의 관계입니다. 한국인과 일본인은 지난 수천년 동안 동아시아라고 하는 공간속에서 서로 접촉하면서 역사를 만들어 왔습니다. 오늘 한일관계사학회는 1천 5백년의 세월을 거슬러 올라가 高句麗와 倭 간의 관계를 짚어 보는 의미 있는 학술회의를 마련했습니다. 역사는 오늘을 이해하는 기초라는 점에서 한일관계의 오늘을 분석하는 데 크게 도움을 주리라 생각합니다.

오늘 회의에는 한일양국의 사계전문가가 모두 참석합니다. 일본에서는 坂元義種, 新川登龜男, 川本芳昭, 森公章, 高麗澄雄 등 여러 학자들이 참가합니다. 특히 高麗神社에 모셔진 고구려 도래인 高麗王若光의 직계 후예인 澄雄선생께서 직접 참석하셔서서 자리를 빛내주십니다. 그리고 한국에서 고구려사를 연구하시는 徐榮洙, 朴天秀, 金善民, 金恩淑 교수님들이 주제발표를 해 주시고 金泰植, 李永植, 李仁哲, 鄭炳三, 鄭孝雲, 李根雨, 李道學, 李鎔賢, 南相虎, 李在碩 교수 등이 대거 참석하십니다.

이번 회의는 한일관계사에 깊은 관심을 가진 소장학자들이 만든 韓日關係史學會에서 준비해 온 회의입니다. 이 학회는 그 동안 韓國과 日本사이에서 있어왔던 역사왜곡문제가 감정적인 논쟁으로 치닫는 불행한 사태를 지켜보면서 이를 바르게 풀기 위해 역사를 지성인답게 차근차근히 학문적으로 풀어나가는 의미 있는 일들을 해 왔습니다.

이 학회에서 이루어 놓은 업적으로 역사왜곡문제는 바른 해결의 길로 들어서고 있습니다. 두 국민간의 바른 이해를 위하여 지난 20년간 노력해 온 재단법인 한일문화교류기금을 대표하여 이 학회회원 여러분들께 깊은 감사를 드립니다. 특히 그 동안 이 학회를 이끌어 오신 孫承喆, 吳星 전 회장님들 그리고 현재 회장직을 맡고 있는 延敏洙 회장님께 감사드립니다. 저희 기금에서는 여러분들이 하시는 일을 조금이라도 돕기 위해 꾸준히 약간의 지원을 하고 있습니다.

오늘의 의미 있는 학술모임이 좋은 열매를 맺기를 기원합니다. 여러분들의 논의내용은 책으로 출판하여 여러 사람들이 읽을 수 있도록 할 것입니다. 감사합니다.

2005년 10월 14일
한일문화교류기금 이사장   이 상 우

<목 차>

고대에 있어서의 고구려와 왜

－왜 5왕의 외교와 ‘日出處天子’ 國書를 중심으로－

坂元義種

(龍谷大學 文學部 敎授)

머리말

　지금까지 국경을 접하지 않은 고구려와 왜의 관계는 그다지 밀접하지 않으며, 두 나라는 고구려와 국경을 접하는 백제나 신라가 개재했을 때만 직접적인, 혹은 밀접한 관계를 갖게 된다고 막연하게 생각해 왔던 것 같다. 그러나 근자에 필요가 있어서 백제·신라와 왜의 관계에 대해 생각할 기회가 있었는데, 그 과정에서 『日本書紀』 등을 다시 검토하는 사이에 고구려와 왜는 실제로는 과거에 내가 생각하던 것보다 훨씬 깊은 관계가 있었던 것이 아닌지 새삼 깨닫게 되었다.

아래에서는 내가 지금까지 양국의 관계를 어떻게 생각해 왔으며, 현재 어떻게 생각하고 있는지에 대해 왜 5왕의 외교와 '日出處天子' 國書를 중심으로 구체적인 사례를 들어가면서 서술하고자 한다.

1. 고구려의 '冬壽墓'를 단서로

왜 5왕을 연구하는 사이에 倭國王의 칭호에 특히 관심을 갖게 되었고, 그런 흐름 속에서 고구려의 安岳 제3호분의 墓誌를 다룬 적이 있다. 또 나는 이 고분을 冬壽墓로 보는 견해에 찬성하여, 「安岳第三号墳(冬壽墓)」이라는 제목으로 1976년에 간행된 山川出版社의 『考古學ゼミナール』의 「金石文(朝鮮)」에 글을 게재했다. 지금도 이 묘는 고구려왕의 무덤일 수 없다고 생각하고 있는데, 그렇게 생각하는 중요한 근거는 벽화 속 인물 옆에 붉은 글씨로 적혀 있는 관직명 '戰吏'·'張下督'·'記室'·'小史'·'省事'·'門下拜' 등이 모두가 고구려의 官名이 아니라 중국식 명칭이며, 더욱이 '戰吏'를 제외하고는 모두가 郡의 屬官이기 때문이다. 다시 말하면 이들은 冬壽의 官歷 중에서 '相'이나 '太守'號와 밀접하게 대응하고 있다. 또 묘지의 '永和十三年'(357)이라는 연호가 東晉의 연호라는 사실도 주목해야 한다고 생각했다. 다만 冬壽의 칭호 중에서 '樂浪相'으로 복원되는 官號는 冬壽의 역사적 성격을 생각하는 데 있어 중요하다. 왜냐하면 이 관호는 樂浪公의 公國의 장관을 의미하는데, 당시에 낙랑공이라고 하면 '高句麗王·樂浪公'의 칭호를 가진 고구려왕 釗(고국원왕)이기 때문이다. 이것은 亡命官人인 冬壽의 복잡한 상황을 알려준다. 그 후 德興里古墳이 소개되면서 墓主 鎭의 官歷(權威將軍, □小大兄, 左將軍, 龍驤將軍, 遼東太守, 使持節, 東夷校尉, 幽州刺史)과 관련지어서, 1981년에 敎育社에서 출판된『倭の五王—空白の五世紀』에서 다시 冬壽의 칭호를 다루었는데, 冬壽를 鎭과 마찬가지로 고구려왕의 臣屬으로 보았다. 지금 생각해보면 冬壽와 鎭을 同列로 취급한 것은 지나쳤다는 생각이 든다. 鎭은 고구려 好太王의 연호인 '永樂十八年'(408)이라는 紀年을 묘지에 쓰고 있지만, 冬壽는 동진의 연호, 그것도 이미 동진에서는 '永和'는 12년말로 끝나고 다음해 元日에는 '升平'으로 개원되어, 이미 '永和'는 사용되지 않게 되었음에도 불구하고, 이 '永和'를 사용하고 있기 때문이다. 물론 이것은 동진 본국에서 개원이 행해졌어도 동진의 영역이 아닌 朝鮮에는 개원 사실이 곧장 전해지지 않았기 때문에 冬壽墓誌에는 동진 본국과는 다른 기년이 쓰인 것이다. 그렇기는 하지만 동진의 기년이 사용된 데에서 冬壽의 동진에의 강한 귀속의식이 나타나 있다고 할 수 있다.

또 이 책에서는 冬壽의 관력과 덕흥리 고분의 묘주(鎭)의 관력, 나아가서는 幽州刺史를 칭하는 鎭의 지배하의 幽州13郡太守의 軍號(奮威將軍)와 태수호를 통해, 당시 고구려 왕조는 중국의 관제를 고구려 지배체제의 일환으로 이용하고 있었다고 지적했다. 그러나 이 점도 지금 와서 생각해 보면 지나친 점이 있었던 것 같다. 분명히 일부에서는 중국의 관제를 이용하고 있기는 하지만, 적극적으로 중국 관제를 활용하고 있다고 말할 수 있을 정도의 사료는 아직 충분히 발견되지 않았기 때문이다.

또 이 책에서는 冬壽墓 묘주의 왼쪽, 바꾸어 말하자면 그림을 바라보고 오른쪽에 반원형의 毛房을 상하에 3개, 일정한 간격으로 겹쳐서 붙인 긴 막대 모양의 물건이 그려져 있고, 또 묘주의 行列圖에도 묘주의 가마 바로 뒤에 말을 탄 인물이 같은 물건을 갖고 있는 것을 지적하고, 이것들이 종래에는 명확하게 알려지지 않았던 '節'에 해당한다는 사실을 지적했다. 이 '節'의 발견은 매우 중요한 발견이었다. 조선의 3국왕과 왜국왕이 중국 왕조로부터 받은 칭호 중에서 '使持節'이라든가 '持節'이라는 官號는 바로 이 '節'의 所持를 전제로 한 것이다. 지금까지 애매했던 칭호의 내용이 이로써 한꺼번에 해명되었다. 더욱 다행스럽게도 冬壽墓의 毛房-이것을 '節

旄’라고 한다, 즉 ‘節旄’와 이것이 달려 있는 막대가 붉은색으로 칠해져
있어서, 그림을 통해 節의 색깔까지 증명되었다.

　다시 말하면 왜 5왕의 ‘使持節・都督倭新羅任那加羅秦韓慕韓六國諸
軍事・安東大將軍・倭國王’ 등의 칭호 중에서 ‘使持節’이란 이념적으로
는 宋의 황제로부터 왜국의 지배를 위임받은 왜국왕이 宋朝의 사자로서 왜
국에 부임하게 된 그 지위의 상징으로 수여받은 것이 赤‘節’이었다. 또 ‘使
持節’이란 ‘황제의 사자로서 그 징표인 節을 가졌다’는 것이 본래의 의미
이다. ‘節’의 수여방법은 3가지가 있는데, 가장 격이 높은 것이 ‘使持節’,
다음이 ‘持節’, 3번째가 ‘假節’인데, 이들은 魏代에 이미 장군의 지위의 고
하를 나타내는 관호가 되어 있었던 것 같다.

　冬壽의 ‘樂浪相’은 이념적으로는 낙랑공국의 國主의 지위를 인정받은
고구려왕이 그 낙랑공국을 통치하기 위해 장관으로 임명한 것으로, 冬壽는
그 지위에 있었던 것이 된다. 더욱이 그는 ‘使持節, 都督諸軍事, 平東將
軍, 護撫夷校尉, 樂浪相, 昌黎・玄菟・帶方太守, 都鄕侯’를 칭하고 있
는데, ‘節’은 그 지위를 증명하기 위해 소지하고 있던 물건이다. 물론 고구
려왕에게는 冬壽에게 이들 관호를 수여하거나 그 지위를 증명하는 ‘節’을
사여할 권한이 없다. 만약 이들을 수여한 사람이 있다면, 그것은 冬壽가
‘永和’의 正朔을 받드는 동진 왕조이다. 그리고 冬壽가 칭하고 있는 ‘平東
將軍’은 매우 높은 장군호로서, 왜국왕이 수여받은 ‘安東將軍’과는 불과 1
단계밖에 차이가 나지 않는다. 이런 높은 장군호를 가진 冬壽의 爵號가
‘都鄕侯’에 불과하다는 것도 의심스럽다. 冬壽의 칭호의 대부분은 망명관
인인 冬壽의 자칭 칭호였을 가능성이 크다. 하지만 되풀이 되는 이야기지
만, 그가 ‘樂浪相’을 칭한 것은 스스로를 고구려왕의 관인으로 위치시킨 것
으로, 그것은 그 나름대로 이국땅에서 살아가는 소중한 수단이었을 것이다.
고구려왕으로서도 자기와 관련이 없는 상급 칭호를 칭하면서 복속을 맹세
하는 망명관인을 함부로 대하는 것은 得策이 아니며, 칭호 등은 묵인했을
것으로 생각된다.

왜국왕 珍은 元嘉 13년(438)에 송조에 대해 '使持節·都督倭諸百濟新羅任那秦韓慕韓六國諸軍事·安東大將軍·倭國王'을 자칭하면서 이 관작호의 除正(정식 임명)을 요청하고, 동시에 倭隋 등 13명에 대해서도 '平西, 征虜, 冠軍, 輔國'의 장군호의 除正을 요구했다. 그 후 元嘉 28년(451) 왜국왕 倭濟의 요청을 받은 송조는 "함께 바치는 23명을 軍·郡에 임명"했다고 한다. 왜국왕은 자신을 송조의 藩臣으로 위치시킬 뿐 아니라, 자기의 配下에 대해서도 특정 장군호를 假授(왜국왕 자신이 수여)한 다음에 그들 軍號를 정식으로 임관해 달라고 요청하고 있다. 그뿐이 아니라 왜국왕은 '軍·郡'의 수여도 요청했다. '軍'은 장군호, '郡'은 군태수호이다(「古代東アジアの<大王>について一百濟大王考補論」『京都府立大學學術報告·人文』20, 1968년). 당시에는 안악 제3호분의 묘주 冬壽와 덕흥리 고분의 묘주 鎭 등을 몰랐기 때문에 백제의 사례와 대비하면서 고찰했다.

이윽고 이들 사료를 알게 되면서『倭の五王一空白の五世紀』에서 冬壽와 鎭의 칭호와 관호와 대비하여 고찰하였다. 물론 처음에는 고구려가 중국의 관제를 지방지배에 이용했다고 생각하고, 왜의 5왕이 중국의 칭호와 관호를 요청한 배경에는 "백제왕이 중국 왕조로부터 관작호를 받고 있던 사실과 함께, 고구려가 중국의 관제를 지방지배에 이용하고 있던 사실이 있었다고 생각된다"고 결론지었다.

이것에 문제가 있음은 이미 기술했지만, 여기서 지적하고 싶은 것은 어쨌든 왜 5왕의 문제를 고구려와 관련시켜 생각하려고 했다는 사실이다.

2. 府官 '司馬' 曹達을 단서로

그밖에도 왜 5왕의 외교를 고찰할 때 고구려와의 관계를 고려해야 한다고 생각했던 몇 가지 사실이 있다. 우선 첫째는 대중국 외교 사절의 직함이다. 倭讚의 사자는 '司馬曹達'로 전해지고 있는데, 거기에 나오는 '司馬'

가 '長史, 司馬, 參軍' 중의 차석이라는 점에 주목했다(「古代東アジアの 日本と朝鮮一「大王」の成立をめぐって」『史林』 51-4, 1968년). 다시 그 후에 '司馬'를 府官의 하나로 명확하게 위치시켰다(「倭の五王の外交一司 馬曹達を中心に」『赤松俊秀教授退官記念國史論集2』, 1972년). 그 논문 에서 나는 고구려왕의 사자가 '長史'로 적혀 있는 사례 등도 포함시켜 「諸 國の遺宋使節表」를 제시하고, 특히 백제가 南齊에 보낸 사절단의 직함에 보이는 '長史, 司馬, 參軍'의 해명을 시도했다. 나는 이들 직함은 軍府의 府官名이며, 府主인 백제왕과 고구려왕이 외교사절단의 장관의 직함에 이 용한 것으로 보았다. 그와 함께 府官의 차석인 '司馬'가 상석인 '長史'를 대신하여 사절단의 장관이 된 것의 역사적 의의에 대해서도 생각해 보았다. 그 과정에서 과거에 「古代東アジアの國際關係一和親・封册・使節より みたる」『ヒストリア』 49・50, 1967년 12월, 1968년 5월)에서 일본이 동 아시아 제국에 파견한 외교 관료에는 "왕족은 물론 3위 이상의 고급 관료 는 거의 없었다"고 지적했던 사실과 기묘하게 일치한다는 사실을 알게 되 었다.

고구려왕과 백제왕이 府官의 수석인 '長史'를 대중국 외교사절단의 장 관에 임명한 데 비해서, 왜국왕은 차석인 '司馬'를 임명한 데에 일본 고대 귀족의 일관된 외교 자세를 엿볼 수 있다고 결론을 내렸다. 이 외교 자세는 그 후에 隋에 대해서는 '日出處天子' 국서가 되어 나타났고, 唐에 대해서 도 "其人, 入朝者, 多自矜大"라고 중국 사서에 기록되게 된다.

또 나는 고구려나 백제의 경우와 마찬가지로 왜국의 경우도 '長史, 司 馬, 參軍' 등의 府官은 어디까지나 외교사절의 신분표시에 이용되는 정도 라고 생각했다. 다만 여기서 문제가 되는 것은 부관의 '府'가 무엇을 가리 키는가라는 점이다. 왜 5왕 관계 논문을 모아서 펴낸 『古代東アジアの日 本と朝鮮』(吉川弘文館, 1978년)에서 선학의 연구를 이어받아 '府'는 '軍 府'라고 지적했다. 이것에 문제는 없지만, 『梁書』고구려전의 "寶立, 以句 驪王安爲平州牧, 封遼東帶方二國王, 安始置長史・司馬・參軍"을 어떻

게 생각할 것인가, 나아가서 '司馬曹達'이 파견되었을 당시의 왜국왕 倭讚의 칭호는 무엇이었는가 등에 대해서 나의 견해를 밝힐 필요가 있다고 느꼈다. 그래서 전자에 대해서는 「倭の五王の外交について―とくに『司馬曹達』を中心に」(『東アジアの古代文化』117, 2003년), 후자에 대해서는 「『倭の五王』の外交―倭王讚の『安東將軍』除授と軍府設置の眞相」(『別冊歷讀本』90, 2004년)에서 견해를 피력했다. 둘 다 요점은 '府'는 軍府를 가리킨다는 것이지만, 고구려왕 安(이른바 호태왕)은 後燕으로부터 장군호를 받았기 때문에, 그 결과 軍府를 설치하고 長史 등을 둘 수 있었다고 생각했다. '司馬曹達'도 마찬가지로서, 倭讚이 永初 2년에 '안동장군·왜국왕'에 제수되었기 때문에 안동장군부를 설치할 수가 있었고, 그래서 '府官'인 '司馬'를 파견할 수 있었다고 보았다.

결과적으로는 고구려왕이 중국 왕조와의 교섭을 통하여 軍府를 열었기 때문에 왜국왕도 그 덕을 볼 수 있었던 것이 아닐까?

3. 왜국왕의 王名 등을 단서로

5세기의 왜국왕과 왕족들 중에는 '倭讚'이라든가 '倭濟', '倭隋' 같이 간결한 이름으로 기록된 자들이 있다. 선학의 연구를 계승하면서 이러한 이름의 표기법으로부터 "당시 왜국의 외교가 결코 고립적인 것이 아니라, 국제적인 환경 하에서 이루어졌음을 시사하는 것임"을 지적하고, 그 논거를 "중국 왕조와 교섭을 가진 역대 고구려왕은 그 이름을 '高璉'·'高雲'·'高安'·'高湯' 등이라고 하고, 백제왕은 '余句'·'余暉'·'余映'(실은 脒)·'余毗'·'余慶'·'牟都'·'牟大'(余大)·'余隆'·'余明' 등의 이름으로 중국 사서에 전하고 있기 때문이다"고 지적했다(이상, 「倭の五王―その遣使と授爵をめぐって」『朝鮮史研究會論文集』7, 1970년). 나는 앞에서 열거한 고구려왕과 백제왕의 이름과의 대비를 통하여 '倭讚' 등의 '倭'를

國姓으로 해석했다. 그리고 간결한 이름으로 표기하게 된 배경은 당시 고구려와 백제가 중국과 외교할 때 이름을 姓과 名 각각 1자로 표기하던 것이 말하자면 외교 관례가 되어 있었기 때문이라고 생각했다.

물론 고구려왕의 국성은 '高' 1자로 문제가 없지만, 백제의 경우 국성의 유래는 백제왕 자신이 "臣은 고구려와 같이 원래 부여에서 나왔다"(『魏書』百濟國傳)고 자신의 出自를 '부여'에서 구하고 있어서, 그 때문에 때로는 '扶餘映'(『宋書』本紀)이라는 표기도 있으며, 뒤에는 '扶餘昌'(『隋書』帝紀), '扶餘璋', '扶餘義慈', '扶餘隆', '扶餘豊', '扶餘忠勝'(『旧唐書』) 등의 표기가 있다. 그러나 대체적으로는 5세기에는 '余' 1자의 姓이 많다.

중국 사서에 이름이 남아있는 고구려왕의 이름의 경우, '釗'는 『三國史記』에 의하면 諱는 '斯由', '安'은 '談德', '璉'은 '巨連', '雲'은 '羅雲', '安'(安臧王)은 '興安', '延'은 '宝延', '成'은 '平成', '湯'은 '陽成'(湯과 陽 어느 한쪽이 잘못) 등으로 나오며, 중국에 전해진 一字名은 본래의 이름을 생략하거나, 음이 통하여 한 글자로 된 것이다.

백제왕의 이름도 마찬가지로 『三國史記』와 비교해보면 '句'는 '肖古', '須'와 '暉'는 '貴須' 혹은 '仇首', '映'(실은 '腆')은 '腆支' 혹은 '直支', '毗'는 '毗有', '慶'은 '蓋鹵' 혹은 '蓋婁', '隆'은 '斯摩' 혹은 '斯麻', '明'은 '明穠' 등으로 기록되어 있다. 백제의 경우에도 본래의 이름은 두 글자이지만, 이것을 중국에 전할 때에 一字名으로 생략하여 전했던 것 같다.

고구려왕과 백제왕이 본래의 이름을 1자로 줄여 중국에 전한 이유는 분명하지 않지만, 어쩌면 중국 왕조에서는 성과 명이 각각 한 글자가 일반적이라고 오해했을 수도 있다. 분명히 송조의 황제는 劉裕로, 성과 명이 각 한 글자이다. 그 이유는 모른다고 할 수밖에 없지만, 국왕의 이름은 성과 명이 각각 한 글자라야 한다는 고정관념에 사로잡혀, 결과적으로 고구려도 백제도 성과 명 각각 한 글자로 중국 왕조와 교섭을 했고, 늦게 중국 왕조와 교섭을 가지게 된 왜국왕도 이것을 외교관례로 받아들여 자신의 이름도 성과 명을 각각 한 글자로 정한 것으로 생각된다.

4. 왜국왕의 장군호 문제

왜 5왕의 칭호에 대해 검토를 진행해나가는 사이에 왜국왕의 지위가 고구려왕이나 백제왕과 비교했을 경우에 어떤 위치인지, 말하자면 왜국왕의 국제적 지위에 대해 관심을 갖게 되었다. 물론 이 관심은 나의 왜 5왕 연구의 출발점이기도 하며, 이미 「古代東アジアの國際關係—和親·封册·使節よりみたる」(전게)에서 다루었던 문제이기도 하다. 비교 검토의 단서를 『송서』 백관지의 官品에서 구하여, <장군을 중심으로 본 宋官品表>를 작성하고 이것을 <남조의 고구려·백제·왜 삼국왕 장군표>와 대조하면서 검토해 보았다. 그 결과 고구려왕이 가장 지위가 높고, 백제왕이 다음이며, 왜국왕이 가장 지위가 낮다는 사실을 알았다. 물론 삼자가 동일한 출발선에서 동시기에 서위된 사례가 없기 때문에 엄밀한 비교는 어렵지만, 결과적으로는 문제가 없다고 생각된다. 송조에서 고구려왕 高璉은 永初 원년(420) 征東將軍에서 征東大將軍으로 높아졌고, 백제왕 餘映(腆)도 같은 시기에 鎭東將軍에서 鎭東大將軍으로 높아졌다. 그에 비해 왜국왕 倭讚은 1년 늦게 安東將軍이 된 것으로 생각된다. 가령 倭讚이 취임한 永初 2년 단계의 3국왕을 비교하면, 정동대장군인 고구려왕이 가장 지위가 높고, 다음은 진동대장군인 백제왕, 안동장군인 왜국왕은 가장 지위가 낮다.

고구려왕 高璉은 실은 義熙 9년(413)에 長史 高翼을 동진에 파견하여 赭白馬를 헌상했는데, 그에 대해 동진은 그를 '使持節, 都督營州諸軍事, 征東將軍, 高句麗王, 樂浪公'으로 책봉했다. 그 후 동진에 이어 새 왕조를 수립한 송은 전 왕조의 藩臣은 당연히 자기 왕조의 藩臣이라고 자리매김하고, 신왕조 수립의 기념축하적인 서위를 단행하여 고구려왕 고련의 장군호를 정동장군에서 정동대장군으로 높였다. 나아가 大明 7년(463) 고련의 조공을 받자, 송조는 그의 지위를 높여 軍號를 정동대장군에서 車騎大將軍으로 올리고, 덧붙여 開府儀同三司의 지위를 부여했다. 이 때의 封册詔

書가 남아 있는데, 그에 따르면 進號 전 고련의 칭호는 '使持節, 散騎常侍, [都]督平·營二州諸軍事, 征東大將軍, 高句麗王, 樂浪公'이었다. 얼마 후 송을 이어 신왕조를 수립한 南齊는 建元 2년(480) 다시 고련의 지위를 올려 그의 군호를 車騎大將軍에서 驃騎大將軍으로 높였다. 실은 표기장군이라는 군호는 송관품표에 의하면 제2품으로 諸臣이 수여받는 군호 중에서 최고위인데, 여기에 '大'가 붙음으로써 제1품으로 승격된 셈이다. 한편 宋에서 백제왕의 지위는 진동대장군이었다. 진동장군은 제3품으로 정동장군 다음의 지위인데, 여기에 '大'가 붙으면 한 단계 상승하여 제2품이 된다. 이에 비해 왜국왕이 송조에서 수여받은 장군호 중에서 가장 높았던 것이 안동대장군으로, 이것은 백제왕이 받은 진동대장군보다 한 단계 낮은 군호였다. 이상으로 밝혀진 바와 같이 3국왕의 지위는 앞서 기술한 바와 같이 고구려, 백제, 왜국의 순서가 된다.

또 제국왕의 국제적인 지위를 고찰함에 있어 장군호의 유효성을 검토한 것이 「五世紀の日本と朝鮮一中國南朝冊封と關連して」(『史林』 52-5, 1969년)이며, 거기서는 왜국왕의 '都督百済諸軍事'에 대해서도 언급했다.

백제왕이 수여받은 '진동장군'과 왜국왕이 수여받은 '안동장군'은 고구려왕의 장군호와 비교하면 하찮게 보여서 그 지위가 낮은 것처럼 생각될지 모르겠지만, 그러나 이들 장군호는 송관품표에서 보면 매우 지위가 높은 장군호였다. 「五世紀の日本と朝鮮の國際的環境一中國南朝と河南王·河西王·宕昌王·武都王」(『京都府立大學學術報告·人文』 21, 1969년)이라는 제목으로 송조 주변 제국왕의 칭호를 정리한 적이 있는데, 백제왕이나 왜국왕의 장군호보다 낮은 군호를 받은 제국왕도 존재했다.

또 왜국왕 讚과 珍, 濟, 그리고 興 등 4왕은 처음에는 '使持節·都督諸軍事' 등의 관호를 갖고 있지 않았고, 군호도 '안동장군'에 불과했다. 그러던 것이 이윽고 '使持節·都督諸軍事'가 加號되고, 군호도 '安東大將軍'으로 進號되었다. 이러한 왜국왕의 칭호의 진전을 고찰한 것이 「五世紀における倭國王の称号について一とくに『持節·都督諸軍事』をめぐっ

て」(『日本歷史』262, 1970년)이다.

　그러나 생각해보면 백제왕의 '진동장군', 왜국왕의 '안동장군'을 기정사실처럼 받아들인 데에 문제가 있었던 것 같다. 이들 제국왕이 무엇 때문에 이러한 장군호를 수여받았는지 생각할 필요가 있었다. 현재 이 문제를 추구할 여유는 없지만, '진동장군'과 '안동장군'의 '東'에 대해서는 간단하게 설명할 수 있다. '동'은 중국 왕조에서 봐서 백제도 왜국도 모두 동쪽에 있다는 인식에서 붙여진 명칭이다. 만약 양국이 북쪽에 있다고 인식되었으면 '진북장군' 혹은 '안북장군'이라는 명칭이 되었을 것이다. 실은 장군호에는 동서남북 사방에 대응하는 호가 있는데, 높은 순으로 표시하면 四征, 四鎭, 四安, 四平 순이다. 참고로 四征만 전부 표시하면 정동장군, 정서장군, 정남장군, 정북장군이다. 또 장군보다 격이 떨어지는 것에 같이 방위를 붙인 4 中郞將이 있다. 또 중랑장보다 격이 낮은 군관에 校尉가 있는데, 『송서』 백관지에 의하면 '四夷中郞校尉'가 있으므로 이른바 '四夷校尉'(동이, 서융, 남만, 북적)도 이념적으로는 당연히 존재하지만, 그들 모두가 사료적으로 확인되지는 않는다. 어쨌든 문제는 이들 방위와 관계가 있는 장군호 중에서, 무엇 때문에 백제왕은 '진동장군'이고, 왜국왕은 '안동장군'인가이다.

　현재 내가 그 배경으로 생각하고 있는 중요한 요인으로는 실은 고구려의 존재이다. 순환논법처럼 들릴지 모르겠지만, 문제를 백제왕과 왜국왕의 장군호에 초점을 맞추면 나름대로 설득력이 있지 않을까 생각한다.

　고구려왕은 백제왕과 왜국왕에 앞서 중국 왕조로부터 장군호를 수여받았다. 前燕의 元璽 4년(355) 고구려왕 釗(고국원왕)는 慕容儁으로부터 '[都督]營州諸軍事, 征東大將軍, 營州刺史, 樂浪公'에 책봉되고, '고구려왕'의 왕호도 이전 그대로 인정되었다고 한다. 아마 이 고구려왕의 칭호가 기준이 되어 다른 동이 제국 백제와 왜국 왕의 지위를 확정한 것이 아닐까?

　『三國史記』 고구려 본기에 의하면 고국원왕 41년(371) 동 10월조에 "백제왕이 군사 3만 명을 이끌고 와서 평양성을 공격했다. 왕은 군사를 내어 이를 막았지만 화살에 맞았다. 이 달 23일에 붕어하였다. 고국원에 묻었다.

【백제의 개로왕이 魏에 상표하여 釗의 머리를 梟斬했다고 말한 것은 지나친 말이다】"로 되어 있다. 끝부분은『三國史記』편자의 주기이다. 그러나 고구려 세력에 압박을 당하고 있던 백제왕 余慶(개로왕)이 延興 2년 (472) 북위에 고구려 정벌의 원군을 요청하며 사자를 파견했을 때, 실제로는 빗나간 화살에 맞아 전사한 고국원왕의 죽음을 '신의 선조 須'(貴須王·근구수왕)가 "釗의 머리를 梟斬했다"고 전하는 데에 중요한 의미가 있다고 생각한다. 고구려 본기는 당시 백제왕이던 근구수왕이 공격해왔다고 하지만, 백제본기 근초고왕 26년조에는 "왕은 태자와 함께"라고 되어 있고, 같은 근구수왕 즉위 前紀에서는 "근초고왕은 태자를 보내 이를 막았다"고 하고, 다음에는 태자의 활약을 적고 있다.『魏書』에는 앞서 기술한 바와 같이 貴須王의 공적이라고 하고 있다. 이와 같이 살펴보면 평양까지 공격해 들어가서 고구려왕을 전사하도록 만든 것이 누구인지 애매한 점도 있지만, 적어도 실제로 평양성으로 쳐들어가 고구려왕을 전사시킨 중심인물은 백제의 太子인 貴須였다고 생각해도 좋을 것이다. 그러나 당시의 백제왕은 초고왕(근초고왕)이므로 이 백제왕이 고구려와의 전투에 승리하여 고구려왕을 죽음으로 몰아넣고 도읍을 漢山으로 천도한 것이 된다.

평양성 공격은 근초고왕 26년(371) 겨울의 일이었는데,『晉書』帝紀에 의하면 咸安 2년(372) 정월에 백제가 조공한 사실이 전하고 있다. 아마 초고왕(余句)은 대고구려전 승리의 흥분이 가라앉기 전에 고구려와의 전쟁에서 승리를 거두었고, 더욱이 이름 높은 고구려왕 釗를 敗死시킨 것을 동진 왕조에 자랑스럽게 선언·보고했던 것이리라. 이에 따라 동진은 그 해 6월 實情 파악을 겸하여 사자를 백제에 파견하여, 백제왕 余句를 鎭東將軍·領樂浪太守에 임명한 것이다. 다시 말하면 '진동장군'은 고구려왕의 '정동대장군'을 고려한 除授였다. 동진으로서는 '진동장군'은 '정동대장군'의 군호를 가진 고구려왕에게 승리한 백제왕을 대우하는 데 어울리는 장군호로 간주했던 것 같다. 또 고구려왕이 낙랑에 대해 갖고 있던 '낙랑공'의 칭호에 대해서는 고구려왕을 패사시킨 백제왕에게 우선은 낙랑 지역을 지배하는 권한을 가진 '領樂浪太守'라는 관호를 주어 그 지위를 인정하기로 했던 것 같다. 또 고구려왕의 '정동대장군'에 필적하는 것으로는 '진동대장군'이 겠지만, 갑자기 이 군호를 주는 것에는 망설임이 있었을 것이다. 동진에 거듭 조공하여 복속하고, 공적을 쌓으면 승진시키면 된다고 판단했을 것으로 생각된다.

그렇기는 하지만 백제왕이 '진동장군'의 지위를 얻은 것은 행운이었다. 대고구려전에서 고구려왕을 패사시키는 기회가 없었다면 백제왕이 이 장군호를 얻었을지는 의문이다. 또 이것을 왜국왕의 입장에서 보자면 백제왕이 '진동장군'의 지위를 얻어준 것은 정말이지 행운이었다. 백제왕에 이어 중국 왕조에 조공하여 책봉을 받게 된 왜국왕은 백제왕에 필적하는 지위를 얻을 수 있었고, 그 결과 받은 것이 '안동장군'이었던 것이다. 왜국왕의 '안동장군'의 지위는 결국 고구려왕의 '정동대장군'에서 비롯된 셈이라고 생각한다.

5. 왜국왕의 동진교섭 문제

그런데 義熙 9년(413) 高句麗王 高璉이 동진에 長史 高翼을 파견하여 表를 바치고, 赭白馬를 헌상하여 「使持節, 都督營州諸軍事, 征東將軍, 高句麗王, 樂浪公」을 수여받은 그 해에, 실은 왜국의 사자도 동진에 입조했다는 기사가 『晉書』 帝紀에 기록되어 있다. 그에 따르면 "義熙 9년 是歲에 고구려, 왜국 및 西南夷의 銅頭大師가 함께 方物을 헌상했다"라고 한다. 또『南史』 왜국전에는 "晉 安帝 때 왜왕 贊이 사신을 보내 조공하였다"는 기사도 있다. 안제는 동진 효무제의 황태자로 안제 사후 隆安 원년(397)에 즉위하여 義熙 14년(418)에 37세로 붕어하였다. 이 義熙 9년 왜국의 사신 파견에 대해 나는 의문을 가졌다. 『南史』의 기사가 사실이라면 동진 왕조는 조공하러 온 고구려왕의 공적을 기려 관작호를 수여한 것처럼 왜국왕에게는 왜 관작호를 주지 않았는가? 또한 동진 왕조의 뒤를 이어 신왕조를 수립한 송조는 전 왕조에 조공하던 고구려왕과 백제왕에게는 자기 왕조에의 충성을 믿고 기념축하적인 임관을 행하면서 왜 왜국왕에게는 아무런 조치를 강구하지 않았을까? 더욱이 실은 義熙 연간의 왜국의 동진 조공에 관해서는 "왜국이 豹皮, 人參 등을 헌상했다"(『義熙起居注』)는 불가사의한 사료가 존재한다.

이 義熙 9년 왜왕 讚의 사절파견에 대해서는 이미 『倭の五王―空白の五世紀』에서 私見을 피력한 바가 있으므로 자세한 것은 이 책을 참조하기를 바라지만, 결론적으로 말하자면 우선 『남사』 倭國傳은 『양서』 倭傳 사이에 『송서』 왜국전을 끼워 넣어 만든 것으로, 문제의 부분은 그 사이에 있는데, 편자가 주관에 따라 개작한 부분이기 때문에 사료로서의 독자성은 없다. 또 『義熙起居注』의 왜국 기사는 義熙 9년에 조공했다고 전해지는 왜국의 기사로 인정해도 좋다고 생각하지만, 왜국이 자국의 특산물을 지참하지 않고 고구려의 특산물로 유명한 '표피, 인삼 등'을 지참했다는 것은 이상한 이야기이다.

실은 『송서』 고구려전에 의하면 고구려는 大明 3년(459) 송조에 肅愼氏의 楛矢과 石砮를 헌상했다고 한다. 그러나 『송서』 본기에는 "大明 3년 11월 己巳에 高麗國이 사신을 보내 方物을 헌상했다. 숙신국이 重譯하여 楛矢·石砮을 헌상했다"고 기록되어 있다. 더욱이 이 숙신의 楛矢·石砮 헌상은 『송서』 符瑞志에 "孝武帝의 大明 3년 10월 己巳에 숙신씨가 楛矢·石砮을 헌상했다. 高麗國이 통역하여 왔다"고 特記되어 있다. 숙신씨의 楛矢·石砮가 어떤 가치를 지니고 있었는지는 이것이 『송서』의 符瑞志에 실려 있는 데에서 단적으로 알 수 있지만, 잠시 중국 왕조의 '肅愼의 楛矢·石砮'觀을 살펴보기로 하자.

『晋書』四夷傳 숙신씨조에 "周 무왕 때 楛矢·石砮를 헌상했다. 周公이 成王을 보좌하는 데 이르러 다시 사신을 보내 入賀했다. 이후 천 여 년 동안 秦漢의 전성기에조차도 이것을 바치지 않았다. 文帝가 相國이 됨에 이르러 魏 景元 末(262)에 와서 楛矢·石砮·弓甲·豹皮 등을 바쳤다.

魏帝는 詔를 내려 相國의 府에 귀속시켰다"고 나오는 것처럼 숙신의 楛矢·石砮는 중국 왕조의 善政의 징표로 생각되고 있었다. 文帝는 司馬文王, 相은 相國이다. 다시 말하자면 이 숙신의 楛矢·石砮는 司馬氏에 의한 魏 왕조 찬탈의 중요한 장치가 되었던 것이다. 본래 같으면 숙신의 楛矢·石砮는 魏 황제의 선정을 기리는 물건이었을 터이지만, 司馬氏의 세력 아래 놓여 있던 위 왕조는 이것을 司馬文王의 치세의 힘에 의한 것으로 왜곡시켜 버렸다.

그것은 어쨌거나 고구려는 중국 왕조에서 지니는 숙신의 楛矢·石砮의 중요성을 숙지하고 있어서, 이것을 외교 교섭의 비장의 카드로 삼았던 흔적이 있다. 고구려가 이 외교 카드를 활용한 사례를 또 하나 들어보자.『진서』石勒載記에는 "그 때 고구려와 숙신이 楛矢를 바쳤다"고 되어 있다. 고구려는 建平 원년(330) 後趙의 황제 石勒에게 숙신의 楛矢을 가져왔던 것이다.

고구려의 이와 같은 외교 수완을 생각하면『義熙起居注』의 수수께끼 같은 "왜국이 표피와 인삼 등을 헌상했다"의 眞相을 알 수 있을 것 같다. 숙신의 楛矢·石砮 헌상은 祥瑞의 부류에 속했는데, 실은 왜인의 사신파견 또한 중국 왕조의 세력 확대·선정의 상징으로 받아들여졌을 것으로 생각된다.

『진서』四夷傳 왜인조에 "宣帝가 公孫氏를 평정하자, 그 여왕이 사신을 보내 帶方에 와서 朝見하였다. 그 후 貢騁이 끊이지 않았다. 文帝가 相國이 됨에 이르러 또 때때로 왔다. 泰始 초에 사신을 보내 重譯하여 入貢하였다"고 되어 있다. 앞의 숙신의 楛矢·石砮 헌상이 '重譯'을 하여 도달한 것처럼, 왜인의 조공 또한 '重譯'하여 도달했다고 똑같은 필치로 전하고 있는 점에 주목해야 한다. '重譯'한 遠夷의 來貢을 중국 왕조가 기뻐하는 사실을 알고 있는 고구려가, 잡고 있던 왜인을 倭國使로 꾸며 동진에 데리고 간 것으로 생각된다. 그러면 고구려가 잡고 있던 왜인이란 어떤 왜인이었을까? 義熙 9년(413)이라고 하면 고구려 호태왕비에 보이는 고구려와 왜인의 싸움이 상기된다. 영락 10년(400) 호태왕은 신라의 요청을 받고 "步騎 5만을 보내, 가서 신라를 구하게 했"는데, 고구려의 "관군이 바로 이르러 왜적을 물리치고" 드디어 "왜는 궤멸했다"고 한다. 또 동 14년(404) "왜가 무도하게도 帶方界에 침입"하자, 호태왕의 친위대가 이를 공격하여 "왜구 는 潰敗하고, 斬殺한 수가 무수"했다고 한다. 또 동 17년(407)년 호태왕은 "步騎 5만을 보내" "전투를 벌여 무수하게 斬殺하였다. 노획한 鎧鉀은 1 만여벌이다. 軍資・器械는 이루 헤아릴 수 없다"는 큰 전과를 올렸다고 한 다. 고구려가 왜병과의 전투에서 획득한 것이 이들 무기류만은 아니었을 것 이다. 비문의 기술이 옳다면 다수의 왜병이 포로가 되었을 가능성이 높다.

'奇貨可居'. 고구려는 중국 왕조가 기뻐하는 遠夷內貢의 상징의 하나가 되어 있는 왜인을 인솔하여 동진에 갔을 것이다. 그리고 왜인을 데리고 동 진에 조공간 데에는 고구려의 또다른 생각도 작용했다고 생각된다. 고구려 는 大國이라는 이미지를 동진에게 주고자 했던 것은 아닐까?

『日本書紀』에 의하면 齊明 천황 5년(659) 일본의 遣唐使가 道奧의 蝦 夷 남녀 두 사람을 이끌고 唐의 천자에 보인 적이 있었다. 천자는 "蝦夷의 身面이 이상하게 생긴 것을 보고 지극히 기뻐했다"고 한다. 아마 일본은 중 국 왕조가 遠夷來貢의 상징으로 숙신의 楛矢・石砮를 기뻐하는 것처럼, 미개한 蝦夷를 唐의 천자에게 데리고 감으로써 일본의 국위를 보여주고 싶 었던 것이리라. 또 麟德 3년(666) 당 고종의 泰山封禪에 즈음하여 "예로부 터 제왕의 봉선이 이와 같이 융성한 적이 없었다"고 한다. 이 때 '왜국'도 참렬한 것으로 되어 있지만, 이것은 일본의 정식 사자가 아니라, 아마 龍朔 3년(663) 白村江 전투에서 일본군의 일부가 패배했을 때 당군의 포로가 되 었던 자들을 劉仁軌가 인솔하여 왜국의 사자로 이용한 것일 것이다.

어쨌든 義熙 9년에 동진에 조공한 왜국이란 당시의 왜국과는 무관한 것 으로, 아마 고구려가 데리고 간 왜인이며, 그 때문에 그들이 동진에 제출한 산물이 왜국의 산물이 아니라 고구려의 산물이었을 것이다. 또 동진도 그 사실을 대충 짐작하고 있었기 때문에 왜국의 조공을 가상히 여겨 행했을 왜국왕 책봉 같은 것은 행하지 않았던 것이다. 그런 것이 배경에 있었기 때문에 永初 원년(420) 송조가 신왕조 수립에 즈음하여 고구려왕과 백제왕에게는 축하의 임관을 행하면서, 왜국왕에게는 아무런 임관도 행하지 않았던 것이다. 왜국왕의 임관은 고구려왕과 백제왕의 임관 다음해인 永初 2년 (421)이었다. 이것은 이 해에 처음으로 왜국왕 倭讚이 송조에 사절을 파견하여 조공하고, 그에 대해 송조가 그에게 '안동장군·왜국왕'의 관작을 주었던 것이다. 이 때의 군호가 고구려왕의 '征東將軍'과 백제왕의 '鎭東將軍'의 영향을 받아 수여된 '安東將軍'이었음은 이미 설명한 바와 같다.

6. 「開府儀同三司」와 「都督百濟諸軍事」

송조와 교섭을 가진 왜의 5왕이 바라면서도 끝내 얻지 못한 송의 官爵號에 '開府儀同三司'와 '都督百濟諸軍事'라는 두 가지 관호가 있다. '開府儀同三司'는 왜국왕 중에서는 武가 처음으로 언급한 것인데, 고구려왕이 송조로부터 수여받은 것이 그 배경에 있다. 다시 말하면 武는 고구려와의 대항 관계상 가장 중요한 관호로서 '開府儀同三司'를 언급하고, 그것의 수여를 요청한 것이다. 그에 비해 '都督百濟諸軍事'는 역대 백제왕이 갖고 있던 것으로, 왜국왕 중에서 이것을 처음 거론한 것은 사료적으로는 珍으로 되어 있지만, 아마 讚 때 이미 송조에 요구한 것이 아닐까 생각한다. 그것의 當否는 어쨌거나, 아래에서는 이 두 개의 관호에 대해 서술하고자 한다.

'開府儀同三司'는 본래는 별개였던 '開府'와 '儀同三司'가 하나로 합쳐진 것으로, '開府'는 府(관청)를 설치할 수 있는 자격을 의미하고, '儀同三司'는 그 대우가 三司와 같다는 것이다. 三司란 三公을 말하는데, 송조에서는 太尉·司徒·司空을 가리킨다. '開府'는 본래 三公에게만 인정되던 것이었지만, 뒤에는 장군에게도 허용되었다. 따라서 '開府儀同三司'는 삼공 대우의 '開府'者 정도의 명예칭호이다. 『송서』 백관지에는 "江左(동진)

이래 장군은 中·鎭·撫·四鎭 이상, 혹은 大가 加號된 자, 그 외의 관료
는 左右光祿大夫 이상이 같이 儀同三司를 얻는다. 이보다 아래는 얻을 수
없다"고 나온다. 이에 따르면 안동대장군을 받은 왜국왕 武는 開府儀同三
司의 유자격자인 셈이다. 물론 진동대장군인 백제왕은 말할 필요도 없다.
그러나 자격이 있는 것과 실제로 수여받는 것과는 전혀 별개 문제이다.

'開府儀同三司'의 지위에 당시 사람들이 얼마나 집착하고 관심을 가졌
는지 다음 사례를 통해 알 수 있다.

前秦의 征北將軍·幽州刺史·行唐公 苻洛은 代를 토벌한 공적을 가
지고 開府儀同三司를 요청했지만, 大秦天王 苻堅이 이를 인정하지 않자
결국 그는 반란을 일으켰다(『자치통감』). 또 北燕 건국에 공적이 있는 孫
叱支와 孫乙拔도 開府儀同三司의 수여를 원했지만, 北燕天王 馮跋의 인
정을 받지 못하고, 그들도 결국 馮跋에게 살해되고 말았다(『진서』 馮跋載
記). 이와 같이 開府儀同三司는 군사·건국에 공이 큰 장군들이 요청해도
좀처럼 인정되지 않았다. 특히 苻洛은 '帝室의 至親'(苻堅의 종형제)이었
다. 물론 이것은 전진과 후연의 사례로, 송조의 경우는 어땠는지는 별도로
검토해야 될 문제이기는 하다. 그러나 송조 말기의 황제였던 順帝가 즉위
1년 전인 元徽 4년(476) 車騎將軍·揚州刺史에서 驃騎大將軍·開府儀
同三司에 오르고, 南齊의 창건자 簫道成이 昇明 원년(477) 순제 옹립의
공적으로 驃騎大將軍·開府儀同三司가 된 사례 등으로 봐서도 송조에서
開府儀同三司의 무게를 추측할 수 있을 것이다.

다음으로 송조에서 開府儀同三司를 수여받은 제국왕을 『송서』 본기에
서 찾아보자.

> (a) 永初 2년(421) 10월 乙亥, 涼州胡大師 沮渠蒙遜을 鎭軍大將軍·開府
>   儀同三司로 삼았다.
> (b) 元嘉 30년(453) 6월 辛酉, 安西將軍·西秦河二州刺史 吐谷渾拾寅을
>   鎭西大將軍·開府儀同三司로 進號했다.
> (c) 大明 7년(463) 7월 乙亥, 征東大將軍·高麗王 [高]璉을 車騎大將軍·
>   開府儀同三司로 進號했다.

이밖에 송조가 인정한 제국왕의 開府儀同三司에는 이미 동진에서 수여받은 氐王 楊盛이 있다. 楊盛은 元興 3년(404)에 平北將軍·涼州刺史·西戎校尉가 되고, 義熙 원년(405) 都督隴西諸軍事·征西大將軍·開府儀同三司에 올랐다(『송서』 氐傳).

송조에서 開府儀同三司의 관호가 허용된 제국왕은 이들 4명에 불과하다. 더욱이 이들 모두 수차례의 임관 후에 그 지위를 얻었다. 따라서 왜국왕武가 아무리 열망했다고 해서 그렇게 간단하게 손에 넣을 수 있는 것이 아니며, 하물며 初任 때의 수여는 바랄 수도 없었다.

다음으로 武가 바랐고, 그때까지 역대의 왜국왕도 바랐지만 인정되지 않았던 都督百濟諸軍事에 대해 살펴보기로 하자. 都督百濟諸軍事란 字意的으로는 '백제에서의 諸軍事를 총괄한다'는 것으로 백제에서의 군사적 지배권을 의미하며, '도독'은 軍權의 자격이 가장 높은 자임을 나타낸다. 군권의 자격은 가장 높은 것이 '都督', 다음이 '監', 가장 낮은 것이 '督'이다. 문헌상 백제에서 가장 먼저 군권을 소지한 사람은 義熙 12년(416) 동진의 安帝로부터 '使持節·督百濟諸軍事·鎭東將軍·百濟王'을 수여받은 余映(腆)이다. 또 백제왕이 송조로부터 都督百濟諸軍事의 지위를 인정받았음은 永初 원년(420) 당시 황제 武帝의 詔文과 元嘉 2년(425) 당시 황제 문제의 詔文으로 분명하다. 후자의 시작 부분을 摘記하면, "皇帝問使持節·都督百濟諸軍事·鎭東大將軍·百濟王"(『송서』 백제국전)이다. 송대에는 이 이후 백제왕이 都督百濟諸軍事의 관호를 받은 것을 명기하는 사료는 없지만, 南齊에서는 백제왕 牟都가 建元 2년(480)에, 牟大가 永明 8년(490)에 각각 '使持節·都督百濟諸軍事·鎭東大將軍·百濟王'에 책봉되고 있으므로, 余映(腆) 이후 송조의 책봉을 받은 余毗(비유왕), 余慶(개로왕)도 이 관호를 계속 가지고 있었다고 생각해도 좋을 것이다.

이와 같이 都督百濟諸軍事가 백제왕에게 속하는 관호였다고 하면, 왜국왕이 이것과 동일한 관호를, 그것도 백제왕에게 그 관호를 수여한 바로 그 송조에 대해 요구한 것은 용납할 수 없는 폭거이며, 송조가 왜국왕의 요구를

받아들이지 않은 것도 바로 그 때문이었을까? 그러나 중국 왕조에서 동일 지역의 군사적 지배권이 복수의 인물에게 부여되는 것은 결코 드문 일은 아니었다. 따라서 이 점에서 말하자면, 왜국왕의 요청도 그 자체는 그다지 무모한 것이 아닌 셈이다(이 점에 대해서는 「倭國王と『都督百濟諸軍事』」라는 제목으로 「五世紀の日本と朝鮮―中國南朝の封冊と關連して」(『史林』 52-5, 1969년)에서 다루었으므로, 자세한 것은 그것을 참고하기 바란다).

왜국왕이 이미 백제왕에게 부여된 都督百濟諸軍事의 관호를 자기의 칭호 중에 포함시킨 것은 백제왕의 군권을 자기의 군권 중에 포괄하여, 군사적 지배자로서 倭·韓 양 지역에 군림하고자 했음을 나타내는 것일 것이다. 또 그러한 칭호의 除正을 요구하는 것은 송조의 권위에 의해 그 지위를 보장받으려고 한 것으로 생각된다. 만약 왜국왕이 요청한 '都督諸軍事'를 송조가 인정한다면, 그 중에서 가장 중요한 의미를 갖는 것은 都督百濟諸軍事일 것이다. 왜냐하면 왜국왕이 군권을 바라는 지역 중에서 '倭'를 제외하면 '백제'가 송조와 직접적인 관여를 가진 유일한 나라이기 때문이다. 都督百濟諸軍事는 송조가 이미 백제왕에게 준 관호이고, 따라서 만약 이것을 왜국왕에게 인정하면 송조는 백제에 2중의 군권을 설정하는 것이 된다. 이것을 백제측에서 보자면, 종주국의 명령에 의해 자기의 군권이 중대한 제약을 받는 것이 되며, 자국에 대한 왜국왕의 군사적 관여를 인정하지 않을 수 없게 된다. 더욱이 백제왕의 군권이 백제 一國에 대한 것인데 비해서, 왜국왕의 군권은 백제를 포함하는 倭·韓 양 지역에 걸친 광대한 범위에 미치는 것이고 보면, 왜국왕의 백제에 대한 군권은 단순한 관여의 범위를 넘어 統屬, 나아가서는 支配로 확대해 나가지 않을 수 없는 것이었다. 말할 필요도 없지만 이것이야말로 왜국왕의 바램이었을 것이다.

왜국왕의 都督百濟諸軍事 요청은 송조의 권위를 배경으로 왜국왕이 송조의 臣屬國 백제에서의 군권 장악을 목적으로 한 것이었다고 해도 좋을 것이다.

다음으로 武가 요구했지만 인정되지 않았던 이들 두 개의 관호가 어떤 상황에서 이루어졌으며, 송조는 왜 그것을 인정하지 않았는지에 대해 살펴보기로 한다.

武가 都督百濟諸軍事를 자칭하며 그것의 除正을 요청한 당시의 백제는 고구려와의 전쟁에서 입은 타격에서 아직 완전히 회복되지 않은 혼란상태에 있었다. 개로왕 21년(475) 송조의 책봉을 받은 백제왕 餘慶은 살해되었고, 新王은 아직 송조에 조공하여 襲爵을 인정받을 여유가 없었으며, 더욱이 백제는 혼란상황에 있었다. 왜국왕 武에게 이것은 역대의 왜국왕이 바랐어도 얻지 못했던 백제에서의 군사권을 송조에 인정하게 만들 수 있는 천재일우의 호기로 비쳤을 것이다.

더욱이 武는 상표문에서 매우 교묘한 논리를 전개했다. 왜국은 대대로 중국 왕조의 충실한 신속국으로 송조에 조공을 빠트린 적이 없는데, 고구려가 무도하게도 송조로 가는 조공로에 해당하는 백제를 침략하여 왜의 조공을 방해하였다. 그래서 武의 아버지 濟가 고구려의 조공 방해에 분개하여 고구려 정벌을 계획했지만 사망으로 인하여 계획은 중단되었고, 형인 興 또한 이것을 완수하지 못했다. 자신이 고구려 정벌의 군대를 일으켜 무사히 고구려를 격파하게 된다면 송조에 대해 변함없는 충성을 다할 생각이다. 그러므로 충절을 격려하기 위해 자신의 자칭칭호를 除正해 달라고 요청한 것이다.

武의 행동은 어디까지나 송조에 대한 藩臣의 정성을 관철하기 위한 것으로, 고구려 정벌은 말하자면 聖戰이라는 말이다. 이 상표문에서는 백제의 王都 한성의 함락과 백제의 南遷에 대해 밝히고 있지는 않지만, 이것들을 포함시키면 왜국왕 武의 행동은 송조의 충실한 번속국인 백제의 멸망을 송조를 대신하여 구하겠다는 말이 된다. 가령 거기까지는 가지 않더라도 왜국의 조공로에 해당하는 백제를 고구려의 마수로부터 탈환하는 것이라는 발상이 나타나 있다. 왜국왕 武로서는 그러한 고구려와 싸우기 위해서는 그 지위에 어울리는 칭호가 반드시 필요하며, 고구려왕 高璉이 받은 開府儀同三司를 자기도 받아서 고구려와 대등한 입장에 서서, 또 都督百濟諸軍

事를 얻어 백제 땅의 군사권을 장악하여 고구려 세력을 축출하고 백제탈환에 임하겠다고 주장한 것이다. 참으로 교묘한 논리이며, 그 자체로서는 거부당할 이유는 없는 것처럼 보인다.

그러나 여기서 왜국왕이 간과하고 있는 것이 두 가지 있다. 하나는 중국왕조의 제수는 원칙적으로 전왕 초임시의 관작에서 시작한다는 것이며, 또하나는 왜국왕 武가 정벌하려고 하는 고구려도 실은 송조에게 있어 소중하고 충실한 번속국이라는 사실이다. 우선 첫 번째부터 살펴보면, 본래 같으면 武도 전왕과 마찬가지로 '안동장군·왜국왕'에서 출발할 수밖에 없는처지였다. 그것을 생각하면, 武가 바라는 開府儀同三司가 얼마나 분에 넘치는 소원이었는지 이해할 수 있을 것이다. 두 번째는 송조가 신속국인 고구려의 패배를 기대하는 일은 있을 수 없으며, 따라서 왜국왕이 대고구려전에 어떠한 형태로든 송조의 손을 빌린다는 것은 애시당초 어려운 일이었다. 하물며 왜국왕이 주장하고 있고, 더욱이 실제로 고구려가 백제의 영역에 진출해 있는 상황에서 왜국왕에게 '都督百濟諸軍事'를 인정하는 것은 왜국왕에게 편을 드는 것이 되며, 번속국인 고구려와의 사이에 마찰을 일으킬우려가 있다. 종주국 송조로서는 이러한 뜨거운 감자를 집을 수는 없었을것이며, 게다가 무엇보다도 北朝 대책상 고구려와의 관계에 찬물을 끼얹을수 있는 행동은 할 수 없었을 것이다(송조의 북조 봉쇄에 대해서는 「倭國王の國際的地位一五世紀南朝を中心として」竹內理三編『日本の古代』1, 角川書店, 1971년)을 참조하기 바란다).

백제가 고구려에 패하여 혼란상황에 있고, 더욱이 송조가 책봉한 '백제왕'이 존재하지 않는 와중에 이루어진 왜국왕 武의 '都督百濟諸軍事'號요청은 왜국왕에게 있어 백제에서의 군사권을 명목상 장악할 수 있는 절호의 기회였다. 그러나 결국 송조의 인정을 받지 못했다. 물론 武는 이전의왜국왕 초임 때에는 얻지 못했던 '使持節·都督諸軍事'의 加號와 '安東大將軍'이라는 '大'장군호를 수여받았으므로, 이점만 보자면 武의 외교는 상당한 성과를 거뒀다고 할 수 있을 것이다. 아마 이것이 송조가 번속국인 왜국왕에 대해 표시할 수 있는 최대한의 처우였을 것이다. 왜국왕의 대고구려전은 무시한다고 치더라도, 왜국왕을 전쟁으로까지 내모는 것이 송조로의 조공로 확보라는 말을 듣고 보면, 이것을 홀대할 수도 없었을 것이다. 그래서 송조는 지장이 없는 범위 내에서 왜국왕의 요망을 채워주려고 했던 것이다.

또 백제왕이 받은 '都督百濟諸軍事'를 왜국왕이 허락받지 못한 이유 중 하나로 왜국왕의 군호가 백제왕의 군호보다 낮았다는 점이 있다고 생각한다. 군호가 양자의 지위를 나타낸다고 하면, 광역 통치자의 지위가 오히려 낮다는 문제가 생기기 때문이다. 따라서 만약 양자의 군호가 반대라면 이념적으로는 왜국왕이 백제에서의 군권을 얻을 수 있으며, 현지의 실정을 무시하고 백제왕이 韓·倭 양 지역에 걸친 군권을 요청할 수 있었다고 한다면 백제왕이 '都督百濟·新羅·任那·[加羅·]秦韓·慕韓·倭六[七]國諸軍事'라는 관호를 받았을 가능성이 높다.

왜국왕은 중국 남조를 중심으로 하는 국제관계에 적극적으로 참가하여 그 나름의 국제적 지위를 얻을 수 있었다. 그러나 그 구도를 이해하게 됨에 따라 거기에 왜국의 발전·성장을 방해하는 규제력이 작용하고 있음을 알고, 체제 내에서 견실한 외교적인 노력을 경주하는 대신에, 차라리 체제 밖으로 뛰쳐나가 자력으로 지배체제를 형성하는 길을 선택했다. 이리하여 왜국왕은 중국 남조와의 외교를 그만두게 되었다(「倭の五王の爵号問題―武の自称称号を中心に」『ゼミナール日本古代史下(倭の五王を中心に)』 光文社, 1980년).

7. 「日出處天子」國書 문제

중국의 남북조시대에 종지부를 찍은 隋는 중국 왕조로부터 떠나 버린 왜국의 來朝를 기다리고 있었다. 이 문제에 대해서는 과거에 「隋は待ってい

た」는 소제목으로 「推古朝の外交—隋との關係を中心に」(『歷史と人物』 1979년 12월)에서 논한 적인 있는데, 그때의 키워드는 『隋書』 음악지에 기록된 倭國伎였다.

수는 남조의 陳을 통합하기 전부터 고구려와 백제의 조공을 받았다. 開皇 원년(581) 백제왕 夫餘昌(위덕왕)은 수에 사자를 보내 수 왕조의 수립을 축하했다. 文帝는 이를 가상히 여겨 백제왕 昌에게 '上開府儀同三司·帶方郡公'과, 그리고 아마 '백제왕' 등의 작호를 수여했다. 이보다 조금 늦은 12월에 고구려왕 高陽(평원왕)의 사자가 수에 도착, 文帝는 고구려왕 陽에게 '大將軍·遼東郡公'과, 그리고 아마 '고구려왕'의 작호를 수여했다. 고구려와 백제 모두 남조의 陳에 조공하고 있어서, 이른바 양속외교를 하고 있었다. 그러나 수가 陳을 멸하고 중국에 통일왕조가 성립되자, 중국과 국경을 접하지 않은 백제는 곧바로 수의 '平陳을 賀'했지만, 국경을 접하는 고구려는 백제와 달리 수의 침공을 우려하여 '平陳의 後'에는 '守拒의 策'을 취하지 않을 수 없었다. 文帝는 이러한 고구려의 대응을 나무랐고, 고구려왕 陽은 이에 대해 謝罪使를 보냈다. 그러나 陽은 같은 해 병사하고 태자 元이 즉위했다. 이 소식을 들은 문제는 곧장 고구려에 사자를 파견하고 元을 '上開府儀同三司·遼東郡公'에 책봉했다. 그러나 이번에는 고의로 '고구려왕'의 작호가 제외되어 있었다. 그러자 元은 앞서 수여받은 관작호의 謝恩을 겸해, 다시 '고구려왕'의 왕작호 수여를 요청, 드디어 文帝의 허락을 받았다. 그 후 開黃 14년(594) 백제와 고구려보다 늦게 신라도 수에 사신을 파견하여 조공했다. 文帝는 신라왕 金眞平을 '上開府[儀同三司]·新羅王'에 책봉했다. 이리하여 조선의 삼국왕이 모두 隋의 번신이 되었다. 이 단계에서 남은 것은 "신라와 백제 모두 왜가 大國이며 珍物이 많다고 하여, 함께 敬仰하고 늘 사자를 보내 내왕한다"(『수서』 왜국전)고 전하는 東夷의 大國 왜국뿐이었다.

수는 왜의 來朝를 기다렸다. 드디어 개황 20년(600) 기다리고 기다리던 왜국의 사자가 도래했다. 문제는 당연히 조선의 삼국왕과 마찬가지로 왜국왕에게 관작호를 수여할 작정이었다. 그러나 왜국에서 온 사자는 수가 기다리던 왜국과는 전혀 달랐다.

수에 온 왜국의 사자는 "왜왕은 天을 형으로 삼고, 해를 동생으로 삼는다. 天이 아직 밝아지지 않은 때 나가서 정무를 듣고, 가부좌하고 앉아서, 해가 나오면 理務를 그만두고 내 동생에게 맡긴다"고 文帝에게 고한 것이다. 이념적으로 말하면 수의 황제는 '天子'이므로 왜왕이 "天을 형으로 삼고, 해를 동생으로 삼는다"면 왜왕은 '천자'의 숙부라는 말이 되어 버린다. 왜왕을 책봉 운운하는 이야기는 물 건너 가버렸다. 文帝는 "此太無義理"라고 "가르쳐 이것을 고치게" 만들었다고 한다. 그러나 文帝의 훈령을 받고 改悛하기는커녕 大業 3년(607) 수 양제에게 파견된 왜국의 사자는 어처구니없는 국서를 제출했다. 그것이 "해 뜨는 곳의 천자가 서신을 해 지는 곳의 천자에게 보낸다. 무양하신지"로 시작되는 문서였다. 지금까지 수 양제가 보아 왔던 제국왕의 국서는 '表'로서, 거기에는 제국왕이 스스로를 황제에 대해 '臣'으로 비하하고, 그 '臣' 아래에 각각 왕의 '諱'를 적는 서식이었다. 중국 사료에 조선의 삼국왕의 이름이 전하는 것은 이러한 문면을 통해서였다. 물론 왜 5왕의 이름이 『송서』에 남은 것도 "臣某"라고 그 이름이 적혀있었기 때문이다. 그러나 개황 12년의 왜왕은 "姓은 阿每, 字는 多利思北(比)孤"로 전하고 있다. 이것은 '아메타리시히코'라는 천황의 칭호를 姓과 名으로 분해한 것이다. 중국이 멋대로 분해해서 전했다고는 생각되지 않기 때문에 왜국의 외교사절이 왜왕의 성명을 질문 받고 곤혹하여, 왜국에서 천황의 칭호를 이런 형태로 전한 것일 것이다.

'日出處天子' 국서를 본 양제는 "帝는 이것을 보고 기뻐하지 않았다. 鴻臚卿에게 말하기를 蠻夷의 서신에 무례가 있으면 다시는 以聞하지 말라"고 했다고 한다.

『수서』 왜국전의 이 기술은 매우 조심스러운 표현으로 전하고 있지만, 아마 小野妹子가 가져온 국서는 수 왕조를 뒤흔든 것으로 생각된다. 이것이 어느 정도의 충격인지는 국서를 제출한 일본측에는 좀처럼 이해하기 어려운 측면이 있지만, 중국의 후대 편찬물인 『册府元龜』를 통해 다소 이해할 수 있다. 실은 이 국서는 중국측에 '悖慢'의 대표사례로 꼽히고 있다. '悖慢'은 '얕보고 깔보다'는 의미이다. 즉 이 일본의 국서는 양제를 '얕보고 깔보는' 국서였다는 말이 된다. 『수서』는 너무나도 무례했기 때문인지, "帝覽之不悅"이라고 이유를 적고는 있지만, 그 정도로 상대가 싫어하는 국서였던 것이다.

간단하게 해설하자면, 국서 송부 방식을 '致書'라고 적고, 또 수 양제를 '천자', 스스로도 '천자'로 적는 이러한 국서는 敵國抗禮의 국가 사이에서 사용되는 형식이었다. 일본이 중국과 대등하게 겨룰 수 있을 정도의 국력이 있다면, 그 국서는 예의를 모른다는 정도로 끝나겠지만, 중국측에서 보자면, 일찍이 중국 왕조에 종속하여 藩臣이 되었던 변경, 동이의 왜국에는 용납하기 힘든 국서였다고 생각된다. 수 문제 때 이미 수와 적국항례의 관계에 있던 돌궐의 可汗(카간)은 개황 5년(585) 문제에게 '表'를 바치면서 스스로를 '신'으로 칭하고 그 뒤에 '攝圖'라고 諱를 적고 "가만히 생각건대 하늘에는 두 개의 해가 없고, 땅에는 두 사람의 왕이 없습니다. 엎드려 생각하건대 大隋皇帝는 진정한 황제이시라"라는 문면의 국서를 봉정했다. 또 개황 18년(598), 제1차 요동정벌 뒤의 일이지만, 고구려왕 高元은 스스로를 "遼東糞土의 臣 元"이라고 쓴 국서를 문제에게 봉정했다. 그리고 '日出處天子' 국서가 양제에게 도착하기 직전에 양제는 돌궐의 啓民 可汗으로부터 "신은 지금 옛날 邊地의 돌궐 可汗이 아닙니다. 신은 곧 至尊의 신민입니다"라는 정말이지 상쾌하고 자존심을 들뜨게 하며 충족한 기분에 잠기게 하는 국서를 받고 있었다. 그런 와중에 동이 왜국으로부터 국서가 도래했으므로, 양제는 이번에는 얼마나 입이 벌어질 기분 좋은 말을 들을지 기대하고 있었을 터이다. 그것이 '日出處天子' 국서이므로 깜짝 놀랐던 것이다.

이 '日出處天子' 국서는 앞에서도 말했다시피 중국측에서 보자면 완전히 외교의례를 모르는 무례하기 짝이 없는 국서처럼 보이지만, 실은 엄밀하게 계산된 명문이다. 이 국서만 보면 이해할 수 없지만, 漢代의 중국과 적국항례의 관계에 있던 흉노의 선우와, 수와 대등한 관계에 있던 돌궐의 카안의 국서 등을 바탕으로 한, 선례에 입각한 문언을 사용하고 있다. 이와 같은 문장을 도대체 일본은 어디서 익혔을까? 또 종래의 종속외교와는 정반대의 외교자세를 취하면서, 중국 왕조와 대등외교를 요구하는 정치자세는 도대체 어디서 온 것일까?

일본의 외교에는 불가사의와 고자세의 측면이 있는데, 그 맹아는 이미 『후한서』 왜전의 "建武 中元 2년(57), 倭奴國이 奉貢朝賀했다. 使人은 스스로를 大夫라고 칭했다"에 나타나 있다(「日本古代における『大夫』について」 『万葉集研究』 22, 塙書房, 1998년). 그러나 '漢委奴國王'의 金印, '親魏倭王'의 金印, 왜 5왕의 외교 등 모두가 중국 왕조에 조공하여 그 권위를 배경으로 자신이 구하는 것을 추구한다는 종속외교 방침에는 일관성이 있었다. 하기는 왜국은 武의 외교를 마지막으로 종속외교를 단념했을지 모르겠다. 그러나 推古朝에 와서 갑자기 대등외교로 방침을 전환한 데에는 그 나름의 이유가 있었을 터이다. 적어도 그것을 가능하게 하는 이론적인 무장이 되어 있어야 가능한 일이다. 그 정도의 지식을 당시의 일본인이 갖고 있었다고는 도저히 생각되지 않는다. 당시 일본에 온 외국 지식인의 힘을 빌린 것이라는 사실은 쉽사리 상상이 간다. 그렇다면 어느 외국의 사람일까? 중국 왕조의 권력을 빌리려고 하는 백제나 신라 문화인의 경우는, 가령 그런 지식을 갖고 있다고 할지라도 일본이 대등외교로 전환할 정도의 정신적 지주가 될 수 있다고 생각되지 않는다. 그렇다면 남는 것은 고구려 문화인이다.

고구려는 개황 18년(598) 드디어 수의 침략을 받아, 이로써 제1차 요동 戰役이 발발했다. 이후 고구려는 수가 멸망할 때까지 중국 왕조 수와 전투를 벌이게 되었다. '日出處天子' 국서의 정신은 이 고구려의 불굴의 정신력과 기개에 통하는 바가 있는 것으로 생각된다.

『日本書紀』에 의하면 聖德太子는 "內敎는 고구려 승려 혜자에게 배우고, 外典은 박사 覺哿에게 배워서 둘 다 모두 통달했다"고 전한다. 繼體·

欽明朝에 백제로부터 문화인이 보내졌는데, 일본은 그들로부터 많은 것을 배웠다고 생각하지만, 중국과 대등하게 겨룬다는 발상은 백제 문화인으로부터는 절대로 생겨나지 않았을 것이다. 승려가 불교만 학습하지 않았음은 大化改新 정부의 지적 지주가 된 승려 旻이나, '白雉' 개원에 즈음하여 정보를 제공한 道登法師 등의 지식으로부터도 알 수 있는 바이다. 만약 『일본서기』에서 '日出處天子' 국서의 대등외교의 정신적 지주를 구한다면, 고구려 승려 혜자에 도달하는 것은 아닐까? 推古朝에는 그때까지 일본과의 접촉에 그다지 열의가 없었던 고구려에서 빈번하게 승려가 일본에 오고 있다. 더욱이 『일본서기』에는 "고구려왕이 승려 曇徵 · 法定을 貢上하였다"든가, "고구려왕이 승려 惠灌을 바쳤다" 등, 승려의 파견이 고구려왕의 의사였음을 전하는 기사가 있다. 推古紀를 보면 고구려의 외교는 마치 불교 외교라고 할 수 있는 양상을 띠고 있다. 이것은 당시 일본 推古朝의 뜻이 거기에 있다고 고구려가 느꼈기 때문일 것이다. 분명히 推古朝의 불교흥륭 책을 보면 고구려의 외교는 정곡을 찔렀다고 할 수 있을 것 같다(「推古朝の外交政策—朝鮮から中國に」, 『歷史讀本』 29-17, 1984년).

맺음말

물론 '日出處天子' 국서는 왜국이 제출한 것이기 때문에 그것이 당시 왜국의 국가의지였음은 분명하다. 그러나 당시의 조정은 이 국서가 일촉즉발의 위험성을 내포한 불씨임을 전혀 이해하지 못했다. 만약 양제의 '不悅'을 풀기 위해 수 조정이 왜국을 쳐야겠다고 결의했을 경우, 어떻게 대처할 작정이었을까? 다행인지 불행인지 실은 불씨를 제공했다고 생각되는 고구려가 이번 경우에도 왜국의 정면에 서서 수의 왜국 정벌 움직임을 막아주고 있었다. 물론 이런 일은 실제로는 일어나지 않았으며, 고구려도 의도한 것이 아니었다. 또 결과적으로 수는 고구려 정벌의 요동 戰役만으로도 힘에 벅차, 왜국에 군대를 보낼 생각 따위는 하지 못했을 것이다.

그러나 이와 같이 고찰하고 보면 지금까지 그다지 깊은 관계가 있다고는 생각되지 않았던 고구려의 그림자가 의외로 컸다는 사실을 알게 된다. 왜 5왕의 외교로부터 推古朝의 외교에 이르기까지 고구려가 끼쳤던 영향력을 추적해 보았다.

마지막으로 지적하고 싶은 것은 국제사회에서 고구려 세력의 크기, 단적으로는 고구려의 국제적 지위의 높이이다. 왜 5왕 시대 고구려의 관작호는 타의 추종을 불허하는 상급 官爵號였고, 隋가 준 官號도 백제나 신라보다 높았으며, 실은 수 다음에 등장하는 당의 경우도 마찬가지였다.

처음에는 『일본서기』의 재검토를 통해 느끼게 된 고구려와의 관계에 대해 언급할 예정이었지만, 뜻하지 않게 5세기 왜의 5왕 시대에 지면을 소비해 버렸기 때문에 이 문제를 심도 있게 다룰 수는 없게 되었다. 『일본서기』는 고대 日朝關係史를 탐구하는 寶庫이며, 일본서기의 비판적 연구가 성과를 올리기를 기대한다. 또 본고는 『古代東アジアの日本と朝鮮』(吉川弘文館, 1978년)・『倭の五王―空白の五世紀』(敎育社, 1981년)에 의거하는 바가 많으므로 자세한 것은 그것을 참조하기 바란다.

(번역: 서각수)

〈第1表〉将軍を中心とした宋官品表

坂元義種「倭の五王の外交について」(『東アジアの古代文化』117、2003 年 11 月) 所載

第一品	大将軍／諸位従公
第二品	特進／驃騎・聽騎・車騎・衞—将軍／諸大将軍／諸持節都督
第三品	侍中／散騎常侍／中軍・鎮軍・撫軍—将軍／四征・四鎮・四安・四平・前・後・左・右—将軍／竜驤／輔国／冠軍／領護軍②／光禄大夫②／県侯
第四品	二③衞／驍騎・遊撃—将軍／左・右中郎将／四①中郎将／五⑤校尉／五⑥威・五④武・寧朔—将軍／建威—将軍／御史中丞／戎蛮校尉／刺史領兵者／郷侯
第五品	散騎侍郎／謁者僕射／積射・彊弩—将軍（三⑦将）／鷹揚・折衝・軽車—将軍／寧遠・揚烈—将軍／材官／伏波／凌江／刺史不領兵者／郡国太守内史相／亭侯
第六品	三都尉⑧／撫軍以上及持節都督府司領／護軍長史司馬領／諸府従事中郎将／公府従事中郎将／殿中将軍／殿中司馬督／雑号護軍／関内侯
第七品	調者／諸軍長史司馬六百石者／諸府参軍／戎蛮府長史司馬／公府掾属／諸県令六百石者
第八品	雑号宣威将軍以下（凡四〇号）：宣威・明威・綏戎・綏辺・綏遠・威寇・威戎・威虜・威武・威烈・武毅・武奮・武烈・殄寇・殄難・掃寇・掃逆・掃難・掃虜・掃夷・討寇・討虜・討難・討夷・鷹威・鷹武・鷹揚・鷹鋒・虎威・虎牙・虎野・広野・横野・偏・裨・神（以上三九将軍）
第九品	

(註)①東南西北　②資重きは領軍将軍・護軍将軍、資軽きは中領軍・中護軍　③左右　④左右前後　⑤屯騎・歩兵・越騎・長水・射声　⑥建・振・奮・揚・広　⑦虎賁中郎将・冗従僕射・羽林監　⑧奉車・駙馬・騎

(出典)『宋書』百官志(上下)

〈第2表〉 中国南朝の高句麗・百済・倭三国王将軍補任表

坂元義種「倭の五王の外交について」(『東アジアの古代文化』117、2003 年 11 月) 所載

第2表　中国南朝の高句麗・百済・倭三国王将軍補任表

王朝	年次	高句麗 王名	高句麗 将軍名	百済 王名	百済 将軍名	倭 王名	倭 将軍名
東晉	咸安 二(三七二)			(余句)	鎮東将軍		
	太元 一一(三八六)			(余暉)	鎮東将軍		
	義煕 九(四一三)	(高璉)	征東将軍	(余映)	鎮東将軍		
宋	永初 二(四二一)		↓征東大将軍		↓鎮東大将軍	(倭讃)	〔安東将軍〕
	〃 三(四二二)						
	元嘉 七(四三〇)			(余毗)	〔鎮東大将軍〕		
	〃 一五(四三八)					(珍)	安東将軍
	〃 二〇(四四三)					(倭済)	安東将軍
	〃 二八(四五一)						↓安東大将軍
	大明 二(四五八)			(余慶)	鎮東大将軍		
	〃 六(四六二)					(興)	安東将軍
	〃 七(四六三)		車騎大将軍				
	昇明 二(四七八)					(武)	安東大将軍
南齊	建元 一(四七九)		↓驃騎大将軍				↓鎮東大将軍
	永明 二(四八四)			(牟都)	鎮東大将軍		
	〃 八(四九〇)	(高雲)	車騎大将軍	(牟大)	鎮東大将軍		
	隆昌 一(四九四)		↓車騎将軍				
梁	天監 元(五〇二)		車騎大将軍		↓征東大将軍		↓征東大将軍
	〃 元(五〇二)見						
	〃 七(五〇八)		↓撫東大将軍				

〔註〕→は進号。〔　〕は他の事例からの推測。見は任官・進号以外で史料に見える意。

〈第3表〉諸国の遣使表（五世紀を中心に）

諸　国	中国	年　代	諸　国　王	使節の地位	人　名	朝貢・除授 など
林邑	宋	孝建2（455）	竜陽邁	長史	范竜跋	揚武将軍を授与さる
	宋	大明2（458）	竜神成	長史	范流	金銀器及香布諸物
扶南	南斉	永明2（484）	僑陳如闍耶跋摩		天竺道人	金鏤龍王坐像一躯・白檀像一躯・牙塔二
					釈那伽仙	躯・古貝二隻・琉璃蘇鋞二口など
	梁	天監16（517）	留陀跋摩		竺当抱老	奉表貢献
阿羅陁	宋	元嘉7（430）	堅鎧		毗紉・愛田	援軍と交易の要請
呵羅単	宋	？	毗沙跋摩		闍邪仙婆羅訶	貢献
	宋	元嘉13（436）	毗沙跋摩		毗紉	武器購入の要請
	宋	元嘉29（452）			磐和沙弥	方物を献ず
婆皇	宋	孝建3（456）	舍利婆羅跋摩	長史	竺那婆智	振威将軍を授与さる
	宋	泰始2（466）		長史	竺須羅達	龍驤将軍を授与さる
				［前長史］	竺那婆智	振威将軍から龍驤将軍に進号
闍婆婆達	宋	元嘉12（435）	師黎婆達陀阿羅跋摩	使主	仏大陁婆	方物を献ず
				副使	葛抵	
天竺迦毗黎	宋	元嘉5（428）	月愛	使主父	天魔悉達	金剛指環・摩勒金環諸宝物・赤白鸚鵡
					尼陀達	各一頭
	宋	泰始2（466）	月愛	使主	竺扶大	建威将軍を授与さる
				使主	竺阿弥	建威将軍を授与さる
中天竺	梁	天監2（503）	屈多	長史	竺羅達	琉璃唾壺・雑香・古貝等
斤陀利	宋	孝建2（455）	釈婆羅那邮陁	長史	竺留陀及多	金銀宝器
	梁	天監17（518）	毗邪跋摩	長史	毗員跋摩	金芙蓉・雑香薬等
狼牙脩	梁	天監14（515）	婆伽達多		阿珍多	方物を献ず
高句麗	東晋	義熙9（413）	高璉		高翼	赭白馬
	宋	景平2（424）	高璉	長史	馬婁	方物を献ず
	宋	孝建2（455）	高璉	長史	董騰	国事再周を慰め、方物を献ず
百済	宋	景平2（424）	余映	長史	張威	貢献
	宋	元嘉27（450）	余毗	台使	馮野夫	西河太守を私仮す
	宋	泰始中（465	余慶	東長史	高達	時に行建威将軍・広陽太守
		～　471）		東司馬	楊茂	時に行建威将軍
				東参軍	会邁	時に行宣威将軍
	北魏	延興2（472）	余慶	長史	余礼	時に私署冠軍将軍・駙馬都尉・弗斯侯
				司馬	張茂	時に仮行龍驤将軍・帯方太守
	南斉	永明8（490）	牟大	兼長史	高達	龍驤将軍・帯方太守に除正さる
				兼司馬	楊茂	建威将軍・広陵太守に除正さる
				兼参軍	会邁	広武将軍・清河太守に除正さる
	南斉	建武2（495）	牟大	兼長史	慕遺	龍驤将軍・楽浪太守に除正さる
				兼司馬	王茂	建威将軍・城陽太守に除正さる
				兼参軍	張塞	振武将軍・朝鮮太守に除正さる
				兼参軍	陳明	揚武将軍を除正さる
倭	宋	元嘉2（425）	倭讃	司馬	曹達	方物を献ず
吐谷渾	宋	元嘉9（432）	慕璜	司馬	趙般	夏の皇帝酈連定撃破の勅報
武都	宋	元嘉10（433）	楊難当	長史	章亮	先に授与された章節を返還して謝罪

出典：『宋書』・『南斉書』・『梁書』、『魏書』百済国伝

第3表　諸国の遣使表（五世紀を中心に）
坂元義種『『倭の五王』の外交 ─ 倭王讃の『安東将軍』除授と軍府設置の真相』（『別冊
歴史読本』90、2004年6月）所載

<주제발표>

광개토태왕비문의 高句麗와 倭

徐榮洙

(단국대 역사학과 교수)

1. 연구의 쟁점

광개토태왕비[1]는 廣開土境의 위업을 이룩하여 고구려 전성기를 연 광개토태왕의 훈적을 기념하여 세워진 頌德碑인 동시에 격동과 활력의 시대였던 4~5세기 동아시아의 국제관계를 밝혀주는 생생한 역사 기록이다.

陵碑가 19세기 말 재발견된 이래 한중일 3국 학계의 관심이 집중되어 많은 연구가 상재된바 있다. 그러나 陵碑가 재발견된 이후 그 연구는 고구려사를 비롯한 한국고대사의 발전과정을 해명하는 방향에서 이루어진 것은

---

1) 광개토태왕의 시호는 '國岡上廣開土境平安好太王'인데 일반적으로 '광개토왕'이란 약칭으로 불리고 있다. 그러나 고구려의 왕호는 王-大王-太王으로 변화하며 '太王'은 중국의 '皇帝'에 대응된다. 따라서 '광개토태왕'으로 부르는 것이 옳으며, 태왕의 훈적을 기리기 위해 세워진 광개토태왕비도 비문의 서술에 따라 '광개토태왕 훈적비'로 부르는 것이 마땅하지만 여기서는 그동안 사용된 약칭인 '능비'와 '태왕비'를 병용하기로 한다.

아니었다.

오히려 陵碑의 초기연구가 參謀本部를 비롯한 日本官學에 의해 주도된 까닭에 陵碑는 그들이 설정한 任那日本府라는 허구를 토대로 한 고대 日本의 한반도 진출을 합리화하기 위한 근거로서 제시되었으며, 이후 근 100년 동안 고구려사를 해명하였다기 보다는 古代 韓日關係의 주도권 논쟁을 둘러 싼 공방으로 韓·中·日 三國學界의 최대 쟁점이 되어왔다.[2]

그러나 陵碑의 연구는 문헌사료의 부족이라는 韓國古代史가 갖는 일반적 한계와 삼국 학계의 입장의 차이에 의하여 방대한 연구결과에도 불구하고 논의는 결론에 이르지 못하고 있다. 따라서 廣開土太王期에 적극적으로 추진된 고구려의 '廣開土境'이 갖는 역사적 의미는 물론 韓國古代史 자체의 내적 발전과정을 비롯하여 高句麗와 百濟의 대립을 축으로 전개되었던 당대 東亞交涉史의 거시적 이해에 어느 정도의 성과를 거두었는지는 의문이다.

陵碑研究가 지지부진하였던 가장 큰 이유는 정탁본이 만들어지기 이전에 이미 陵碑의 일부가 손상되었을 뿐 만 아니라, 재발견 당시의 원석탁본 대부분이 유실 되었던 데 있었다고 해도 좋을 것이다. 다행히도 최근에 이르러 韓中日 삼국에서 石灰加工 이전의 원석탁본이 다수 발견되어 陵碑研究는 새로운 활력을 얻고 있다.[3]

최근의 연구동향은 크게 네 가지 유형으로 나타나고 있는데, 1)신묘년기사의 재해석을 비롯한 한일관계사 및 대외관계 연구, 2) 고구려의 천하관을 비롯하여 정복지에 대한 고구려의 영역지배의 내용과 성격 등 고구려사 자체의 발전과정에 대한 연구, 3)고구려 사회사연구의 중요한 문제로 인식하

---

2) 삼국학계의 관심과 시기 및 연구관점을 고려하여 대체로 日本舊說, 中國舊說, 韓國舊說, 碑文變造說, 日本新說, 韓國新說, 中國新說 등으로 구분하여 살펴볼 수 있다. 서영수, 「廣開土大王碑文의 연구사적 검토」『고구려연구』1, 1995년.

3) 능비의 탁본집성과 그 성과에 대해서는 武田幸男,『廣開土王碑原石拓本集成』, 東京大出版部, 1986. 임기중,『광개토왕비원석초기탁본집성』, 동국대출판부, 1995. 徐建新,『好太王碑拓本の研究』, 東京堂出版, 2006 참조.

면서도 소홀히 취급되었던 수묘인연호에 관한 검토,4)능비 연구의 출발점이
라고 할 수 있는 탁본에 대한 연구 등이다.

그 중에서 신묘년 기사의 재해석을 비롯한 한일관계사에 대한 한국학계
의 연구로 민영규, 연민수, 이종욱, 안춘근, 이기백, 김현구, 김은숙, 김태식,
서영수 등의 성과와 북한의 김유철, 손영종, 조희승의 연구를 들 수 있다.4)

신묘년기사 해석은 대체로 종래의 견해를 수정 보완한 견해에 머무르고
있는 데 비하여, 고대 한일관계연구는 큰 진전을 보이고 있다. 특히 김현구,
김은숙, 김태식, 연민수 등은 문제의 任那日本府연구에 있어 陵碑의 차원
을 벗어나『日本書紀』를 본격적으로 분석 활용함으로써 고대 한일관계사
의 연구 수준을 보다 심화시켰다고 할 것이다.

한편 일본학계에서는 비문의 '倭' 자의 빈도수가 다른 대상보다 제일 많
다는 점을 강조하여 은연중에 당시 동아시아의 국제관계를 고구려와 왜의
관계를 축으로 보려고 하거나, 비문에 빈번히 표현된 倭는 실은 고구려의
왕권강화를 도와주는 트릭(가상영화) 스타라고 하여 비문의 사료적 가치를
폄하하는 견해가 제시되고 있다.5)

---

4) 閔泳珪,「鄭澹園廣開土境平安好太王陵碑文釋略校錄幷序」『東方學誌』46·
   47·48합집, 1985년 ; 이근우,「일본서기 임나관계기사에 대하여」『청계사학』
   2, 1986년 ; 延敏洙,「廣開土王碑文에 보이는 倭關係記事의 檢討」『東國史
   學』21, 1987년 ;「광개토왕비문에 보이는 대외관계」『한국고대사연구』10,
   1995년 ; 안춘근,「광개토대왕릉비문연구」『고고역사학지』8, 1992년 ; 이종욱,
   「광개토왕릉비의 신묘년조에 대한 해석」『한국상고사학보』10, 1992년 ;「광개
   토왕릉비및 삼국사기에 보이는 왜병의 정체」『한국사시민강좌』11, 1992년 ;
   김현구,『임나일본부연구』, 일조각, 1993년 ; 이기백,「광개토왕릉비의 소위 신
   묘년조에 대하여」(역사학회 제315회 월례발표회), 1993년 ; 김태식,「광개토왕
   릉비문의 임나가라와 안라인수병」『한국고대사논총』6, 1994년 ;「4세기의 한
   일관계사」『한일역사 공동연구보고서』1, 2005년 ; 서영수,「신묘년기사의 변
   상과 원상」『고구려연구』2, 1996년 ; 김유철,「고구려 광개토왕릉비에 나타난
   왜의 성격」『력사과학』1986-1 ; 손영종,「광개토왕릉비 왜관계 기사의 올바른
   해석을 위하여」『력사과학』1988-1 ; 조희승,「광개토왕릉비문에 대한 몇 가지
   문제」『조선고고연구』, 1988년.
5) 鈴木靖民의「好太王碑の倭の記事と倭の實體」『好太王碑と集安の壁畵古

여기에서 우리는 비문이 갖는 사료적 성격에 대해 근본적인 검토를 할 필요를 느끼게 된다. 능비의 경우 당대인이 직접 쓴 일급 사료라 할지라도 일반적인 사료와 마찬가지로 두 가지 측면이 있다.

즉, 비문의 기사에도 움직일 수 없는 역사적 사실과 당대의 국가의식이 투영된 사관의 역사의식이 반영되어 있다는 점이다. 비문의 대외관계기사에서 어디까지가 사실이고 어떤 점이 고구려의 국가의식이 반영된 과장인가. 그리고 과장된 것이 단순한 허구일까 아니면 당대 동아시아의 대외관이 반영된 중요한 자료일까 하는 점이다.

비문의 倭 관계기사도 이러한 관점에서 재검토 할 필요가 있다. 비문의 구조와 당대 동아시아의 국제관계사의 측면에서 왜 관계기사를 검토하고 고구려의 倭에 대한 인식을 통해 고구려와 왜의 관계를 살펴보기로 한다.

2. 비문의 倭 관계기사

비문의 倭 관계기사는 이른 바 '辛卯年記事'를 비롯하여 永樂 9년, 10년, 14년조에 걸쳐 있다.[6)]

> (1) 百殘·新羅舊是屬民, 由來(?未)朝貢. 而倭以辛卯年來渡, □(海?/ 王)破百殘,□(倭 ?), □新羅 以爲臣民. <제1面 8行 34字~9行 24字>
> (2) 九年己亥, 百殘違誓, 與倭和通, 王巡下平穰. 而新羅遺使, 白王云, "倭人滿其國境, 潰破城池, 以奴客爲民, 歸王請命." 太王恩慈稱忠誠, 特遺使, 還告以密計. <第2面 6行 31字~8行 8字>

墳』, 木耳社, 1988년 ; 李成市, 「表象としての廣開土王碑文」『思想』842, 1994년.
6) 17년의 경우도 倭 관련기사로 보는 견해가 있으나 현재의 비면 상에서 왜 자를 찾을 수 없음은 물론 기사의 내용상으로도 왜가 개입되었을 가능성이 희박하므로 일단 제외한다. 김태식의 분석에 의하면(김태식, 2005) 석독자에 따라 倭 자는 최소 7자 최대 12자가 보인다.

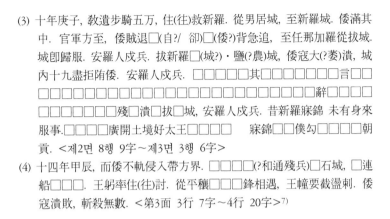

(3) 十年庚子, 敎遣步騎五万, 住(往)救新羅. 從男居城, 至新羅城. 倭滿其
中. 官軍方至, 倭賊退□(自?/ 卻)□(倭?)背急追, 至任那加羅從拔城.
城卽歸服. 安羅人戍兵. 拔新羅□(城?)・鹽(?農)城, 倭寇大(?委)潰, 城
內十九盡拒隨倭. 安羅人戍兵. □□□□□其□□□□□□□言□□
□□□□□□□□□□□□□□□□□□□□□□辭□□□□
□□□□□□□殘□潰□拔□城, 安羅人戍兵. 昔新羅寐錦 未有身來
服事.□□□□廣開土境好太王□□□　　寐錦□□僕勾□□□□朝
貢. <제2면 8행 9字~제3면 3행 6字>

(4) 十四年甲辰, 而倭不軌侵入帶方界. □□□□(?和通殘兵)□石城, □連
船□□□. 王躬率住(往)討. 從平穰□□□鋒相遇, 王幢要截盪刺. 倭
寇潰敗, 斬殺無數. <第3面 3行 7字~4行 20字>[7]

공교롭게도 왜 관련 기사의 경우 결락자와 의문자가 다수 있어 쟁점이
되어 올 수 밖에 없었으나 신묘년기사를 제외하면 오히려 왜 관계기사의
성격은 오히려 명료한 편이다.

즉, 왜가 단독으로 활동하였다기 보다는 주로 가야, 백제와 제휴하여 움
직인 기사로 고구려 남진의 主敵이나 정책목표는 아니었다.

'신묘년기사'를 비롯하여 영락 9년과 10년의 기사는 물론 14년의 경우도
王健群이 새로이 판독한 '和通殘兵'등의 문자가 명확히 보이는 것은 아니
나 백제와의 연합작전으로 보는 것이 일반적이다.[8]

즉, 비문의 왜 관련기사에서 왜는 독자적인 세력이 아니라 모두 백제, 가
라 등과 연계된 세력이라는 점이 주목된다. 특히 고구려 남진의 주 정책적
목표인 신속-조공관계의 대상은 백제, 신라, 임나가라였으며 왜는 그에 부
수되는 군사작전의 대상이었다. 비문에 나타나는 왜의 성격을 파악하는 데
있어 이 점이 무엇보다 유의되어야 할 것이다.

---

7) ( )안의 문자는 현재 이론이 있거나 판독 불명한 부분이나 새로이 석독할 여지
가 어느 정도 있는 字를 참고로 부기하였다. 신묘년기사의 경우는 서영수(1996)
참조.

8) 연민수, 1995.

3. 고구려의 남진과 왜
-남진기사의 구성을 중심으로-

碑文의 征服記事 중에서 가장 많은 비중을 차지하는 기사는 백제에 대한 征討戰, 新羅와 加羅에 대한 복속정책 및 이에 부수되는 倭討滅戰으로 구성된 南進記事이다. 즉, 太王의 南進征服은 永樂六年에서부터 十七年에 이르기까지 재위 대부분의 기간에 걸쳐 간단없이 진행 되었는데,[9] 이는 당대 高句麗의 정책 방향이나 三國의 역사 전개와 관련하여 볼 때 당연한 추세를 반영한 것이라 할 것이다.

따라서 南進記事의 구성과 성격에 대한 이해는 陵碑研究의 최대 관건이라 할 수 있을 것이다. 陵碑연구의 최대 쟁점이 되어온 辛卯年기사를 비롯한 왜 관계기사도 이러한 南進記事의 구성과 분리될 수 없는 유기적 연관을 갖는 기사라 할 것이다. 이러한 점을 염두에 두고 왜 관계기사를 검토해 보기로 한다.

1) 영락 9년 己亥조 기사; 남진 정책의 전환

비문의 倭 관련 기사 중 南進記事의 유기적 구성에 열쇠를 쥐고 있는 것은 물론 '辛卯年記事'일 것이지만, 이와 함께 주목되는 것은 永樂九年條 기사로 南進기사는 九年條 기사를 중심으로 크게 2단락(신묘년~영락

---

9) 永樂 8년조 '八年戊戌 敎遺偏師 觀帛愼土谷. 因便抄得莫△羅城 加太羅谷 男女三百餘人. 自此以來 朝貢服事' 기사의 帛愼土谷'을 肅愼으로 보아 숙신 정벌기사로 보는 것이 일반적이다. 그러나 영락 8년조는 단일기사가 아니라 전반부는 자기영토인 '백신토곡'을 관찰한 기사이며 후반부는 이에 인접한 국가 곧 신라에 대한 무력시위를 통해 조공관계를 맺고 복속시킨 기사이다(서영수, 「廣開土大王陵碑文의 征服記事재검토」 中『歷史學報』119, 1988년 참조).

9년/ 영락 9년~17년)으로 구성되어 있다.

【記事內容】
九年己亥, 百殘違誓與倭和通, 王巡下平壤. 而新羅遣使白王云, "倭人滿其國境潰破城池, 以奴客爲民歸王請命." 太王恩慈矜其忠誠, 先遣使還告以密計.

永樂九年條는 短文이고 결락자도 거의 없는 비교적 간단한 기사라서 종래 '奴客'의 대상에 대한 해석상의 차이를 제외하면 특별한 이론이 없었던 기사이나, 南進記事의 구성에 열쇠를 쥐고 있는 기사로 보다 주목해볼 필요가 있다.

【文章構造와 記事性格】
前提文(征服名分과 대상) ; 성격
主文(太王의 出行) ; 性格
A. 전제문－百殘違誓 ; 신속(朝貢)關係의 이탈
             與倭和通 ; 이탈자의 동조세력
   주 문－王巡下平穰 ; 응징의 준비

B. 전제문－倭人滿其國境 ; 신속(조공)국에의 침입
             新羅遣使白王云 奴客爲民歸王請命 ; 신라 스스로 臣屬을 전제로 한 구원요청
   주문－太王恩 慈矜其忠誠 ; 신속(朝貢)관계의 정착

九年의 기사내용은 高句麗의 南進征服의 주 대상인 百濟와 新羅 및 倭가 모두 등장하고 있을 뿐 만 아니라, 百濟와 新羅에 대한 高句麗의 정책 방향이 九年 이전과 달라졌음을 보여주는 내용으로 南進記事의 이해에 매우 중요한 관점을 제공해 주고 있다.
또한 '百殘違誓'와 新羅使의 自誓형식을 통하여 辛卯年에서 永樂八年에 걸쳐 진행되었던 高句麗의 百濟와 新羅에 대한 정책이 전환점에 들어섰음을 알 수 있다. 이는 九年條 기사내용이 九年條 자체만으로 의미를 갖

는 것이 아니라 이미 기술된 六年과 八年에 연결됨은 물론 十年, 十四年, 十七年에 연결됨을 의미한다.

즉, A段의 '違誓'는 물론 永樂 六年의 "跪王自誓 從今以後 永爲奴 客"이라는 百濟의 臣屬을 전제로 한 朝貢關係 수립에 대한 스스로의 서 약을 위반함을 의미하며, 陵碑에서 이는 太王의 권위에 대한 도전의 성격 을 갖는다. 高句麗의 입장에서 이에 대한 응징은 필연적이라 할 것이지만 '王巡下平穰'이 곧 그에 대한 응징의 표현은 아니다. 왕의 巡行은 征服을 위한 국경지대의 領土視察이지 그 자체가 外方에 대한 정복을 의미하는 것은 아니다.

따라서 이에 대한 응징은 보다 강력한 군사작전으로 나타날 것이 당연한 데, 永樂 十七年條가 바로 그러한 사실의 표현이다. 여기서 주목되는 것은 九年에 일어난 征討理由가 十七年에 수행되었다는 점인데, 이는 당시 고구 려가 後燕과 전쟁 중이었기 때문으로 보인다. 즉, 高句麗에 있어서 百濟는 永樂六年에 일시적으로 服屬시켰다고는 하나 당대의 호적수로서 新羅救援 이나 倭 征討戰과는 달리 後燕과 동시에 대규모 군사작전을 전개할 수 있 는 상대가 아니라는 점이다. 자연 對後燕關係가 高句麗의 승리로 끝난 廣 開土太王 十七年에 와서야 그 응징이 본격적으로 전개된다. 이는 十七年 條의 '蕩盡斬殺'이라는 강한 어조의 표현으로도 그 성격을 알 수 있다.

한편, B段에 제시된 신라와의 관계는 "奴客爲民 歸王請命"에서 보는 바와 같이 臣屬關係를 전제로 한 구원 요청이며, '太王恩慈'는 六年條와 마찬가지로 朝貢關係의 성립을 전제로 하여 臣屬國에 대한 종주국으로서 은택을 베풀었음을 의미하는 것이다.

종래에는 이와 같은 표현이 倭의 침입에 의해 야기된 것으로 생각하였지 만, 이는 단순히 그런 이유 때문만이 아니라 永樂八年의 '抄得生口-朝貢 服事'[10]에서 보듯이 八年의 군사작전 결과로 이루어진 것이다. 八년에 맺

---

10) 종래에는 이 기사를 '朝貢論事'로 보아 모호하게 해석하였으나 10년의 '昔新 羅寐錦 未有身來服事'와 마찬가지로 '朝貢服事' (조공을 바치고 복종하여 섬 기다)로 판독되므로 그 의미는 보다 명확해진다.

은 朝貢關係가 여기에 와서 정착되었음을 의미한다.

즉, 九年의 구원요청은 대등한 입장에서의 인국에 대한 구원 요청이 아니라 朝貢을 바치는 신속國으로서의 구원 요청이며, '奴客爲民 歸王請命'은 신라왕의 自誓 형식을 빌려 이러한 臣屬關係를 강조한 표현이다. 물론 이와 같은 구원요청이 十年에 '往救新羅'로 연결됨은 주지의 사실이다. 十年의 경우에도 단순한 救援戰이 아니라 '新羅寐錦未有身來服事 − 朝貢'의 표현에서 보듯이 朝貢關係의 강화(신라매금의 親朝)를 의미한다.

결국, 永樂九年條 記事는 직접적으로는 十年의 新羅服屬戰과 十七年의 百濟征討戰의 征服名分이 제시된 전제문의 성격을 갖는 동시에 六年, 八年에 성립한 對百濟, 新羅 관계와도 밀접한 연관을 갖는 기사로 高句麗 南進政策의 전환점을 나타내는 기사라 할 것이다.

또한 여기에서 倭의 來渡의 의미가 보다 명확해졌다. 즉, 倭는 太王權에서 이탈한 百濟의 和通세력인 동시에 朝貢國인 新羅에의 침입세력으로 등장하는 것으로 高句麗의 직접적인 征服對象은 아니다. 자연히 그 征討는 新羅 服屬戰과 百濟 征討戰에 부수되어 진행되는 것으로 十年의 '官軍方至倭賊退'와 十四年의 '要截盪刺'의 표현도 이러한 성격을 단적으로 나타내는 것이다. 그 내용을 보다 분명히 하기 위해서 南進記事의 구성을 圖示하면 다음과 같다.

〈표 1〉 남진기사의 구성과 성격

	정복대상	신묘년-영락8년 征服名分---征服過程및 結果	영락9년-영락17년 征服名分--- 征服過程 및 結果
기사의구성과내용	백제왜	辛卯年?---六,王躬率討; 　　跪王,奴客~太王恩敕 辛卯年?(來渡 △破 ?)	九A, 百殘違誓---王巡下平讓; 　十七, 教遣往討, 蕩盡斬殺 九A, 殘倭和通---王巡下; 　十四, 王躬率討, 要截盪刺 九B, 倭滿, 新羅國境- 　十, 官軍至, 倭賊退
	신라	辛卯年?---八B教遣扁師; 　抄得生口~ 朝貢服事	九B, 奴客爲民歸王~太王恩慈 　十, 教遣往救~ 新羅寐錦來朝

기사의 성격	백제	(朝貢支配의 이상?-정복전) 六,조공관계의 성립	朝貢關係의 이탈--왕의 순행 응징(탕진참살)
	왜	(정토명분-정토결과?)	朝貢關係의 이탈자의 화통세력 응징(요절탕자) 朝貢國에의 침입 응징(官軍에 의해 퇴치)
	신라	(朝貢支配의 이상?-복속전) 八,조공관계의 성립	朝貢關係의 정착 朝貢關係의 강화(親朝)

2) 永樂10년(400)庚子 기사;
신라구원과 임나가라 복속 및 왜적퇴치

[文章構造와 記事性格]

A. 집약문 (정토명분?+주문) ;

十年庚子, 敎遺步騎五萬, 住(往)救新羅.

B. 구체적 군사작전기사

b1. 從男居城至新羅城, 倭滿其中. 官軍方至, 倭賊退□, 來背急追 至任那加羅從拔城, 城卽歸服, 安羅人戍兵.

b2. (拔?)新羅□(城?)·鹽(?農)城, 倭寇大(?萎)潰, 城內十九盡拒陌倭. 安羅人戍兵..

b3. □□□□□其□□□□□□□□言□□□□□□□□□□□□□□□□□□ □□□□□□□□□辭□□□□□□□□□□殘□潰□拔□城, 安羅人戍兵.

C. 군사작전의 결과 - 신라와 조공관계 강화.

昔新羅寐錦 未有身來服事.□□□□廣開土境好太王□□□□ 寐錦□ □僕勾□□□□朝貢.

영락 10년 기사는 신라구원전으로 잘 알려진 기사이나 결락자도 많고 '임나가라, 안라인수병' 등 가야와 왜 관계도 중첩되어 나타나는 매우 복잡한 기사이다. 주목되는 것은 집약문에 신라구원의 명분이 생략되었다는 점인데 이는 이미 언급한 바와 같이 9년 조의 '奴客爲民, 歸王請命'이 곧 출병의 명분이라고 봐야 할 것이며, 그 결과도 신라매금의 친조로 귀결되고 있다.

요컨대 기사의 대강은 "영락10년에 왕은 5만의 보병과 기병을 파견하여 낙동강 유역에서 왜를 격퇴하고, 任那加羅를 복속시키는 한편 신라를 구원하였다. 그 결과 종래와는 달리 신라매금(국왕)이 직접 고구려에 조공하였다."는 내용이다.

결락문자가 많아 종래부터 이론이 많은 부분으로 왕건군의 석문이후 安羅人戍兵의 정체를 둘러싸고 여러 가지 견해가 나타나고 있다. 安羅로 보는 종래의 구설에(末松保和) 대해 羅人을 신라로 보는 왕건군의 견해가 제시된 이래,[11] 최근에는 특정 국가를 의미하는 것이 아니라 고구려의 巡邏兵으로 보는 견해도 제기 되었다.[12]

문장구조와 형식으로 본다면 순라병으로 보기보다는 문장구조상 동사가 결여되어 있다는 점에 착안한 왕건군의 '신라인수병을 안치하여 지키게 하다.'는 견해가 옳은 것으로 생각된다.

비문의 일반적인 용법은 앞에서 이미 기술한 대상을 '백잔-殘國, 북부여-부여, 동부여-餘城' 등 약칭으로 쓴 경우가 빈번한데 이는 지면의 제약이 있는 비문의 특성 때문으로 보인다. 따라서 혼동하기 쉬운 순라인의 약칭으로 보기는 어렵다고 보인다.

임나가라나 안라가라로 보는 경우도 있으나 '안라인수병'이 군사작전의 시작이 아니라 결과라는 점과 그 작전이 대체로 신라와 공동으로 수행되었다는 점을 고려하면 '신라인 戍兵을 배치하다.'로 보는 것이 옳을 것으로 생각된다.

명확한 것은 "新羅寐錦 未有身來服事 … 廣開土境好太王□□□□寐錦 … 朝貢"의 기사에서 보듯이 영락 10년조 기사는 신라에 대한 고구려의 조공지배가 강화되었음을 나타내는 기사이며, 결과적으로 가야연맹의 맹주국으로 추정되는 임나가라는 붕괴되고 그 지역은 고구려의 군사력을

11) 王健群, 『好太王碑研究』吉林人民出版社, 1984(임동석 역, 『광개토왕비연구』, 역민사, 1986)
12) 高寬敏, 「永樂十年高句麗廣開土王の 新羅救援作戰について」『朝鮮史研究會論文集』27, 1990 ; 김태식 1994.

배경으로 하여 신라의 영역으로 편제되어 갔다는 점이다.

여기에 등장하는 倭는 신라, 가야와는 달리 복속의 대상이 아니라 '追, 退, 滅'의 대상이었으며 그 근거지가 임나가라 또는 가라에 의해 탈취된 신라성이었다는 점을 본다면, 당시의 왜는 고정된 거점이 있었던 것이 아님이 분명하다.

비문의 '임나가라'의 '任那'에 대해 여러 가지 해석이 있지만 '임나가라 종발성'으로 표기한 점으로 미루어보아 '가라'를 수식한 형용사로[13] 후기 가야연맹체의 맹주국인 대가야의 '大' 또는 '主國'의 의미를 갖는 용어로 추정되며, 작전과정에서도 구원을 계기로 한 신라의 복속과 임나가라의 정토가 주 정책 목표였으며, 왜는 종으로 나타난다.

따라서 10년조 비문의 왜는 빈번한 표현에도 불구하고 고구려와 자웅을 결한 세력으로 볼 수는 없으며 트릭스타는 더욱 아니다.

3) 十四年甲辰조 기사;
왜와 백제 연합군의 대방계 침입과 격퇴

[文章構造와 記事性格]
A. 정토명분＋ 주문
　十四年甲辰, 而倭不軌侵入帶方界. □□□□(?和通殘兵)□石城, □連船□□□. (王躬率住(往)討.)
B. 구체적 작전기사
　從平穰□□□鋒相遇, 王幢要截盪刺. 倭寇潰敗, 斬殺無數.

14년 기사는 왜가 대방계에 침입하였다가 광개토태왕의 친위군에 의해 격파되었다는 기사로 일부 결락자가 있음에도 불구하고 작전의 내용은 비

---

13) '임나'를 명사로 보아 '가라'와 마찬가지로 지역, 또는 국명으로 보는 견해가 있으나(안춘근,1992), 그럴 경우에는 '임나00성, 가라 종발성' 으로 표기되어야 할 것이므로 성립될 수 없다.

교적 명료하다. 왕건군의 새로운 석문이후 대체로 왜의 단독 출병이라기보다는 백제와의 공동작전으로 보는 것이 일반적이며, 連船의 주체가 고구려 수군인지 백제, 왜의 연합군인지의 논쟁이 있을 뿐이나,[14) 현재로서는 '화통잔병', '왕궁솔' 등의 문자가 명확하지 않아 결론을 내리기는 쉽지 않다.

흥미로운 것은 '而'(그런데도)자를 사용하여 생략된 정토명분을 표현하였다는 점과 왜구의 침입을 단순히 침입이라 하지 않고 '不軌'라는 표현을 사용하였다는 점인데, 이는 물론 과장이라 할 수 있으나 단순한 과장이 아니라 10년조의 '官軍'의 표현과 함께 당대 동방세계의 중심을 고구려에 두려는 독자적인 고구려의 천하관과 밀접한 관련이 있다는 점이다..

즉, 왜의 내침을 단순히 적군의 침입으로 보는 것이 아니라 태왕의 치세를 어지럽히는 세력으로 보고 있다는 점인데, 이는 조공지배의 대상인 '백제, 신라, 가야'와 왜를 구별하려는 목적에서 기술된 것으로 생각된다.

4. 신묘년 기사 재론

신묘년기사의 경우 비문의 연구사와 궤를 같이 할 정도로 많은 연구가 있었음에도 자료의 한계와 역사인식의 차이에 의해 결론에 도달하지 못하고 있다. 발표자도 이러한 문제점을 인식하고 비문의 구조와 각종 탁본자료 및 현지 촬영을 통해 종래의

> "百殘新羅舊是屬民由來朝貢 而倭以辛卯年來渡海 破百殘□□ 新羅以爲臣民"
>
> (百濟와 新羅는 예로부터 屬民이어서 朝貢을 해왔는데 倭가 辛卯年부터 바다를 건너와 百濟, (加羅?), 新羅를 정복하여 臣民으로 삼았다)

는 석독의 문제점을 지적하고 신묘년기사를

---

14) 연민수, 1995.

"百殘新羅舊是屬民由『未』朝貢 而倭以辛卯年來渡 『王?』破百殘(倭?)
□新羅以爲臣民"
(백제와 신라는 옛 속민인데도 아직까지 조공을 바치지 않고 왜는 (무엄하
게 대왕의 治世인) 신묘년부터 바다를 건너왔다. 그래서 太王은 (臣下가 되
기로 한 誓約을 어긴) 백제와 (그 동조자인) 왜를 공파하고, 신라는 복속시켜
臣民으로 삼았다)

로 석독하는 동시에 영락 6년과 8년의 정토명분을 제시한 도론적 성격의
전제문인 동시에 남진기사를 집약 서술한 고구려 史官의 名文으로 규정한
바 있다.[15]

몇 가지 첨언한다면
1) 문자의 문제; 비면의 문자를 由來로 성구한 것은 탁공이 요즈음은 잘
사용하지 않는 '由未'의 용례를 모르고 오탁한 것이라는 점이다.[16] 탁본
상에서나[17] 현장 사진에서 이점이 분명히 들어난다.
원래 탁본상 '由未'의 '래'자는 도판에서 보는 바와 같이 '未' 자 사이
좌우의 점획이 일정치 않음을 알 수 있다. 즉 이는 자연적 손상인데 이를
'래'자처럼 초탁한 것으로 생각된다.
가장 쟁점이 되어 왔던 '來渡海破' 중 海자는 현재의 비면 상에서나 원
석 정탁본에서는 확인할 수 없다. '파백잔?'의 경우 초기 탁본으로 올라갈
수록 '殘'자 다음 문자의 흔적이 약간씩 보이는 데 보다 정밀한 검토가 필
요하다고 생각된다.

---

15) 서영수, 1996.
16) 일반적으로 '由來朝貢'으로 읽어 왔으나, 이는 '未'자의 손상을 '耒(來의 약
자)'자로 오인한 탁공의 착오이며 비면을 면밀히 관찰한 결과 '由未朝貢'이 옳
으며, 요즈음은 '由未'라는 표현을 잘 쓰지 않으나 孟子등 고전에는 빈번히 사
용된 '아직~ 하지 않았다.'라는 관용귀이다.
17) 김영만, 「광개토왕비문의 신연구1」『신라가야문화』11, 1980 ; 서영수, 1996.

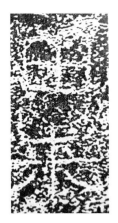

원석탁본의
'由未'(반조음탁본)

비면상의
'유미'의 '未' (1991,
서영수)

원석탁본상의
'래도해'
(반조음탁본)

來渡?破(2005,
임세권)

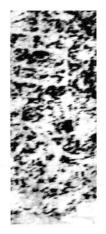

'백잔?'
(부사년乙本)

2) 漢文語法; '來渡海'는 물론 '以辛卯年來'란 표현은 한문어법에 어긋나는 것으로 그 용례를 찾을 수 없다. '來'가 동사와 결합하여 쓰일 때는 관찰자의 시점에서 상대의 행위를 '來訪, 來渡, 來侵'등에서 보는 바와 같이 종결 표현하는 것으로 그 다음에 장소나 목적어를 가리키는 명사가 올 수 없다.[18] 이러한 난점을 해결하기 위해 '以 … 年來'로 해석하는 경우가 있으나[19] 이 또한 이미 고명사가 지적한 바와 같이 모든 자료를 검색하여도 그러한 용례가 발견되지 않는 다는 점이다.[20] 그 이유는 '以' 자체가 명사 앞에 쓰일 때는 '이래'의 의미를 갖는 것이므로 시간을 나타내는 명사 뒤에 '來'자를 다시 쓸 필요가 없기 때문이다. 즉 '이신묘년'이든지 '신묘년이래'든지 둘 중 하나이지 '이신묘년래'라는 표현은 당연히 없는 것이다.

따라서 '왜이신묘년래도'는 문자에 이상이 없는 한 '왜가 신묘년부터 來渡 하였다.' 그 자체로 문장이 끝나고 그 다음자는 새로운 문장의 주어가 와야 된다는 점이다.

3) 문장구조와 성격 ; 신묘년기사는 그 형식에 있어 단순한 기년기사가 아니라는 점은 분명하다. 이에 따라 전치문, 대전치문 등의 견해가 발표되었으나 필자는 정토명분이 생략된 영락 6년과 8년의 전제문인 동시에 남진기사를 요약한 집약문이라는 점을 강조하였는데 그럴 경우 김태식이 지적한 바와 같이 영락 8년조 기사가 숙신정벌기사라면 모순이 된다.

그러나 이미 언급한 바와 같이 영락 8년조는 자기 영토인 '帛愼토곡'을 관찰하고 그에 이웃한 국가를 위협하여 조공관계로 전환 시킨 기사이지 숙신에 대한 정복기사가 아니라는 점이다.

---

18) 쉬운 예를 들면 미국대통령 클린턴이 한국을 來訪 할 때, 태평양을 건너서 오지만 '클린턴래방태평양'은 말이 안 되는 것처럼 이는 어법 이전의 문제이다.
19) 西嶋定生, 「廣開土王碑辛卯年條 の讀法について」『圖說 日本の 歷史(3)』, 1974 ; 연민수, 1995.
20) 고명사, 「臺灣의 好太王碑 拓本과 碑文에 관한 硏究」『고구려연구』 2, 158쪽, 1996.

4) 능비의 가장 중요한 기술 중 하나가 중국적 천하관을 수용하여 중원의 제국과 마찬가지로 고구려의 독자적인 천하질서를 상정하고(由未朝貢－신묘년, 中叛不貢－영락20년) 주변제국을 그러한 질서 속에 넣기 위해 이를 실천하려 하였다는 점이다.(跪王自誓 從今以後 永爲奴客－영락6년, 朝貢服事－영락8년, 新羅寐錦未有身來服事 … 朝貢－영락10년) 이에 따라 고구려는 인국과의 전쟁에서도 신속의 상징인 조공지배를 상정하고 이를 명분으로 전쟁을 수행하고 있는데, 隋唐제국의 고구려 침공에서 보는 바와 같이 당시의 중외관계에서는 일반적인 것이다.

이는 中外關係나 고구려에 국한된 문제가 아니라 전연의 고구려에 대한 칭신의 요구에서 보는 바와 같이 당시 동아시아의 국제관계에서 나타나는 일반적 현상이다. 이를 중외관계와 달리 疑似조공관계라 불러도 좋을 것이다.[21]

5) 신묘년기사에서 倭는 이러한 고구려의 천하질서에 이반한 백제의 화통세력인 동시에 고구려에 조공을 바침으로서 신속국이 된 신라의 침입세력이었던 탓에 來渡한 자체가 정토명분이 되었던 것이다.

따라서 신묘년 기사는 고구려 왕권의 정당성과 우월성을 확립하기 위한 과장이라고 할지라도 일부에서 주장하는 바와 같이 허구로 만들어진 기사가 아니라 당대 고구려의 국가의식이 극명하게 표현된 명문이라고 하여도 좋을 것이다.

5. 고구려의 천하관과 왜에 대한 인식

비문에 표현된 왜는 '倭, 倭人, 倭賊, 倭寇' 등으로 다양하게 표현되고 있는데, 고구려에 있어 왜는 고정된 거점이 있는 강대한 세력이 아니라 가

---

21) 서영수, 「삼국과 남북조교섭의 성격」『동양학』 1, 1981.

야와 백제의 군사적 목적에 의해 동원된 세력으로 일종의 용병이라고 보아도 좋을 것이다.

가야는 낙동강유역을 두고 벌어진 신라와의 항쟁에서 우위를 차지하기 위해 왜군을 동원하였으며 백제는 고구려와의 전쟁에 이를 이용하였다.

왜의 입장에서도 가야로부터 철기를 비롯한 위세품등 물자를 구득하기 위한 방편으로 이에 응한 것이며,22) 뒤이어 근초고왕 이래 한반도 남부로 진출한 백제에 대해서도 같은 목적으로 상호 결호하게 되었던 것이다.

당시 한반도에 출현한 왜는 하계에 신라의 곡창지대에 침구 한 단순 왜구와 가야 와 백제의 후방세력으로 들어온 왜병 등 3대 세력으로 구분할 수 있는데 비문에 기술된 왜는 물론 후자의 경우이다.23)

비문에 기술된 왜도 단일한 통일 세력이라기보다는 분산적인 모습을 보이고 있다. 따라서 당시의 왜는 통합된 정치체라기 보다는 국가의 형성과 발전을 도모하는 과정에서 국제전쟁에 뛰어 들게 된 九州와 西日本의 여러 지방 세력으로 생각되며, 일본사의 입장에서도 결과적으로는 이러한 국제전쟁을 통해서 선진 문물을 습득하였을 뿐 아니라 전기가야 연맹체의 붕괴에 따른 인구유입으로 이후 왜는 통합된 새로운 단계, 즉 국가단계로 도약하였다고 보는 것이 옳을 것으로 생각된다.

한편, 비문에 보이는 고구려의 왜에 대한 인식은 고구려의 남진 정책의 목표와 관련되어 나타나는 부수적 존재로 파악되었다.

고구려는 중국적 천하관을 수용하여 독자적인 새로운 천하질서를 모색하는 과정에서 후연, 백제, 신라, 가야, 부여 등 이미 국가로 성장한 제 세력의 복속에 주 정책적 목표를 두었다.

홍미로운 것은 비문에 백제나 신라 등을 대등한 상대로 표현하지 않고 殘主, 寐錦 등으로 격을 낮추어 표현할 뿐 아니라 정복전쟁에 나갈 때는

---

22) 김태식, 2005.
23) 연민수는 이를 서일본 지역의 首長軍 으로 보고 있다.(1995)

'王躬率' 등 왕호를 사용하고 대상국이 항복하는 경우는 '太王恩'의 표현을 사용하고 있는 데, 이는 당시 고구려의 정복전의 목표가 어디에 있음을 알려주는 자료라 할 것이다.

太王이란 대왕중의 대왕 곧 우리말로 황제를 의미하는 표현이다. 비문에 '사해, 사방'의 표현과 함께 '백제나 신라왕이 항복하여 <奴客>을 자처하며 신하의 예를 올리면 태왕이 은덕을 베풀었다'는 표현이 빈번한데 이는 바로 천하 사방의 중심이 고구려임을 나타내는 것이다.

고구려사에 처음 나타나는 독자적인 연호인 永樂을 통해서도 이를 확인할 수 있다. 당시의 동아시아에서 중원의 천하질서에 포함된 주변국은 일반적으로 중원왕조의 연호를 사용하는 것이 관례인데, 광개토태왕이 영락이라는 독자적인 연호를 사용한 것은 바로 고구려가 중원왕조에 대응하는 새로운 천하질서를 동방에 구축하고 그 패자임을 천명한 것이다.

永樂 17年 太王이 숙적인 후연을 붕괴시키고 그를 계승한 '北燕王 高雲에게 宗族의 예를 베푸니, 고운이 사신을 보내어 보답하였다'는 기사는[24] 이 점을 보다 분명히 보여준다. 즉 이는 고구려가 大宗, 북연이 小宗이 되는 관계로 천자가 제후를 통제하였던 중원의 종법적 봉건질서를 고구려가 동방에 구현하여 북연을 신하국으로 삼았음을 의미한다.

이는 고구려에 국한된 것이 아니라 당대 동아시아사에서 나타나는 일반적 관행이었다. 五胡(흉노,저,강,갈,선비)의 제 국가는 중원에 들어가기 전이미 漢으로부터 장군호 등 관작을 사여 받음으로써 漢의 爵制的 질서에 편입되었는데 중원의 일부를 점령하면서 이러한 중원의 봉건제를 이상화하고 제도화한다. 이러한 五胡국가의 초기 형태를 일반적으로 군사봉건제로 부를 수 있다.

이에 따라 전쟁의 승패에 대해서도 종래의 약탈적 행위에 반하여 조공관계의 요구 등 정치적 명분론을 앞세운 요구가 빈번해 지는데 前燕의 고구

24) 『三國史記』 권18, 고구려본기 광개토왕17년조 "春三月, 遣使北燕,, 且敍宗族, 北燕王高雲 遣侍御使李拔 報之,. 雲祖父高和, 句麗之支屬"

려에 대한 稱臣의 요구나 능비에 표현된 고구려의 백제와 신라 및 임나가
라에 대한 신속-조공관계의 요구는 바로 이러한 현상을 말해주는 것이며 이
미 언급한 바와 같이 이를 의사조공관계라 해도 좋을 것이다.

당대 고구려에 있어 가장 치열한 교전 상대는 주지하다시피 後燕과 백제
였다. 양국 모두 고구려로서는 舊怨의 대상이었다. 그러나 백제나 후연과의
전역에서 보는 바와 같이 전쟁의 시작은 구원에 대한 응징이었으나 그 전
쟁의 결과는 신속을 조건으로 한 조공관계로 귀결시키고자 하였음을 알 수
있는데, 이는 단순한 과장이나 허구가 아니라 당대 동아시아의 제 민족이
국가의 발전과정에서 그러한 관계를 국가질서의 이상으로 삼았던 탓이
다.[25]

이와는 달리 아직 문화적으로 미성숙한 稗麗나 倭는 그러한 천하질서의
구축에 별 소용없는 존재였다. 따라서 이들에 대한 정책은 臣屬이나 朝貢
의 대상이 아니라 '破其三部洛. 六七百營 … 牛馬群羊不可稱數 – 영락5
년'나 '要截盪刺, 倭寇潰敗, 斬殺無數 – 영락14년' 등 군사작전의 대상이
었을 뿐이었다.

倭가 비문에 빈번히 표현된 것은 북방경략과는 달리 고구려 남진정책의
주 대상이 백제, 신라, 임나가라 등 여러 나라였기 때문에 그에 연동되어 나
타난 자연스런 현상이었을 뿐 왜를 호적수로 생각하였던 것은 아니었다.
즉, 비문의 倭는 고구려가 자기 세력을 과장하기 위해 일부러 내세운 트릭
스타가 아니라 복잡하게 진행된 남진과정에 부수적으로 나타나는 존재로
고구려를 중심으로 한 천하질서의 軌道를 벗어난 이방인으로 인식되었던
것이다.

왜가 동아시아의 국제외교무대에 국가의 모습으로 등장하기 시작한 것은
5세기 후반 『宋書』의 倭五王 시대를 기다려야 했다.

---

25) 고구려의 永康七年銘, 延嘉七年銘 금동광배 등의 銘文을 보면 연호를 쓴 이
후의 표기 방법이 '연호+간지, 太王敎造 …' 등의 양식으로 정형화됨을 알 수
있는데, 이를 통해 당시 국가의식의 정연함을 엿볼 수 있다.

『宋書』倭國傳에 보이는 倭王武의 上表文과 高句麗

－古代 東아시아의 歷史的 展開에서 본－

川本芳昭

(九州大學 文學部 敎授)

머리말

주지하듯이 日本의 皇統에서 제21대 天皇으로 雄略天皇(倭王武)이 478년 中國에 朝貢했을 때, 南宋 말의 皇帝 順帝에게 올렸던 上表文에는

> "順帝 昇明二年, 遣使上表曰. 封國偏遠, 作藩于外. 自昔祖禰, 躬擐甲冑, 拔涉山川, 不遑寧處. 東征毛人五十五國, 西衆夷六十六國, 渡平海北九十五國. 王道融泰, 廓土遐畿. 累葉朝宗, 不愆于歲. 臣雖下愚, 忝胤先緒, 驅率所統, 歸崇天極"(倭王武는 順帝 昇明 2年에 사신을 보내 上表하여 告하였다. 臣이 皇帝님에게 封建되어진 國은 中國에서 멀리 떨어져 있으나, 皇帝님의 나라(宋)를 지키기 위해 海外에서 藩을 이루고 있습니다. 옛부터 나의 先祖는 스스로 甲冑를 두르고 산과 내를 건너, 쉴 틈도 없이 皇

帝님을 위해 일해 왔습니다. 그 과정에서 동쪽으로 毛人의 55國을 정벌하였고, 서쪽으로는 많은 夷狄의 66國을 복속시켰으며, 바다를 건너서는 海北의 95國을 평정했습니다. 그 결과 皇帝님의 지배가 온전하게 되었고, 臣들은 皇帝님의 지배가 미치는 영토를 넓혀, 皇帝님의 直轄地인 畿內로부터 아주 멀리까지 미치게 하였습니다. 臣의 先祖들은 여러 대에 걸쳐 해마다 朝貢을 게을리 한 적이 없었습니다. 臣은 신분이 낮고 어리석은 자입니다만, 욕되게도 先祖로부터의 가르침을 계승하여, 다스리는 곳을 이끌고, 皇帝님이 계신 天(구체적으로는 宋의 도읍 建康, 현재 南京)에 다 달아 아뢰고 싶습니다. 『宋書』倭國傳).

라는 기술이 보여, 倭王武가 宋의 順帝에 대해 臣으로 칭하면서, 中國의 封建을 받는 封國으로서 中國을 위해 주변의 夷狄을 토벌하여 中國의 경역을 확대하였다고 하였다.

당시 倭國王은 宋의 皇帝에게 倭國, 新羅, 任那 등 6國의 軍政權을 인정받아, 中國 동방의 安撫를 그 임무로 하는 安東將軍의 官에 임명되었다. 이를 통해 위에 제시한 『宋書』倭國傳의 기사는 倭國王이 中國을 중심으로 하는 세계, 즉 中國을 중심으로 하는 天下에서 中國皇帝의 臣下됨을 公言하였고, 中國皇帝도 그것을 인정하여, 王朝의 官職까지 부여했던 것을 보여주고 있다.

한편 일본의 칸토(關東)에 있는 사이타마현(埼玉縣)의 이나리야마고분(稻荷山古墳)과 큐슈(九州) 쿠마모토현(熊本縣)의 후나야마고분(船山古墳)에서 발견된 저 倭王武(獲加多支鹵=와카타케루)의 시대의 것으로 알려진 5세기 후반의 鐵劍과 鐵刀에 銘文이 새겨져 있는 데, 그것은 각각

"辛亥年, 七月中記. 乎獲居臣, 上祖名意富比垝, 其兒多加利足尼, 其兒弖已加利獲居, 其兒多加披次獲居, 其兒多沙鬼獲居, 其兒半弖比, 其兒名加差披余, 其兒名乎獲居臣. 世世爲杖刀人首, 奉事來至今. 獲加多支鹵大王寺, 在斯鬼宮時, 吾左治天下, 令作此百練利刀, 記吾奉事根原也"(辛亥年 7月中에 기록한다. 乎獲居臣, 上祖의 이름은 意富比垝, 그 아들 多加利足尼, 그 아들 弖已加利獲居, 그 아들 多加披次獲居, 그 아들 多沙鬼獲居, 그 아들 半弖比, 그 아들의 이름 加差披余, 그 아들의 이름

乎獲居臣. 대대로 杖刀人의 장(首)이 되어, 지금까지 奉事하여 왔다. 獲加多支鹵大王의 寺가 斯鬼의 宮에 있었을 때, 우리는 天下를 다스리는 것을 도왔다. 이 百練의 날카로운 칼을 만들게 하여 우리가 奉事해 온 근원을 기록한다. 「稻荷山古墳出土鐵劍銘」).

"治天下獲加多支鹵大王世, 奉事典曹人, 名无利弖, 八月中, 用大鑄釜幷四尺廷刀, 八十練六十捃三寸上好□刀. 服此刀者長壽, 子孫注々得三恩也. 不失其所統. 作刀者名伊太□, 書者張安也"(治天下獲加多支鹵大王의 치세에 奉事典曹人으로 이름은 无利弖. 8월중에 큰 철솥과 4척의 廷刀를 사용하여, 80번 두드리고 60번 거두어 3寸의 좋은 □刀가 되었다. 이 칼을 차는 者는 장수하고 子孫은 큰 三恩을 얻게 되어 그 통치하는 곳을 잃지 않을 것이다. 刀를 만든 者의 이름은 伊太□, 書者는 張安이다. 「船山古墳出土鐵刀銘」).

라 하였다. 양자에는 '治天下'의 기술이 보이고 있는데, 이것은 5세기 후반의 倭國王이 '天下'를 다스리는 王이기도 했다는 것을 전하고 있는 것으로 파악할 수 있다.

또한 『隋書』卷81 倭國傳에는 주지하는 바와 같이 607년에 遺隋使의 小野妹子가

"日出處天子致書日沒處天子無恙"(해 뜨는 곳의 天子가 해 지는 곳의 天子에 書를 보내니 별고 없으신가)

라는 國書를 隋 煬帝에게 보냈기 때문에 煬帝의 불쾌감을 샀다고 기록되고 있다.

이상은 5세기 후반에서 7세기 초까지 中國의 皇帝에 대해 倭國王이 臣下를 칭하면서도 '天下를 다스리는' 王을 칭했던 단계부터, 中國 皇帝와 같이 '天子'를 칭하는 단계까지 그 王權을 질적으로 변용시켰던 것을 보여주는 것으로 생각해 좋을 것이다.

본고에서는 倭王武의 단계에서 어떠한 국제적 동향 속에서 '天下'의 실

태에 따른 '天下意識'을 고대일본의 倭國이 가지게 되었는가를 추구하고,
나아가 그러한 국제적 동향이 동아시아라는 관점에서 봤을 때, 어떠한 역사
적 의의를 가지는 것이었던가를 『宋書』倭國傳에 보이는 倭王武의 上表
文과 高句麗 長壽王 대 건립의 「廣開土王碑文」 등과의 관련에서 밝혀보
고자 한다.

1. 中國에서의 天下槪念의 확대와
倭國의 天下意識

　주지하는 바와 같이 처음부터 天下란 광대한 天의 아래에 펼쳐지는 地
上世界를 의미하며, 그것이 곧 中國皇帝의 支配領域이었다. 나아가 원래
부터 그 바깥에는 四海가 둘려져 있고, 거기에는 四夷가 거주하는 것으로
인식되어 왔다. 그러나 中國의 東方과 南方은 바다에 면하고 있다고 할 수
있으나, 北方과 西方은 육지이다. 따라서 四海라는 표현을 문자 그대로 이
해할 수는 없기 때문에, 바다(海)는 어둠(晦)으로 통해 왔다. 즉 바다(海)가
어둠(晦)을 의미하는 것은 四海가 해와 달이 비치지 않는 어두운 세계임을
의미하는 동시에, 그곳이 死者의 世界이기도한 것으로 인식되어 왔다.[1] 원
래 夷狄의 총칭으로 사용되어 온 夷의 옛 글자체가 尸였던 것은 四夷가
死者의 의미로도 인식되고 있었음을 보여 주고 있는 것이다.[2]
　倭國과 日本은 이와 같은 中國의 世界觀, 즉 天下=四海(四夷)라는 世
界觀에서 볼 때, 원래 東夷에 해당하는 존재였다. 그런 만큼 倭國과 日本
은 四海에 존재하는 夷狄이었다고 말할 수 있다. 倭國과 日本이 中國正

---

　1) 山田統, 「天下という觀念と國家の形成」 初出 1949年, 『山田統著作集』 19
　　81年, 第1卷 所收, 明治書院 參照。
　2) 中國 六朝期의 用語法에 南蛮이 존재하는 郡縣을 左郡과 左縣으로 칭했던
　　예가 있지만, 그것도 夷의 옛 글자체인 尸에서 변화한 것이었다.

史의 東夷傳에 나열되고 있음은 이러한 사정을 분명하게 보여주고 있다.

그러나『宋書』倭國傳의 倭王武의 上表에 보이는 倭國은 中國의 封國으로 그 王은 中國王朝의 官爵을 받는 존재이기도 했다. 이것은 위의 中國(天下)=四海(四夷)의 관점과는 모순되는 면도 있다고 말할 수 있다. 왜냐하면 이렇게 보면 倭國은 중국적 天下의 권역에 속하는 것으로, 그 王이 安東將軍이라는 中國王朝의 官爵에 임명되어진다는 것은 倭國이 夷狄의 나라가 아닌 것을 일면 보여주고 있기 때문이다. 또한 앞에서 본 것 같이 倭國傳의 倭王武의 上表에는 "東征毛人五十五國, 西服衆夷六十六國, 渡平海北九十五國. 王道融泰, 廓土遐畿"라 하여, 上表가 여러 대에 걸친 倭國王의 武功에 의해, 中國皇帝의 王道은 온전해 지고, 그 경역이 넓어졌다는 기술이 보인다. 즉, 倭王武의 上表에서는 倭國을 비롯하여 정복했던 毛人, 衆夷, 海北의 땅은 王道가 미치는 畿內가 되었다. 바꾸어 말하면 天下에 포함되는 땅으로 되었다고 인식되었다는 것을 알게 되는 것이다.

한편 아주 늦은 시기의 예이지만, 朝鮮의 李朝時代의 洪奭周의 말로

　　吾東方之士, 北學於中國, 而以文聲天下, 亦自崔公(崔致遠)始(崔致遠, 『桂苑筆耕』序).

라고 보이는데, 시대는 다르지만 여기에도 東夷인 倭王武의 上表文과 같이 원래 中國에서 東夷의 땅으로 인식되던 朝鮮이 中國을 중심으로 하는 天下에 포함되는 것이라는 이해를 분명히 보여주고 있다.[3]

倭王武의 上表와 李朝時代 洪奭周의 사례는 모두 日本과 朝鮮의 입장에서 自國이 中國을 중심으로 하는 天下에 포함된다는 인식에서 쓰였던 기술이지만, 한편에서는 中國의 입장에서도 四海의 땅이라도 中國을 중심으로 하는 天下에 포함되는 것으로 인식했던 사례도 있다. 예를 들면,『册

---

3) 이에 대해서는 拙稿,「崔致遠と阿倍仲麻呂－古代朝鮮・日本における「中國化」との關連から見た」『九州大學 東洋史論集』31號, 2003年 參照.

府元龜』卷170 帝王部 來遠 조에 唐太宗 貞觀 20年 12月에 鐵勒과 위
글 등이 闕에 도착했을 때

　　　帝(太宗)謂之曰 … 我今爲天下主, 無問中國及四夷, 皆養治之 …

라 하였다. 中國 중심의 天下에 四夷도 포함된다는 인식을 분명히 보여주
고 있다. 또한『日本書紀』卷22, 推古天皇 16年 8月 조에 隋 煬帝가 倭
國에 보냈던 國書가 전해지는데

　　　其書曰 皇帝問倭皇(原文は倭王と表記). 使人長吏大礼蘇因高, 至具
　　　懷. 朕欽承寶命, 臨仰區宇. 思弘德化, 覃被含靈. 愛育之情, 無隔遐邇.
　　　知皇(王が原文)介居海表, 撫寧民庶, 境內安樂, 風俗融和, 深氣至誠, 遠
　　　脩朝貢. 丹款之美, 朕有嘉焉. 稍暄, 比如常也. 故遣鴻臚寺掌客裴世清
　　　等, 稍宣往意. 并送物如別.

라 하여, 天命을 받아 區宇(天下)에 임하는 皇帝의 德化는 멀고 가까운 것
에 구애됨 없이, 海表(海外=四海)에 있는 東夷의 나라인 倭國에까지 미
치는 것이라 하였다. 여기에서도 中國 중심의 天下에 四夷가 포함되는 것
이라는 인식을 보여주는 것으로 생각할 수 있다.
　아울러『日本書紀』에 보이는 煬帝의 國書는 實際의 國書를 거의 충실
하게 옮겼던 것으로 생각되는데, 이 점에 대해서는 拙稿,「隋書倭國傳と
日本書紀推古紀の記述をめぐって－遣隋使覺書－」[4]를 참조.
　한편 앞서 본 것처럼 天下라는 말은 원래 中國의 領域을 가리키는 말이
었고, 그 밖에는 四海가 존재하고 있었다. 그러나 中國의 領域이 확대되어
四海의 領域까지 서서히 넓혀져 감에 따라, 이전에는 夷狄의 땅이었음에
도 불구하고, 그것을 포함하여 天下로 칭하게 되기 시작하고, 그 夷狄이
中國化되면 확대된 天下가 새로운 天下로서 인식되었고, 다시 그 밖에 四

---

4)『史淵』141輯, 2004年.

海가 존재하는 것으로 인식되기 시작하는 것이다.

그렇다면 이와 같은 흐름과의 관련에서 머리말에서 제시했던 稻荷山古墳과 船山古墳 출토의 鐵劍과 鐵刀에 보이는 '天下'의 의미에 대해서 생각해 본다면 그것은 구체적으로 어떠한 領域을 가리키는 것일까? 전술 한 바와 같이『宋書』倭國傳에 보이는 倭王武의 上表에는 "自昔祖禰, 躬擐甲胄, 拔涉山川, 不遑寧處. 東征毛人五十五國, 西服衆夷六十六國, 渡平海北九十五國. 王道融泰, 廓土遐畿. 累葉朝宗, 不愆于歲"라 하였다. 나아가 "廓土遐畿(臣들은 皇帝님의 지배가 미치는 영토를 넓혀, 皇帝님의 直轄地인 畿內로부터 아주 멀리까지 미치게 하였습니다)"라고 보여, 여기에 보이는 毛人五十五國, 衆夷六十六國, 海北九十五國의 땅이 倭國에 의해 토벌되었던 결과, 中國 중심의 天下에 포함되게 되었다는 것이 上表文의 作者가 기술하려 했던 것임은 분명하다.

또한 이 上表文이 稻荷山古墳出土鐵劍의 銘文등과 같은 와카타케루(獲加多支鹵, 雄略天皇)時代의 것임을 고려한다면, 鐵劍 銘文에 보이는 '天下'에 倭國이 스스로의 실력으로 平定했다는 毛人 55국 등은 포함되지 않는다든지, 이 경우의 '天下'가 이들 諸國의 평정 이전에 倭國이 영유하고 있던 옛 땅만을 의미하는 것으로 생각할 수는 없다. 이 '天下'에는 倭國의 옛 영역과 함께 새롭게 平定했던 지역 또는 倭國이 平定했다고 稱하는 지역(구체적으로는 倭國王이 자칭했던 都督號에 보이는 百濟, 新羅, 任那, 加羅, 秦韓, 慕韓 등)이 포함되어 있다고 보아야 할 것이다.

사실 중국적 中華意識에서 四夷도 天下에 포함된다는 天下意識은 高句麗에도 존재했다고 생각한다. 따라서 이러한 天下意識의 출현이 倭國의 독자적인 것은 아니라, 당시 東아시아의 동향에 연동되었던 것으로 생각되는 것이다.

다음 절에서 東아시아의 동향과의 관련에 대하여 생각해 보기로 한다.

2. 古代朝鮮에서의 天下意識

倭國은 中國 魏晋南北朝時代의 국제관계 속에서 古代國家를 형성해 갔다. 이러한 과정에서 중국의 정치사상이 古代日本에도 서서히 수용되어져, 皇帝의 臣下로서의 王號의 채용을 비롯하여(親魏倭王의 稱號 등), '治天下大王', '日出處天子' 등의 호칭이 사용되기 시작하였고, 최종적으로는 年號를 사용하고, 皇帝의 별칭으로 天皇을 정점으로 하는 律令体制의 수립에까지 도달하게 되었다.

日本 奈良·平安時代의 都邑 京都(平安京)는 中國의 王都 洛陽과 같은 이름으로 불려지게 되는데, 여기에도 倭國이 中國의 册封國의 입장에서 자립하여, 中國 중심이 아닌 倭國 중심의 天下觀을 품게 되고, 마침내는 律令制의 수용과 함께 스스로를 中華로 인식하는 단계로 발전하였던 현상이 있었다.

그렇다면 이러한 天下 또는 中華意識의 형성이 古代日本에만 발생하였던 현상이었던가? 이 節에서는 이러한 문제에 대해 고찰하는데, 우선 結論 비슷하게 말한다면 이러한 현상은 古代朝鮮에서도 발생하였던 것이었다.

삼국시대의 魏는 요동에 자리한 公孫氏 勢力을 멸망시킨 뒤, 그 영토의 확보를 위해, 244년 장군 毌丘儉을 파견하여, 요동의 배후에 있었던 고구려를 공략하였다. 이 공격에 의해 朝鮮北部에서 국력을 키우고 있던 高句麗는 國都의 함락과 國王의 망명 등과 같은 아픔을 겪었지만, 2세기후반의 魏晋의 교체, 晋의 쇠퇴 등으로 요동 방면에서 중국 세력이 약해진 틈에 다시 세력을 신장시키기 시작하였다. 그리고 마침내 313년에는 前漢 이래 오랜 기간 半島支配의 근거지였던 樂浪郡을 함락시켜, 생산력이 풍부한 西北朝鮮의 땅과 거기에 살던 漢人을 지배하에 편제하게 되어 그 세력과 위신을 크게 강화해 갔다.

그 후 朝鮮의 南方에서 세력을 확장하고 있었던 百濟와 치열한 항쟁을

거듭하여, 마침내저 유명한 廣開土王(재위 391~412)代가 되면 高句麗王
은 '太王'을 칭하게 되고(好太王), 永樂이라는 年號를 사용하는데 까지 이
른다(廣開土王碑文). 이러한 年號 등의 채용은 高句麗가 國家形成 과정
에서 중국의 정치제도를 하나의 모범으로 하고 있었던 것을 명확하게 보여
주는 것으로 간주할 수 있을 것이다.

　廣開土王이 죽고 뒤를 이은 아들 長壽王(재위 413~491)은 414년에 부
친의 공적을 기리는 유명한 廣開土王碑를 건립하였다. 廣開土王碑의 제1
면에는 高句麗의 유래를 기록하여

　　惟昔鄒牟王之創基也, 出自北夫余天帝之子. 母河伯女郞, 剖卵降世.
　　… 言曰, 我之皇天之子. …

라 하였는데, 여기에서 '皇天(大いなる天)'의 용어가 사용되고 있음은 중
요하다. 왜냐하면 여기에 보이는 '天'은 '中國 중심으로 인식된 天'이 아니
라 '高句麗 중심으로 설정된 天'이기 때문이다. 또한 廣開土王碑는 高句
麗의 始祖인 鄒牟王이 天帝와 河伯의 딸 사이에서 태어난 아들로서 알에
서 태어났다라는 高句麗의 독자적인 神話的 世界를 가지고 있었던 것을
전하고 있다. 따라서 碑文에 보이는 '天'의 내용은 高句麗의 神話와 전혀
무관한 中國的 '天'의 내용과는 다른 성격이었을 것으로 생각된다.

　그러나 한편으로는 이러한 高句麗의 神話的 世界가 中國에서 유래한
'天帝', '皇天' 등의 용어로 서술되고 있는 점은 주목해야 한다. 왜냐하면
여기에서는 高句麗의 神話的 世界가 中國思想이라는 필터를 통해 표현
되고 있는 것이기 때문에 高句麗가 中國文化를 受容하여 중국적 용어를
사용하여 자신의 神話를 말하겠다는 굴절된 측면이 보이기 때문이다.

　또한 廣開土王碑의 제1면에는 "百殘新羅旧是屬民, 由來朝貢"이라 하
였고, 제2면에서는 "跪王自誓, 從今以後, 永爲奴客. 太王恩赦"라 하여,
그 정치체제가 高句麗를 중심으로 하는 '朝貢・跪王'의 체제였음을 전하
고 있다.

中國의 '朝貢'이란 정치용어의 실태와 高句麗의 지배영역 내부에서의 '朝貢'의 실태가 高句麗에서 '跪王·奴客'과 같은 특유의 용어가 사용되고 있는 것으로 보아 똑 같은 것이었다고 생각되지는 않는다. 그러나 廣開土王 碑를 세울 당시의 高句麗가 百濟와 같은 복속세력과의 관계를 '朝貢'이란 용어로 표현하고 있음에 주목하지 않으면 안 된다. 종래의 廣開土王碑의 研究에서는 이러한 용어의 사용이 당연한 것으로 취급되어 이상하게도 '朝 貢'이란 中國 기원의 정치용어가 中國이 아닌 朝鮮과 같은 곳에서 사용되 기 시작하였다는 의미 자체가 검토되었던 적은 없다. 그러나 이러한 용어사 용은 적어도 당시의 高句麗에 '跪王自誓'와 같은 독특한 服屬儀禮가 존재 하였음에도 불구하고, 百濟·신라와의 관계를 中國의 政治思想에 기초하 여 '朝貢'의 관계에 있던 것으로 파악하고 있었음을 보여주는 것이다.

더욱이 廣開土王의 아들 長壽王 시대의 北扶余의 地方官이었던 牟頭 婁 墓에서 출토된 墓誌에는 '天下四方'이라는 표현도 보이고 있다.[5] 결국 이러한 中國의 政治思想에 기초하는 高句麗國家와 高句麗社會形成의 움직임은 廣開土王의 아들 長壽王 대에도 계승되어, '天下'라는 용어의 수용을 촉발하였던 것이었다(다만, 高句麗에서 '天下'라는 용어의 수용은 보다 소급될 수 있을지도 모르겠다).

또한 5세기말 충북 중원군에 세워진 高句麗의 新羅侵入記念碑 中原碑 에는 "東夷의 寐錦(당시의 현지 음에 따라 新羅王 불렀던 稱號)" "寐錦에 衣服을 下賜한다" 등의 표현이 등장하게 된다. 新羅를 '東夷'라 부르고, 衣服을 下賜하는 것과 같은 행위는 中國이 高句麗를 東夷(東方의 夷狄) 라 취급하던 인식을 받아들여, 동일하게 東夷인 新羅에 대해, 그 신라가 高句麗에 服屬해 왔던 것에 대해 취했던 대응이라고 이해할 수는 없다. 왜 냐하면 전술한 바와 같이 高句麗는 年號와 天下의 용어 등을 사용하여, 스스로를 '中華'로 자리매김하려는 단계였기 때문이다. 즉, 이때의 高句麗

---

5) 牟頭婁 墓誌에 대해서는 武田幸男『高句麗史と東アジア』4編第 12章, 岩波書店, 1989년 참조.

는 스스로를 '中華'로 자처하는 입장에서 新羅를 自國의 東方에 있는 東夷(東方의 夷狄)로 간주하고 있었다고 생각되는 것이다.

그러나 高句麗王은 太王을 칭하면서도 다른 한편에서는 中國에 사신을 파견하여 자기 臣下에 대한 中國王朝의 將軍號와 王爵 등의 官爵下賜를 요구하고 있다(494·496년). 이러한 움직임은 倭國王이 南宋에 遣使하여 倭隋 등에 대한 中國王朝의 官爵을 요구하는 경우와 같은데, 이러한 실행 또한 高句麗에서 中國的 政治思想의 정착을 촉진하였을 것으로 생각된다. 아울러 이 때 高句麗의 중추가 이러한 노선을 적극적으로 채용하여 國家形成을 진행시켜 갔던 점은 충분히 주의해 보지 않으면 안 된다.

결국 中國의 政治思想에서 기원하는 年號의 사용, '朝貢'의 채용, '天下'의 인식 등에서 볼 때, 高句麗는 古代日本에 앞서 高句麗 중심의 天下意識과 中華意識을 형성하기 시작하였다고 말할 수 있는 것이다.

한편 三韓의 하나인 馬韓에서 일어 난 百濟는 近肖古王 때(371) 高句麗의 서울 平壤을 함락시킬 정도의 위세를 보였으나, 阿華王 대에는 좌절을 맛보게 되어, 전술한 바와 같이 '奴客'으로서 高句麗 太王에 무릎을 꿇게 되었다(396). 더욱이 475년에는 高句麗의 공격을 받아 멸망의 위기에 빠졌으나, 이후 체제를 재건하여, 495년에 百濟王은 南齊에 遣使하여 高句麗와 倭國과 같이 자기 신하에게 中國王朝의 將軍號와 王爵 등의 官爵을 下賜받게하는 것 같은 위세를 되찾게 되었다. 이러한 百濟王의 臣下에 대한 中國的 官爵의 간접적 하사는 百濟王이 국내에서 王中王, 즉 실질적인 '大王'이었던 것을 보여주어, 古代日本의 '大王'과 '天皇'號, 高句麗의 '太王'號의 출현과 동일한 움직임이 百濟에도 있었다는 것을 보여주고 있다.

南朝 梁 대에 만들어진 『梁職貢図』에 따르면, 당시의 百濟는 叛波·卓·多羅·前羅·斯羅(新羅)·止迷·麻連·上己文·下枕羅 등으로 불리는 여러 나라들을 거느리고 있었다고 하고 있는데, 이것은 古代日本과 高句麗와 동일한 전개가 百濟에서도 발생하고 있었던 것으로 추정케 하는

것이다.[6]

또한 高句麗의 屬民이었던 新羅는(廣開土王碑1面), 6세기 초가 되어 503년에 건립된 迎日冷水里新羅碑에서는 至都盧葛文王이 智証王을 칭하였고, 524년에 건립된 蔚珍鳳坪新羅碑에서는 牟卽智寐錦王이 法興王을 칭하고 있는 것처럼, 中國的인 동시에 佛敎的인 王號를 칭하게 되었다. 또한 근년 발견된 鳳坪新羅碑에는 스스로 공취했던 땅의 高句麗 舊民에게 新羅王의 命을 거슬리지 못하도록 '天'에 맹세시켰다는 기술이 보인다.[7] 이 '天'이 倭國과 高句麗의 경우와 마찬가지로 '新羅 중심의 天'이었던 것은 분명하다. 그러나 그러한 新羅도 한편에서는 梁 普通 2年(521)에 百濟를 따라 南朝에 朝貢했던 것을 시작으로 中國과의 交涉을 계속하여, 中國王朝로부터 新羅王, 樂浪郡公 등에 封해져, 倭國이나 高句麗와 마찬가지로 中國의 册封國이 되었다.

또한 法興王 23년(536)에는 처음으로 독자적인 年號를 세워 建元元年이라 칭하였다. 결국 新羅도 536년의 시점에 中國의 政治思想에서 中國皇帝 만이 허용되던 年號의 사용을 개시하였던 것이었다. 이러한 채용은 高句麗의 永樂 年號의 채용 등에 비해 100년 이상 늦은 것이었으나, 日本의 大化 年號에 비하면 100年 이상 빠른 것으로, 新羅에서 中華意識의 形成過程을 생각하는 데 중요한 의미를 가지고 있다.

한편 늦은 시대의 일이지만, 奈良時代의 日本에 新羅가 사신을 파견해왔을 때(735년), 新羅가 自國을 王城國으로 칭하였기 때문에, 그 사절을 日本이 되돌려 보내는 일이 있었다. '王城'이란 中國皇帝에게 新羅王으로서 册封을 받은 王의 城이란 의미가 아니라, 天子의 都城이란 의미이다. 古代中國에서는 方千里되는 王畿의 바깥에 侯服, 甸服, 男服, 采服, 衛

---

6) 『梁職貢図』에 대해서는 榎一雄, 「梁職貢図について」 『榎一雄著作集』 7, 汲古書院, 1994년 참조.

7) 「鳳坪新羅碑」에 대해서는 李成市, 「蔚珍鳳坪新羅碑の基礎的研究」 『史學雜誌』 98-6, 이후 『古代東アジアの民族と國家』, 岩波書店, 2編 6章 所收, 1998년 참조.

服, 蛮服, 夷服, 鎭服, 藩服의 순서로 아홉의 구획이 설정되어, 侯服은 매
년 1회, 甸服은 2년에 1회, 男服은 3년에 1회, 采服은 4년에 1회 등과 같
이 朝貢시켜, 이러한 天下의 정 가운데에 天子가 사는 '王城'이 있다고 되
어 있다. 여기에 新羅가 王城國을 칭했음을 비춰 보면, 新羅는 8세기전반
의 단계에 日本에 대해 '天子의 國'으로 칭했던 것을 알 수 있다. 그렇기
때문에 日本版의 中華意識을 확립하고 있었던 奈良朝의 日本이 그 使節
을 本國으로 돌려보냈던 것이었을 것이다. 결국 新羅의 경우에 있어서도
高句麗와 古代日本 등의 경우와 같은 동일한 中華意識의 形成이란 움직
임이 있었던 것을 알 수 있는 것이다.

3. 古代日本과 朝鮮에서 中華意識 형성의 시초

전술한 바와 같이, 古代日本의 倭國, 古代朝鮮의 高句麗·百濟·新
羅 등에서는 그들 나라를 중심으로 하는 天下·中華의 意識 形成이 확인
되었다. 이렇게 倭國을 포함하는 諸國에서의 中華意識의 형성을 비교해
보면, 廣開土王碑의 건립이 4세기 초로 거기에 高句麗의 독자적인 年號
(永樂)가 보이는 것, 그 밖의 諸國에서 같은 움직임의 개시가 그 보다 시기
적으로 늦고 있는 것에서부터, 이들 諸國 중에서 가장 빨리 中華意識 形
成의 움직임이 발생했던 것은 高句麗에서였다고 생각된다. 그렇다면 高句
麗의 그것은 이러한 현상의 연원이라고 말할 수 있겠는가? 本節에서는 이
점에 대해 살펴보고자 한다.

高句麗와 倭國에서 中華意識이 성장해 왔던 시대는 匈奴와 鮮卑 같은
이른바 五胡의 中華로의 진입이 보여주는 것 같은 동아시아 동란의 시대
와 중복된다. 이 시대는 朝鮮과 日本에 까지도 영향을 미쳐 문명권 규모의
대대적인 인구유동이 발생했던 시대이다. 이 동란의 중심은 華北地方에 있
었고, 거기에서 胡族과 漢族 사이에 격렬한 공방이 계속되었던 것은 주지

하는 바와 같다.

　五胡十六國時代의 초기에는 漢族 측에서 "옛 부터 戎人으로 中華世界의 帝王이 되었던 자는 없었다. 名臣과 功業을 세운 자는 있었지만 …"과 같은 생각이 주장되고 있었다(『晋書』 卷104 石勒載記). 결국 胡族은 中華世界의 帝王이 될 수 없고, 어찌해도 漢民族에 부려지는 심부름꾼(下僕)으로서 '名臣'이 되는 것이 겨우였다는 차별적 언사가 일반적이었다.

　한편 胡族은 이에 대항하여 "帝王되는 자가 어찌 정해져 있는 것인가? 中國에서 옛적 성스러운 천자였던 禹나 文王도 夷狄에서 나지 않았던가? 帝王이 될 수 없을 까는 뜻과 능력에 따르는 것이다"하여, 胡族도 中華世界의 帝王이 될 수 있다는 주장을 하고 있었다(『晋書』 卷101 劉淵載記 ; 同 卷108 慕容廆載記).

　따라서 처음에는 胡族의 君主로서 皇帝를 칭하는 것을 주저하였던 자도 있었으나, 대체적으로 皇帝의 칭호를 채용하는 방향으로 돌진해 갔다. 이 시기에 이러한 皇帝 칭호채용과 같은 움직임의 존재가 그들이 중국적인 정치이념을 수용하여, 스스로를 中華世界의 正統으로 자리매김하는 의식을 품게 되었음을 보여준다는 점은 주의해 둘 필요가 있다.

　이러한 胡族이었음에도 불구하고 中原의 正統, 즉 中華 그 자체로 자처하려는 움직임은 스스로의 軍(胡族의 軍)을 '王師(天子의 軍)'로 부르게 되는 것과 같은 형태로 나타나기 시작하였다. 예를 들면 『晋書』 卷111 慕容曜載記에 前燕이 前秦에게 공격당했을 때를 기록하기를

　　"慕容曜懼懼不知所爲, 乃召其使而問曰, 秦衆如何, 今大師旣出, 猛等能戰不. 或對曰, 秦國小兵, 豈王師(前燕軍를 가리킨다)之敵 …"

라 하였고, 『晋書』 卷114 苻堅載記에는 前秦이 淝水의 싸움에서 大敗한 뒤 苻堅의 말을 전하면서

　　"奈何因王師(前秦軍을 가리킨다)小敗, 便猖悖若此"

라는 사료에 보이는 '王師'는 그 예가 된다.

　또한『晉書』卷128 慕容超載記는 5世紀 초에 뒤에 南宋을 건국하는 劉裕가 山東에 위치한 南燕을 공격하였을 때를 전하면서

> "劉裕率師將討之(南燕). 超(慕容超)引見群臣於東陽殿, 議拒王師(東
> 晉軍). 公孫五樓(南燕의 관료)曰, 吳兵(東晉軍)輕果 … 超不從. 鎭(慕容
> 鎭)出謂韓諑(南燕의 尙書)曰, 主上旣不能芟苗守嶮. … 今年國滅, 吾必
> 死之. 卿等中華之士, 復爲文身矣"

라 하였다. 이 사료에 따르면 公孫五樓라는 南燕의 관료가 "吳兵(東晉軍을 가리킨다)은 민첩하고 과감하므로 기선을 제압하여 우리가 선공해야 한다"고 말했음에도 불구하고, 慕容超는 그 의견을 따르지 않고 籠城의 策을 택하였다. 이 때 慕容鎭은 韓諑에게 "主上은 籠城策으로 결정하셨다. … 금년 우리나라는 멸망할 것이고, 나는 이 전투에서 반드시 죽을 것이다. 당신들 中華의 선비는 다시 文身이 될 것이다"라 하였다. 이로부터 당시 五胡였던 慕容鮮卑가 스스로를 中華로 자처하게 되었음을 알 수 있다.

　여기에 보이는 '文身'은 南方의 野蠻人(南蠻)의 풍습인 '被髮文身(冠을 쓰지 않아 머리를 어지럽게 하고 문신한 모습)'을 염두에 둔 것으로, 江南에 도읍을 둔 東晉을 南蠻이라고 하였던 것이다. 즉, 南燕의 支配에서 東晉의 支配로 재편될 되는 것을 '中華'에서 '文身'으로 떨어지는 것으로 인식하게 되었던 것이다.

　이런 표현의 존재는 鮮卑族의 慕容鎭과 그 國家인 南燕을 胡族이 건국했던 나라였음에도 불구하고, '中華'로 자처하면서 도리어 漢族의 王朝인 東晉을 '南蠻'의 國家로 자리매김하고 있었음을 보여주는 것으로 생각해 좋을 것이다.

　동일한 움직임은 五胡十六國時代의 다른 諸國에서도 보이는 데, 뒤 시대가 되면 그것은 한층 성장한 형태로 나타난다.

　北魏時代 洛陽의 모습을 기록했던『洛陽伽藍記』의 卷3 龍華寺 조에는

　　"伊洛之間, 夾御道, 東有四夷館. 一曰金陵, 二曰燕然, 三曰扶桑, 四
曰崦嵫, 道西有四夷里. 一曰歸正, 二曰歸德, 三曰慕化, 四曰慕義"

라 하여, "洛陽을 흐르는 伊水와 洛水의 사이에 있는 御道를 끼고 동쪽으
로 (東西南北의 夷狄에서 오는 使節을 영접하는) 四夷館이 있는데, 각각
金陵, 燕然, 扶桑, 崦嵫라는 이름으로 불리고 있었다. 道의 서쪽에는 (이들
夷狄의 망명자를 살게 하는) 四夷里가 있어, 각각 歸正, 歸德, 慕化, 慕義
라는 이름으로 불리고 있었다"고 되어 있다.

　　이 기사는 鮮卑拓跋部가 건국했던 北魏가 천도 후의 洛陽에 '四夷館'
과 '四夷里'를 두고 있었던 것을 전하는 데, 여기에서 歸正(正으로 귀화),
歸德(德으로 귀화), 慕化(王化를 흠모), 慕義(正을 흠모)의 용어에서 나타
나고 있는 것 같이, 주변의 四夷는 北魏의 正義와 帝德, 또는 王化를 흠
모하여 그 서울인 洛陽에 이르는 것으로 보는 관념에서 그 館과 거주구역
의 명칭이 정해져 있었던 것이다. 즉, 거기에는 漢民族의 中華思想에서 보
았을 때, 鮮卑라는 夷狄에 지나지 않는 종족이 건국했던 北魏가 스스로를
中華로서 자리매김하고 있었던 것을 보여주는 것이다.

　　또한 北魏의 역사를 기록한『魏書』는 南北朝時代에 대치하고 있었던
南朝의 건국자를 각각 '島夷(섬에 사는 夷狄)劉裕', '島夷蕭道成', '島夷
蕭衍' 등과 같이 불렀다고 전하고 있는데, 長江 이남을 하나의 섬(島)으로
간주하여 거기에 사는 夷狄으로서 南朝 여러 나라의 建國者를 불렀던 현
상 역시 동일한 中華意識의 발로의 일환으로 볼 수 있다.

　　이러한 것을 前節에서 서술했던 것, 즉 古代日本에서 日本 중심의 天
下意識과 中華意識의 형성이 보였던 것, 동일한 현상이 高句麗, 百濟, 新
羅에서도 발생했던 것, 그리고 그러한 움직임의 시초는 年號와 太王號의
사용 등에서 보아 高句麗에 의한 것으로 생각했던 것에 비추어 본다면, 五
胡에 의해 건국된 華北諸朝의 中華意識의 형성은 古代朝鮮과 日本에서
그러한 의식의 형성시기와 중복되는 부분도 있지만, 古代朝鮮과 日本의
움직임 보다 先行하여 발생한 것이 분명하다.

결국 古代朝鮮과 日本의 中華意識의 形成이 서로 관련되어 있을 뿐 아니라. 五胡라고 불렸던 非漢族에서 발생했던 中華意識의 잉태와 그 연원적인 측면에서 연결되고 있는 것이다.

다만, 여기에서 확인해 둘 것은 그러한 中華意識이 皇帝號 등의 尊號, 天下, 年號, 中華·夷狄 등의 개념채용에서 보이는 것 같이, 어디까지나 中國傳統의 政治思想의 틀 안에서 형성되었던 것이라는 점이다. 五胡의 中華進入에 의해 中國이 극도로 혼란해 졌다고는 하나, 뒤에까지도 이들 諸國에 미쳤던 중국 영향의 크기를 다시금 엿볼 수 있는 것이다.

이러한 중국 영향의 크기를 생각할 때 잊어서는 안 되는 것이 있다. 중국 南北朝時代에 將軍에 任命되면 그것이 虛號가 아닌 실제의 직무를 동반하는 경우, 將軍은 그 휘하에 長史, 司馬, 參軍(長史는 將軍府內에서 行政 전반을, 司馬와 參軍은 府內의 軍事를 관장하였다) 등으로 불리는 여러 관리로 구성되는 官僚機構를 설치하였다. 당시 이 조직은 '府'또는 '軍府' 등으로 불려져, '府'를 설치하는 것을 '開府'라 했는데, 이와 동일한 성격이 古代日本과 朝鮮의 王이 中國의 官爵을 받아 將軍에 임명되었을 때 발생하였다. 이러한 현상이 가지는 의미에 대해 살펴보면 아래와 같다.

倭五王의 첫 왕인 倭讚이 元嘉 2年(425) 南宋에 사절을 파견했을 때, 倭國에서 '司馬曹達'이란 인물이 파견되고 있다 (『宋書』 卷97 倭國傳). 이것은 '司馬'라는 姓에 '曹達'이란 인물이 파견되었던 것을 보여주는 것으로도 해석될 수 있으나, 아무래도 그런 것 같지는 않다. 왜냐하면 倭王讚의 南朝에 대한 遣使는 2회로 나누어져, 元嘉 2年 遣使의 4년 전, 즉 永初 2年(421)에 사절을 보냈는데, 그 때 宋朝의 皇帝가 된 劉裕가 倭讚에게 내렸던 詔에는 만리의 파도를 넘어 온 倭國에서의 遣使를 기뻐하며 "除授를 내릴만하다(可賜除授)"고 말하고 있기 때문이다.

이 때 倭讚은 安東將軍倭國王이란 官爵에 임명되었을 것으로 생각된다. 그렇다면 司馬라는 官이 이 때 安東將軍府의 屬官으로서 설치되었던 것이 생각되는 것이다. 또한 같은 시기 倭國과 같이 南朝에 사신을 파견하여 鎮

東大將軍에 임명되었던 百濟王은 長史高達, 司馬楊茂, 參軍會邁 등의 將軍府의 屬官을 중국에 파견하고 있다(『南齊書』 卷58 百濟傳). 이에 주목한다면 '司馬曹達'이 '司馬인 曹達'인 것은 確實하다고 할 수 있다.

원래 長史, 司馬, 參軍 등의 官은 中國 魏晋南北朝時代가 되어 갑자기 중요성이 증가된 중국 내 地方軍政官의 명칭으로 倭國과 朝鮮諸國은 中國에서 安東將軍, 鎮東將軍 등과 같이 중국의 동방지역을 安寧하게 하고, 鎮壓한다는 중국 측의 中華思想에 기초한 명칭의 將軍號가 下賜되고 있다. 따라서 이 경우의 長史, 司馬, 參軍 등의 官은 將軍府 屬官의 性格을 갖는 것이다. 이것은 日本과 朝鮮의 古代國家가 건국 초기에 中國의 國制를 하나의 모범으로 하고 있음을 보여주는 것이다.

잘 알려진 바와 같이, 고대일본에서는 蝦夷를 정벌할 목적으로 征夷將軍, 征夷大使 등이 설치되어, 뒤에 武官의 최고위 征夷大將軍으로 성장하였다. 이 征夷大將軍이 幕府를 열게 되는데(開府), 그 때 '征夷'라는 용어는 京都를 중심으로 한 日本의 東方에 존재하는 夷狄(東夷)의 蝦夷를 정벌한다는 것에서 비롯된 용어였다.

또한 이 '征夷'라는 용어는 倭五王의 마지막 왕인 安東將軍倭王武가 宋의 順帝에게 올렸던 上表에서 자신과 선조의 끊임없는 노력이 東夷의 世界에서 "東쪽의 毛人 정벌하기를 55국, 西쪽의 굴복한 衆夷 66국, 건너 海北을 평정하기를 95국"을 이루어, 그 결과 宋末의 皇帝 順帝의 '王道' '融泰(온전한 것)'으로 되어, 그 지배영역이 확대했다(「廓土遐畿」)는 의식의 용어는 결코 아니다.

당연한 것이지도 모르겠지만, '征夷大將軍'이란 용어에는 앞에서 보았던 '天下'라는 용어의 일본적 번역, 즉 원래 中國 중심의 '天下' 사상을, 日本 중심으로 치환하였던 것과 같은 전환이 발생하였던 것이었다. 에미씨(蝦夷)를 東夷로 보는 것, 앞에 살펴보았듯이 京都를 洛陽으로 불렀던 것, 古代日本이 中國의 政治思想을 번역하는 형태로 中華意識을 품었던 것과 그 근원을 함께 하는 것이었다.

더구나 잘 알려져 있는 것과 같이, 日本人은 훨씬 후대가 되는 아즈치모
모야마(安土桃山)시대에 日本을 방문한 포르투칼인과 스페인인을 부를 때,
본래는 中華世界의 南方에 사는 野蛮人에 대한 호칭이었던 '南蛮'이란
용어로 불렀으며, 에도(江戶)시대 말기에 방문한 외국인을 尊皇攘夷(天皇
을 높이고, 中華인 日本의 東方에 있는 미국 등의 夷狄을 쫓아낸다)의 슬
로건을 가지고 구축하고자 하였다. 이와 같은 세계인식의 존재에서 古代中
國 國制의 영향으로 성립했던, 지금까지 논해 왔던 사고방식이 얼마나 오
랜 기간 日本에 영향을 미쳐왔던가를 살필 수 있을 것이다.

4. 中國政治思想의 傳播

지금까지 古代朝鮮과 日本 또는 五胡諸國에서의 中華意識의 形成을
논해 왔으나, 그것이 中國의 政治思想인 이상, 당연하지만 이러한 思想이
나 制度는 어떠한 형태로든 전파되었을 것이다. 이들 주변민족이 中國의 書
籍을 읽어 그러한 思想과 制度를 導入해 나간 것으로도 생각할 수 있다.
그러나 筆者는 周辺諸民族에 이러한 思想 또는 制度를 전했던 사람들
은 기본적으로는 中國人 또는 그 影響을 깊이 받았던 사람들이었을 것으
로 생각한다. 주지하는 바와 같이 이 시대는 五胡의 침입에서 보이는 바와
같이, 東아시아 또는 北아시아, 東南아시아, 西域을 포함하는 광범위한 지
역에서 人口의 대 이동이 발생했던 시대였다. 그 중심은 華北에 있었는데,
전란을 피한 사람들은 華北 내부에서 이동하였고, 나아가 그것을 넘어 위
에서 논했던 동서남북의 지방으로 이동해 갔다. 야마타이국(邪馬台國)의
히미코(卑弥呼)와 같은 시대에 활약했던 鮮卑拓跋族의 始祖 神元皇帝 拓
跋力微가 사망했던 뒤의 일로 "始祖가 崩御한 후, 漢族 출신의 衛操는 그
친족 衛雄을 비롯한 일족과 동향의 姬澹 등 십수명과 함께 拓跋部에 귀속
하였다. 따라서 拓跋部의 리더였던 拓跋猗㐌과 拓跋猗盧에게 西晉의 사

람들(漢族)을 불러들이도록 권하였다. 때문에 中原의 혼란을 피해 拓跋部에 귀속하는 漢族의 수는 점점 늘어가고 있었다. 拓跋猗㐌는 이를 반겨 衛操를 國相으로 삼아 國事를 맡겼다"(『魏書』卷23 衛操傳)고 전하는 기사가 있다. 이것은 전란을 피해 中國人의 일부가 萬里長城을 넘어 鮮卑族이 세운 國家(北魏의 전신, 代國)로 유입되고 있었음을 전하고 있는 것이다. 이러한 移民과 難民의 흐름 중 최대의 규모는 華北에서 江南으로의 흐름이었지만, 그것은 당연하게도 朝鮮半島에까지 미쳤다.

高句麗에 귀화했던 冬壽도 그 일례이다. 第2節의 첫머리에 논했던 것처럼 313년 이후, 高句麗는 樂浪郡을 영유하게 되었다. 그러나 토착의 漢人과 官吏 중에는 거기에 그대로 머물렀던 사람도 많았다. 이러한 樂浪郡의 故地에서 발견되었던 壁畵古墳으로 安岳3號墳이 있다. 이 고분에는 "永和十三年(357)十月二十六日癸丑日, 使持節・都督諸軍事・平東將軍・護撫夷校尉・樂浪相・昌黎・玄菟・帶方太守・都鄕侯, 幽州・遼東郡・平郭都鄕・敬上里 사람인 冬壽, 字는 □安, 年六十九가 되어 官에서 薨去하였다"라는 倭王武가 임명되어졌던 使持節都督號를 가진 冬壽의 墨書銘이 남아있다. 이 冬壽는 『資治通鑑』에 慕容皝의 부하로서 慕容仁에 대한 공격을 명령받았으나, 패배하여 仁에게 귀속하였고, 다시 336년에 高句麗에 망명했던 인물로 기록되어 있는 사람과 동일인으로 생각되고 있다. 결국 冬壽는 앞에서 본 것과 같이 拓跋部에 망명하여 國相이 된 衛操와 마찬가지로, 漢族 難民이 非漢族國家에서 중용되었던 사례라고 볼 수 있는 것이다.

한편 高句麗, 百濟, 新羅, 倭國에는 공통된 國制로서 '部'라는 制度가 있다. 구체적으로 高句麗의 桂婁部・絶奴部・順奴部・灌奴部・消奴部로 불리는 五部로 구성된 部制, 百濟의 上部・前部・中部・下部・後部로 구성된 五部制, 新羅의 梁部・沙梁部・牟梁部・本彼部・漢岐部・習比部로 구성된 六部制, 日本의 部民制가 그것이다.

그렇다면 이와 같이 高句麗의 五部, 百濟의 五部, 新羅의 六部, 日本

의 部 등과 같이 '部'란 일치된 용어가 발생했던 것은 어떻게 된 것일까? 단순한 '구분'이란 의미의 일치가 이러한 일치를 낳은 것인가? 그러나 地域 을 달리한 古代諸國에 있어서 이렇게 닮은 용어가 출현했던 이유를 여기 에서만 찾는 다면 그것은 너무 안이한 이해란 비난을 면하기 어려울 것이 다. '部'라는 용어의 일치를 비롯하여, 거기에는 서로 일정한 관련이 있다고 보는 것이 종래의 정설이었다.[8] 여기에 筆者는 앞에서 살핀 이 시대의 '中 國의 政治思想을 傳했던 사람들'의 문제가 얽혀 있다고 생각하기 때문에 이 점에 대해 약간 생각해 보기로 한다.

高句麗의 五部는 단순한 구분 또는 部族이나 氏族과 같은 血緣的·地 緣的 集団을 의미하는 '部'와는 상당히 다른 성격을 가지고 있고, 거기에 는 군사적이면서 행정구획적인 성격이 현저하여, 部에 속하는 사람들은 거 의 王都와 그 주변에 모여 살고 있었다. 百濟의 五部와 新羅의 六部에도 이러한 성격이 현저한데, 사실 이러한 체제는 이들에 앞서 中國에도 존재 하고 있었다. 그 예의 하나가 北魏의 八部制이다.

北朝의 효시로서의 北魏는 건국 후 당시의 서울인 平城 주변에 소속의 諸族을 集住시켜, 그들을 8개의 특별한 行政區로 재편하여(八部), 北魏國 軍의 중핵으로 하는 체제를 만들고 있다.[9] 이것이 北魏의 독창적인 것인가 어떠한 가는 더욱 깊이 연구할 필요가 있지만, 筆者는 이러한 체제는 北魏 가 中原 제패의 과정에서 멸망시켰던 後燕과 後燕의 전신인 前燕에도 있 었던 것으로 생각하고 있다.

古代日本과 朝鮮諸國의 '部'制는 서로 관계가 있다는 종래의 견해에 따르면 古代日本과 朝鮮諸國의 '部'制의 연원은 日本에서의 中華意識의 연원을 찾는 시각과 같이 생각한다면, 高句麗의 五部制에서 연결된 것이 라는 생각이 나오게 된다.

---

8) 池内宏,「高句麗の五族及び五部」『東洋學報』16-1 ;『滿鮮史研究』上世 篇 1冊, 1951년 所收.
　平野邦雄,『大化前代社會組織の研究』, 吉川弘文館, 1969년 등 참조.
9) 拙稿,「北朝國家論」『岩波講座世界歷史』9, 岩波書店, 1998년 참조.

高句麗 五部의 명칭에 보이는 '奴'는 古代朝鮮에서는 '原始的인 小國'을 의미하는데, 그렇다면 消奴部, 絶奴部, 順奴部, 灌奴部, 桂婁部의 어미로 붙어있는 '部'는 '原始的인 小國'을 의미하는 '奴' 위에 후에 첨가되었던 용어이며, '部'는 '奴'의 漢語的 表現이었다는 것이 될 것이다.

또한 高句麗는 5세기에 首都를 國內城에서 남쪽의 平城으로 옮겼는데, 그 즈음 그때까지의 血緣的 關係가 짙은 五部制를 方位에 기초하는 東西南北 내부의 五部制로 재편하고 있다. 이러한 개편은 인접 鮮卑族이 세운 강국 燕의 영향을 받고 있었던 것으로 생각된다. '部'라는 용어에는 이와 같은 배경이 있는 것인데, 그렇다면 高句麗의 五部制가 출현하기 직전의 동아시아에서 '部'란 단순히 구분 도는 血緣이나 地緣의 集団을 가리키는 것뿐만 아니라, 軍事·行政의 單位로서 王權에 의해 그 구성원은 일정지역 내에 集住되어지고 나아가 方位에 기초하여 구획되어진 것이라는 이해가 존재하고 있었음을 알 수 있는 것이다.

이와 같이 생각하면 그러한 이해를 高句麗에 전했던 사람들은 어떠한 사람들이었을까 하는 점이 문제로 될 것이다. 그럴 때 앞에서 본 鮮卑拓跋部의 衛操나 高句麗의 冬壽의 사례를 생각할 필요도 없이, 그것은 저절로 '部'라는 한자표기에 기초하여 일정한 이미지를 가지고 있던 사람이 될 것이다. 先述한 것 같이 예를 들면 高句麗의 五族은 본래 '奴'라고 불리고 있었다. 그러나 거기에 消奴部, 絶奴部, 順奴部, 灌奴部, 桂婁部와 같이, '部'를 첨가했던 것은 漢語를 자유롭게 다루는 인물이었을 것이고, 中國人이 이해할 수 있도록 '部'를 부친 것으로 생각되는 것이다. 消奴部 이하의 部名에서 보이는 '消·絶·順·灌'+'奴'+'部'의 표기와 같은 漢語表記와 非漢族語表記가 혼재하는 현상은 魏晋南北朝時代의 中國史書에서는 일일이 열거할 수 없을 정도로 보이고 있다.

이러한 관점에서 '部'의 용어를 사용한 것은 원래 어떤 사람이었을까 하는 문제에 대해 생각해 보면, 古代日本에서 '部'에 대한 '베'의 讀音은 漢語인 '部'의 字音인 '부'에서 전화했던 것이며, 古代日本에서 朝廷의 記

錄을 관장하고 있던 百濟系 渡來人의 史部가 百濟의 습관에 따라 漢語의 '部'와 그 字音인 '베'를 日本에 도입했던 것으로 추정되는 것이다.

　결국 '部'라는 말은 당시의 東아시아에서 공통적으로 사용되었다. 倭國에서도, 百濟에서도, 그리고 百濟의 '部'制가 모범으로 했던 高句麗에서도, 나아가 新羅에서도 사용되어, 어떤 나라에서는 '부', 혹은 약간 전화하여 '베'와 같은 音으로 읽혀졌다는 것으로 되는 것이다.

　日本 九州 太宰府 天滿宮에는 唐代에 저술된 『翰苑』의 寫本이 소장되어 있는데, 日本의 國宝로 지정되어 있다. 이 책자는 中國에서 이미 없어져 전해지지 않고 있는 단 하나의 귀중본인데, 여기에 高句麗의 五部制에 대한 기술이 보이고 있다[10]

> "五部皆貴人之族也. 一曰內部. 卽後漢書桂婁部, 一名黃部. 二曰北部. 卽絶奴部, 一名後部, 一名黑部. 三曰東部. 卽順奴部, 一名左部, 一名上部, 一名靑部. 四曰南部, 卽灌奴部, 一名前部, 一名赤部. 五曰西部. 卽消奴部, 一名右部, 一名下部, 一名白部. 其北部如燕. 內部姓高, 卽王族也. 高麗称無姓者, 皆內部也"

　이 기사는 아직도 血族集团的 性格이 농후했던 삼국시대 단계의 五族(消奴部, 絶奴部, 順奴部, 灌奴部, 桂婁部)이 王權 밑에 方位에 따라 재편성된 五部(東·西·南·北·內部)制로 된 이후의 내용이 전해졌던 것인데, 여기에 內部와 東西南北部의 別名으로서 黃部, 靑部, 白部, 赤部, 黑部와 같이 陰陽五行說의 方色에 따른 명칭이 보이고 있는 것은 지금 問題로 삼고 잇는 '部'에 대한 이해를 高句麗에 도입한 사람이 누구였던가라는 문제와의 관련에서 주목된다.

　中國의 陰陽五行說에 의하면 世界를 구성하는 다섯의 要素로서의 五

---

10) 原文의 校訂은 吉田光男, 「『翰苑』註所引『高麗記』について」『朝鮮學報』 85, 1977년에 의함. 또한 高句麗의 五部에 대해서는 拙稿, 「高句麗の五部と 中國の「部」の關係をめぐって」『九州大學 東洋史論集』24, 1996년을 함께 참조.

行(木火土金水)은 각각 東, 南, 中央, 西, 北이란 다섯의 方位에 대응하는 것으로 간주되고 있다. 또한 靑, 赤, 黃, 白, 黑의 五色도 각각 五行에 대응하는 것으로 간주된다. 日本의 스모(相撲)에도 靑房과白房이 있는데, 『翰苑』의 기술과 일치하고 있다. 결국 高句麗의 五部制는 분명히 五行說의 영향을 받고 있는 것이다.

또한 高句麗에 五部制가 시행되었을 때, 우선 內部와 東西南北部가 설치된 후, 黃部, 靑部, 白部, 赤部, 黑部라는 五行의 方色에 따른 별칭이 생겼다고는 생각하기 어렵다. 왜냐하면 만일 그랬었다면 五方의 部와 五色의 部가 古代朝鮮에서 어쩌다가 우연히 中國의 경우와 같은 대응관계를 보이게 되었다는 것을 인정하지 않으면 안 되기 때문이다. 그러한 우연의 일치는 있을 수 없기 때문이다.

그렇다면 高句麗에 五部制가 시행되었을 때, 中國의 五行思想을 이해하였고, 그것을 五部制에 반영시켰으며, 나아가 당시 華北에 존재했던 '部'制를 이해하는 사람들이 당시의 高句麗에 존재하였고, 제도적 성립에 관계했던 것으로 추정되는 것이다. 결국 그러한 사람들은 '部'가 어느 곳에 있더라도 漢語의 字音인 '부' 또는 그에 근사한 音으로 읽혔던 것으로 생각되는 것과 함께 中國系 渡來人들(子孫을 포함하는)이었을 것으로 생각되는 것이다.

6세기경 百濟의 상황을 전하는 『北史』 卷94 百濟傳의 기사에는,

> "都下有方(家?), 分爲五部, 曰上部, 前部, 中部, 下部, 後部. 部有五巷, 士庶居焉. 部統兵五百人. … 其人雜有新羅高麗倭等, 亦有中國人 …"

라 하여, 百濟의 五部 밑에 各部 마다 五巷이 존재하였고, 거기에는 士庶가 살고 있었다 하였다. 百濟에서 士庶가 어떤 구분에 의한 것인지는 확실하지는 않으나, 여기에 보이는 '巷'은 1995년 5월부터 6월까지 조사되었던 百濟 後期의 서울인 泗沘城에서 출토한 木簡에 '西部後巷'이란 기술이

보이는 것에서 그것이 실재하였고, 五巷이 五部와 마찬가지로 中巷, 前巷, 後巷, 上巷, 下巷으로 나뉘어 있었음을 알 수 있게 되었다.

한편 같은 시대 南朝의 都邑이었던 建康에도 烏衣巷 등으로 불리던 巷이 존재하였다. 百濟의 巷制가 南朝의 建康의 巷制에서 어느 정도 영향을 받았던 것일까에 대해서는 앞으로의 연구를 기다리지 않으면 안 되겠지만, 지금까지 살펴 온 바에 다르면 결국 이 시대의 高句麗, 百濟 등 諸國에 中國文化를 숙지하고 있었던 사람들, 또는 상당수의 中國人이 存在하고 있었던 것의 반영으로 보는 것이 가능할 것이다. 위에 인용했던『北史』百濟傳 기사의 말미에 "사람들 중에는 新羅와 高句麗, 倭國 등의 사람들이 섞여 있고, 또한 中國人도 있다"고 보이는 것은 그 일면을 보여 주는 것이다.

또한 北韓에서 발굴된 安岳3號墳(冬壽墓)에 대해서는 지금까지의 연구에서 漢人 冬壽가 高句麗에 亡命한 뒤에도 분명한 勢力을 유지하고 있었던 것, 이 시대의 樂浪(평양), 帶方(서울), 그리고 遼東郡의 遺民들이 本郡이 멸망된 이후에도 東晉의 年號를 사용하고 있었던 점,『日本書紀』가 日本에 漢字를 처음 전했던 인물로 전하는 渡來人 王仁의 姓이 樂浪郡에 많은 姓이란 점,『宋書』倭國傳에 倭王의 使者로서 宋에 파견되었던 司馬 曹達은 漢系統 渡來人으로 생각되는 점 등이 분명하게 밝혀져 있다.[11]

또한 최근의 연구에서는 이 시대의 中國에 광범위하게 보이는 難民의 리더(中國에서는 塢主로 불렸다)와 그가 이끄는 동질의 집단이 樂浪, 帶方, 遼東의 諸郡에서도 발생하고 있었던 것도 밝혀지고 있다(古代朝鮮에서는 村主 등으로 불리고 있다).[12]

이와 같은 魏晉南北朝時代의 東아시아의 동향과 古代日本 역시 無關할리는 없었을 것으로, 이러한 것이 日本의 경우 어떻게 나타나고 있는가에 대해, 다시 한번 倭王武가 中國의 順帝에게 보냈던 上表를 다루어 보고자 한다.

---

11) 岡崎敬,「安岳第三號墳(冬壽墓)의 研究－その壁畫と墓誌銘を中心として－」
  『史淵』93, 1964년 참조.
12) 韓昇,『日本古代大陸的移民研究』, 文律出版社, 1995년 참조.

『宋書』倭國傳에 478년에 倭國에서 劉宋에 바친 上表의 原文은 다음과 같다.

> "順帝昇明二年(478), 遣使上表曰. a封國偏遠, 作藩于外. … 王道融泰, 廓土遐畿, 累葉朝宗, 不愆于歲. 臣雖下愚, 忝胤先緒, b驅率所統, 歸崇天極, c路遙(遙)百濟, 裝治船舫, 而d句麗無道, 図欲見吞. 掠抄邊隷, 虔劉不已. 每致稽滯, e以失良風.(알파벳과 傍線은 說明의 便宜를 위해 붙인 것)"

이 문장의 전반부는 이미 머리말에서 "우리 皇帝님에게 封해진 나라(즉 封國)는 中國에서 보면 멀리 치우쳐 있지만(偏遠), 藩倂(中國을 지키는 울타리)을 밖에서 만들고 있습니다. … 나는 신분이 낮고 어리석지만(臣雖下愚), 나의 先祖의 가르침을 계승하고, 자신의 수하를 이끌고, 皇帝님이 계시는 天의 중심(天極, 구체적으로는 南京을 가리킴)에 달려가 뵙겠다고 생각합니다(驅率所統, 歸崇天極)"로 소개했던 것이다.

거기에서 소개하지 않았던 傍線部 c 이하의 後半部에서 倭王武는 나아가 高句麗의 無道를 규탄하여, "宋都에 도착하기 위해서는 百濟 경유로 배를 장식할 필요가 있습니다. 그런데도 高句麗는 無道하게도 공격해 와 우리 신하 살해하기를 멈추지 않습니다. 때문에 사절의 파견이 지체되고, 中國에 향하는 데 좋은 바람이 부는 계절을 잃게 되고 맙니다"라고 이어지고 있다.

여기에 또 하나 478년 倭王武가 宋에 제출한 上奏文과의 관련에서 아주 중요한 의미를 갖는 472년 당시, 倭國과 밀접한 관계를 가지고 있던 百濟에서 北魏에 사절을 보냈을 때, 百濟에서 北魏에 바쳐진 上表文이 남아 있다.

> "延興二年(472), 其王余慶遣使上表曰. a臣建國東極, d豺狼隔路. a雖世承靈化, 莫由奉藩. b瞻望雲闕, 馳情罔極. e涼風微応, 伏惟皇帝陛下協和天休, 不勝係仰之情. 謹遣私署冠軍將軍?馬都尉弗斯侯長史余禮, …

司馬張茂等, d投舫波阻, 搜徑玄津, 託命自然之運, 遺進万一之誠"(『魏書』卷100, 百濟傳).

百濟에서 北魏에 보내졌던 上奏에서 百濟王은 "皇帝님의 臣下인 나는 나라를 中國에서 보아 東方의 끝에 세우고 있습니다(臣建國東極). 늑대나 여우와 같은 高句麗는 中國으로의 길을 막아(豺狼隔路), 때문에 王化를 입고자 생각하여도 藩이 되는 것도 어렵습니다(雖世承靈化, 莫由奉藩). 皇帝님이 계신 구름 위의 御殿을 바라다보면서, 부푸는 기분이 망극할 따름입니다(瞻望雲闕, 馳情罔極). 시원한 바람이 불어 왔기 때문에(涼風微應) … 長史 余禮와 司馬 張茂 등을 파견해 배를 파도에 던져, 中國으로의 길을 검은 바다에서 찾고(投舫波阻, 搜徑玄津), 목숨을 運에 맡겨 파견하여 萬에 하나의 정성을 바칩니다"라고 서술하고 있다.

倭王武이 順帝에게 바쳤던 上表文과 함께 지극히 훌륭한 문장이란 점은 이미 많은 논자에 의해 지적되어 왔다. 그러나 이 두 上表文의 유사성에 대해서는 그다지 주목되지 않았다. 즉, 위에서 『宋書』 倭國傳의 引用史料 중, 알파벳과 방선을 친 부분과 『魏書』 百濟傳의 알파벳과 방선을 그은 부분과는 검토의 편의를 위해 筆者가 써 넣은 것이지만, 兩 史書에서 a,b,c,d를 부친 각각 대응하는 부분은, 예를 들면 a部分이 兩 史書에 각각 "a封國偏遠, 作藩于外"(『宋書』)와 "a臣建國東極" "a雖世承靈化, 莫由奉藩"(『魏書』)가 아주 닮아 있는 것이다.

이 유사성이 어떻게 생겼던가를 밝히는 것은 1,500년이 지난 지금 매우 곤란한 일이다. 그러나 극단적으로 史料가 제한된 시대에 이렇게 用語와 表現에서 흡사했던 上表가, 478년과 472년이라는 아주 접근했던 연대와 서로 인접해 있던 倭國과 百濟에서 보내지고 있다는 것은 우연의 일치라고 처리해 버릴 수 있는 것은 아니다. 당시 양자의 사이에는 이러한 레벨에서 긴밀한 관계에 있었다고 생각하는 것이 자연스럽다. 그리고 양 上表文이 아주 훌륭한 中國語로 기록되었던 것을 고려한다면, 거기에는 朝鮮과 日本으로 건너갔던 中國人, 또는 中國文化에 깊은 소양을 갖추고 있는 인물의 존재, 또는 그들 사이의 긴밀한 연대가 생각될 수 있을 것이다.

한편 五胡十六國時代에서 非漢族을 중핵으로 확대했던 五胡의 政權은 그 지배영역의 확대 등에 따라 새로운 지배영역에서 들어오는 새로운 사람들을 다수 포섭하게 된다. 당시의 史書는 이러한 사람들을 '新人'으로 칭하고 있는데,[13] 王權强化를 추진하던 五胡王權에게 '新人', 즉 새로운 국가제도의 확립에 있어 귀중한 지식을 제공하는 中國人 知識人의 획득은 아주 큰 의미를 가지고 있었다. 앞에서 본 鮮卑拓跋族의 始祖인 神元皇帝 拓跋力微가 사망한 뒤 拓跋部에 참가하고 있던 衛操나 姬澹 등 漢族의 사례도 그러한 성격의 일단을 전했던 것이었다. 朝鮮半島의 경우에도 동일한 현상이 생기고 있었는데, 앞에서 본 高句麗 冬壽의 사례도 그 중 하나이다.

倭國의 경우『日本書紀』는『宋書』에 보이는 倭王武의 上奏文이 執筆者와의 關係가 상정되는 渡來人 史部身狹村主靑와 檜隈民使博德에 대해, "雄略天皇(倭王武ワカタケル)은 專制的인 횡포가 심해(以心爲師) 잘못해서 사람을 죽이는 일이 많았기 때문에, 세상 사람이 大惡天皇으로 비방하였다. 天皇이 총애했던 것은 다만 史部身狹村主靑와 檜隈民使博德 등 뿐이었다"(雄略天皇 2年 10月조)라고 보이는 것 같은 渡來人의 총애와 등용, 도는 그 뒤를 잇는 渡來人의 진출도 그러한 관점에서 생각할 필요가 있을 것이다.

筆者는 지금까지의 고찰에서 해당 시대의 朝鮮과 日本에서의 古代國家 건설의 문제는 시야를 넓혀 華北에 건국되었던 五胡의 諸國家와의 關連에 대한 추구가 필요한 것을 서술해 왔지만, 國家建設 뿐 아니라 中國文化의 傳播라는 觀点으로 확대해 생각한다면 그와 같은 전파를 가져온 江南, 福建, 雲南·貴州, 嶺南, 東南아시아, 北아시아, 西域, 朝鮮半島 등의 여러 지역에까지 미쳤던 해당 시대 인구이동의 전체적 해명이라는 더욱

---

13) 拙著,『魏晋南北朝時代の民族問題』, 汲古書院, 1998년 3篇 1章「北魏における身分制について」, 5編 2章「4·5世紀の中國と朝鮮·日本」4節「新人と旧人」등 참조.

거대한 문제와의 관련이 존재하는 것이다.

　마찬가지로 中國文化를 전하고 朝鮮에서 죽은 사람들의 墓에서 출토된 銘文 磚(黃海道安岳柳城里)에 '逸民含資王君藏', '含資逸民王君磚' 등의 문자가 보이는데, 여기에서 '逸民'이라는 용어의 사용이 주목된다.[14] 왜냐하면 이 시대 中國의 歷史書에는 '逸民'의 傳이 다수 著錄되어 있어, 貴族制의 전성기였던 이 시대의 중국에서 '逸民'이란 것은 知識人의 士大夫에게 하나의 이상으로 생각되는 성격이었기 때문이다. 그렇기 때문에 위 王氏의(아마도 樂浪郡에서 官人으로서 중요한 역할을 담당하고 있었던 王氏의) 墓磚에는 그와 같은 文字가 새겨져 있었을 것이지만, 중국문화의 전파라는 경우, 그러한 貴族의 생활관에 관련된 개념이 半島에까지 전파되었다고 생각되는 것도 注目하지 않으면 안 될 것이다.

맺음말　－魏晉南朝의 世界秩序와
北朝隋唐의 世界秩序－

　소위 魏晉南北朝時代에는 中國과의 사이에 冊封關係(朝貢關係)를 맺은 周邊諸國의 리더(外臣)가 中國王朝의 爵位 뿐 아니라, 官職도 받아 中國王朝의 신하(內臣)가 되는 현상이 나타났다. 倭國王이 王號 뿐 아니라, 將軍號와 都督號가 수여되는 것에서도 그와 같은 현상이 단적으로 보이고 있는데, 그것은 같은 시기의 중국왕조의 약화와 중국왕조가 그러한 상황을 감안하여 周邊諸國을 그 체제에 편입시키려 했던 의도의 존재에 의해 촉진되었던 것이다.

　그러나 한편에서 이것을 胡族을 비롯한 諸民族의 쪽에서 보았을 때, 그

14) 拙著,『魏晉南北朝時代の民族問題』, 汲古書院, 1998, 3篇 1章「北魏における身分制について」, 5編 2章「4·5世紀の中國と朝鮮·日本」4節「新人と旧人」등 참조.

것은 諸民族의 自立으로의 움직임과 병행하는 것이기도 하였다. 이미 살펴
본 것과 같이 五胡의 침입은 그 후 北朝의 확대로 전개되어, 北朝의 확대
를 두려워했던 南朝는 北朝를 봉쇄하기 위한 국제적 포위망의 형성을 기
도였다. 450년 北魏 世祖 太武帝는 50만의 대군을 일으켜 南宋을 공격하
여 長江의 北岸에 도달하였을 때, 宋 太祖에게 편지를 보냈는데, 거기에서
"요즈음 關中에서 蓋吳라는 인물이 반역하여 隴右의 氐와 羌을 선동하고
있는데, 그것은 네가 사신을 보내 꾀고 있기 때문이다. … 또한 이전에 너
는 북방의 芮芮(몽고고원에 있던 柔然)와 통하고, 西는 赫連(16국의 하나
로 夏國을 건국했던 匈奴赫連氏), 蒙遜(河西地帶에 있던 匈奴, 沮渠蒙
遜), 吐谷渾(中國 西部 靑海省에 있던 鮮卑)와 연결하였고, 東은 馮弘(16
국의 하나, 北燕의 主), 高麗(高句麗)와 연계하였다. 대개 이 여러 나라 모
두 내가 모두 멸하였다(『宋書』 索虜傳)"라고 하는 것은 南宋時代에 있어
서의 그러한 움직임을 보여주는 것이다. 그러나 이러한 포위망은 시대가 흐
름에 따라 서서히 붕괴되어 갔다. 위에서 논했던 450년에 北魏가 長江北
岸까지 南侵하였던 것도 그러한 상황이 발생하는 큰 계기가 되었다. 지금
그러한 南朝를 중심으로 했던 체제 쇠퇴의 일면에 대해 구체적인 사례를
들어 살펴보자.

中國史에서 소위 南北朝時代에 南朝와 朝鮮을 비롯한 東北아시아의
諸 勢力과의 연계에서 山東半島는 사절 파견의 중계지로서 극히 큰 역할
을 담당하고 있었다.[15] 413년부터 倭國에서 南朝로 사절의 파견이 시작하
는 것도 東晋의 將軍이었던 劉裕가 鮮卑慕容部가 건국하였던 南燕을 멸
하고, 山東을 영유했던 것과 관련되는 것인데, 山東半島는 469년 正月 이
후 이번에는 北魏의 영유로 되었다.

그때까지 南朝의 영토였던 山東半島를 수중에 넣은 北魏는 재빨리 그
경영을 시작하였다. 즉, 이듬해(北魏 皇興4年)에는 새롭게 光州를 설치하

---

15) 拙稿, 「倭の五王による劉宋遣使の開始とその終焉」 『東方學』 76, 『魏晋
南北朝時代の民族問題』 5編 1章, 汲古書院, 1998년 所收.

였고, 그 5년 후 延興 5년(475)에는 軍鎭을 두어 그 지배를 한층 강화하였다. 이후 北魏는 이곳을 基地로 하여 南朝에 朝貢하는 東夷의 船舶을 엄하게 감시하게 되는 것이다.

때문에 東夷諸國에서 南朝로 보내진 사절이나 南朝의 답례사가 山東연안에서 北魏의 선박에 의해 나포되는 사태까지 생기게 되었다. 또한 皇興 3年(469) 2월에는 柔然, 高句麗, 庫莫奚, 契丹 등 北아시아와 東北아시아의 諸國이 줄이어 北魏에 朝貢하고 있는데, 이들의 遣使는 北東아시아지역諸國이 南朝에 조공할 때 센터로서의 역할을 담당하였던 山東이 그전 달에 함락했던 것에 촉발되었던 것일 것이다. 거꾸로 보면 山東半島가 魏의 영토로 된 것이 東夷諸國에게 얼마나 중대한 의미를 가지는 것이었던가를 보여주고 있다. 또한 高句麗는 그 2년 후에 皇位에 오른 北魏 孝文帝 때 貢獻品을 倍로 늘리고 있는데, 이 역시 山東의 함락과 관계가 없지는 않을 것이다.

결국 5세기 후반의 시점에서 南朝가 지향했던 국제적 연대를 통해 北朝를 봉쇄했던 시책은 그 東部戰線에서 연대의 고리가 단절된 것을 알 것이다.

또한 당시 서부의 吐谷渾과 河西回廊의 세력, 나아가서는 북방의 柔然세력과의 연락에 큰 역할을 담당하고 있던 것은 長江 상류의 四川이었는데, 이 곳 역시 기나긴 남북항쟁의 끝에 南北朝의 후반에는 北朝의 세력으로 편입되었다. 西魏 廢帝 2年(553)의 일이었는데, 이 때 江南은 梁 말에 발발했던 侯景의 亂에 의해 발생한 혼란의 한가운데에 있었다. 당시 征西大將軍으로서 四川에 있던 梁 武帝의 8男 武陵王紀는 552년 8월에 軍을 이끌고 東쪽으로 내려가 湖南을 도모하려고 하였다. 당시 湖南에는 武帝의 7男 湘東王繹(후의 元帝)가 있었는데, 그는 北方의 西魏에 구원을 요청하여 四川을 배후에서 쳐 줄 것을 요구했다. 이에 대해 西魏에서는 將軍尉遲迥를 파견하여 四川을 칠 계획을 정하고, 다음 해 3월 軍을 일으켰다. 武陵王이 방어전에 나섰지만, 마침내 8월에 成都는 함락하고, 四川은 西魏의 영유로 되어, 南朝는 北朝를 상대하는 國際戰略上의 중요 거점인

四川을 상실하였던 것이다.

이와 같은 흐름이 이어져 南北朝時代는 최종적으로 北朝의 마지막 왕조인 隋에 의한 중국 재통일로 귀결되어 간다. 이를 南朝側에서 본다면 그것은 南朝 중심의 世界시스템의 붕괴를 의미하는 것이었다고 말할 수 있을 것이다.

北朝의 확대, 隋唐帝國의 출현은 南朝에만 영향을 미쳤던 것은 아니다. 전술했던 北魏 太武帝가 宋 太祖에게 보냈던 편지에서도 보이는 것 같이, 그때까지 南朝와 연동 또는 그 예하에 있던 柔然, 吐谷渾, 雲南爨蛮(雲南에 있었던 南蛮勢力), 高句麗, 百濟 등의 여러 세력은 唐代에 연달아 멸망한다. 한편 이들 세력의 배후에서 세력을 축적해오고 있었던 突厥, 吐蕃(티벳에서 흥기), 南詔(雲南에서 흥기), 渤海, 新羅, 日本 등이 흥륭하게 되는 것이다.

夷狄이었던 五胡중에서 출현했던 北魏가 北朝로서 中國의 士大夫에게도 인정되어, 北朝를 이은 隋唐이 中國의 正統王朝가 되는 역전 현상, 隋唐의 文化, 國制에 보이는 胡俗文化의 영향 등에 주목할 때, 秦漢부터 魏晋으로 계승되었던 中國史의 흐름은 여기에서 일변하여 종래의 非正統이었던 것이 正統이 된다고 하는 아주 흥미 깊은 전개를 이 시대의 中國史가 보여주고 있는 것이다.

本稿에서 筆者는 古代日本의 歷史展開를 天下·中華意識의 形成이라는 관점에서 고찰하였는데, 그 궤적을 五胡·北朝·隋唐에 이르는 中國史의 展開와 比較할 때, 秦漢魏晋的 秩序에서 본다면 같이 夷狄이었던 것이 각각 '中華'가 된다는 점에서("東夷로서의 倭에서 中華로서의 日本으로"와 "五胡로부터 中華로의 변신")의 양자는 서로 닮은 궤적을 그렸던 것이다. 그리고 이 궤적의 유사성은 지금까지 서술했던 것을 인정할 수 있다면, 결코 우연하게 발생했던 것은 아니라고 할 수 있다. 즉 五胡·北朝·隋唐과 古代朝鮮·日本은 秦漢帝國을 母胎로 하여 그 冊封을 받는 형태로 魏晋南朝的 시스템 속에서 성장하여, 그것을 깨고 부수면서 출현했다는 점에서 공통된 측면을 갖는 國家群이었다고 말할 수 있을 것이다.
　『宋書』倭國傳에 보이는 倭王武의 上奏文과 高句麗 長壽王代에 세워진 廣開土王碑에 보이는 여러 기술들은 오늘 우리에게 해당 시대에 있어서의 倭國과 高句麗가 상술한 것과 같은 거대한 歷史의 움직임 속에 있었던 것을 우리에게 보여주고 있는 것이다.

(번역: 이영식)

토론문 : 이영식(인제대 사학과 교수)

　　이 논문은 종래의 고대한일관계사에서 아주 빈번하게 다루어지던 「倭王武의 上表文과 高句麗」를 주제로 하고 있다. 그러나 倭王의 韓南部諸國名을 포함하는 軍事號의 현실성 여부, 고구려·백제·신라·가야·왜의 장군호 등 칭호 획득경쟁, 그 경쟁에 얽혀 있던 각국의 정치적 이해관계나 외교적 주장, 수여하는 남북조의 군사적 책략과 칭호의 남발 등과 같은 정치적 의미에 대해서는 별로 관심이 없다.

　　그러한 특징은 筆者가 세운 「古代 東아시아의 歷史的 展開에서 본」이란 부제에서 잘 드러나고 있다. 中國의 歷史的 變動과 意識의 變化, 그리고 人間의 移動이 고구려, 백제, 왜 등의 古代國家 形成過程에서 어떠한 影響을 미쳤으며, 그 결과가 周邊諸國에서는 어떠한 형태의 意識과 國家體制로 나타나게 되었는가를 추적하는데 관심을 집중하고 있다. 이 論文이 中國史의 整理에 많은 부분을 할애하고 있는 것도, 5~7세기 東아시아 變動의 動機와 가장 큰 影響이 中國의 戰亂과 變動에서 비롯되었다는 視角에서 비롯된 것이었다.

　　從來의 硏究에서 關係史의 觀點으로만 다루어지던 冊封과 稱號授受, 그리고 外交交涉의 問題는 中國的 天下意識과 中華意識의 擴散, 그리고 部體制라는 國制出現을 촉발하였던 交流의 機會에 불과하였던 것과 같이 취급하였다. 周의 東遷에서부터 시작된 中原槪念의 擴散, 北魏에서 일어나고, 隋唐으로 정착되었던 夷狄의 中華로의 탈바꿈 등은 高句麗와 倭(日本)에서 자기중심의 天下觀과 中華意識이 展開되도록 하였고, 그 직접적 계기는 中國에서 動亂을 피해 滿洲와 韓半島, 그리고 日本列島로 이동했던 사람들이었다는 주장이었다.

무려 160매나 되는 논문을 다 소개하고 비평할 만한 시간은 없기 때문에, 급하게 번역해 가면서 느꼈던 의문점 몇 가지를 나열하는 것으로 토론자의 책무를 대신하기로 한다.

첫째, 종래 한일양국 간의 쟁점이 되어왔던 上表文의 解釋에서 倭王이 累代에 걸쳐 平定하였다는 "渡平海北九十五國"의 실체와 내용에 대한 발표자의 생각을 듣고 싶다.

둘째, 發表者는 高句麗, 百濟, 倭 王들이 中國에서 冊封받은 將軍號를 근거로, 府를 열고(開府), 臣下들을 長史, 司馬, 參軍으로 임명하여, 將軍府의 僚屬으로 구성하고, 國家體制로서 幕府를 운영했던 것으로 파악하였다. 물론 같은 생각은 이미 日本學界(鈴木靖民)와 韓國學界(金翰奎)에서 제시된 바도 있다. 그러나 百濟王과 倭王 臣下의 府官號가 中國의 政治體制에 맞춘 外交使節의 形式名稱(肩書き)에 불과하다는 연구가 있었고 (坂元義種), 『三國史記』와 『日本書紀』에서 府官의 구체적인 활동과 인명은 별로 확인되지 않는다.

百濟臣下 중에서 外交使節로 派遣되었던 者들의 姓氏와 당시 百濟 支配層의 姓氏를 비교해 보면, 百濟使節의 長史, 司馬, 參軍이 外交目的의 관철을 위해 필요했던 形式名稱에 불과했음을 알 수 있다. 百濟는 南北朝에 424년에서 495년까지 총5회의 외교사절을 파견하였는데, 이때 長史, 司馬, 參軍의 府官號를 띤 사람들은 張威(424), 張茂(472), 高達・楊茂・會邁(490), 慕遺・王茂・張塞・陳明 등과 같은 中國風의 姓氏를 가진 사람들이었다. 물론 發表者의 해석에 따르면 이들이야말로 鎭東大將軍 百濟王 휘하의 최고관료였을 것이다. 그러나 『隋書』百濟傳은 당시 백제의 최고지배층으로서 大姓八族을 전하고 있는데, 거기에 이들과 같은 中國風의 姓氏는 단 하나도 들지 못하고 있다. 더구나 大姓八族과 百濟王族이 複字姓氏인데 반해 이들은 單字姓이다. 鎭東大將軍 百濟王이 설치

한 幕府의 最高官僚이어야할 長史, 司馬, 參軍 등은 백제의 지배층에도 끼지 못하는 사람들이었다는 모순이 된다.

게다가 長史는 幕府의 업무를 총괄하는 최고의 府官이다. 그런데도 백제는 424년 長史張威, 472년 長史 餘禮, 490년 長史 高達, 495년 長史 慕遺를 파견하였고, 472년에는 長史와 司馬, 490년과 495년에는 長史, 司馬, 參軍 모두가 함께 파견되었다. 長史가 파견된 기간도 그렇거니와 長史, 司馬, 參軍이라는 모든 중심적 僚屬이 중국에 사신으로 파견되었다는 것이 된다. 이 기간 동안 鎭東大將軍 百濟王의 幕府는 완전히 정지되었을 것이며, 백제왕은 나라 경영의 모든 핵심을 책봉외교란 목적 때문에 서해의 검은 파도도 내보냈다는 것이 된다.

결국, 將軍府와 그를 구성하는 長史, 司馬, 參軍이 百濟와 倭의 國制로 기능하고 있었던 것으로 보기 보다는 外交目的을 관철시키기 위해 南北朝의 幕府體制에 맞춘 形式的 名銜으로 활용되었던 것으로 보는 것이 좋을 것이다.

셋째, 발표자는 安岳3號墳의 主人公을 日本의 오래된 견해(岡崎敬)를 인용하여 冬壽로 파악하고 있다. 그러나 冬壽의 銘文과 肖像이 前室의 側壁에 작게 그려진 것인데 비해, 玄室 중심에는 가장 크게 그려진 다른 肖像이 있다. 人物의 重要度에 따라 肖像의 크기를 달리하는 고구려고분의 畵法에 비추어 본다면, 玄室의 主人公과 前室의 主人公을 모시던 從子의 身分으로 구별됨을 알 수 있다. 더구나 冬壽의 銘文은 侍從武官인 帳下督의 머리 위에 쓰여 있다. 燕에서 망명한 冬壽가 帳下督으로서 玄室에 가장 크게 그려진 高句麗王을 모셨던 것으로 해석하는 것이 타당할 것으로 冬壽가 墓主가 될 수는 없는 것이다.

넷째, 韓國學界에서 黃海道로 이해하고 있는 帶方郡을 어떤 근거로 서울지역에 비정하고 있는지 보충설명이 필요할 것이며, 어째서 村主가 중국에서 건너 온 難民의 리더와 같은 것으로 이해될 수 있는지, 樂浪·帶方·遼東에서 村主와 같은 예가 확인되는 것인지에 대해 알고 싶다.

　다섯째, 478년 倭王武가 南宋에 보냈던 上表文과 472년 百濟王이 北魏에 보냈던 上表文의 유사성에 대해 倭와 百濟에 이주해 온 中國人이나 中國文化에 익숙한 문화인들의 긴밀한 連帶를 想定하였다. 그러나 倭王 上表文 作成과 外交의 主體에 대해 좀 더 천착할 수 있는 여지가 있는 것은 아닐까? 예를 들어 百濟王의 上表文은 倭王의 上表文 보다 이미 6년 전에 작성되었기 때문에, 당시 백제와 왜의 긴밀한 관계를 생각한다면, 倭王이 百濟王의 上表文을 모델로 했을 가능성이 있다. 더구나 이러한 가능성은 韓半島와 日本列島로 나뉘어 있는 中國人들보다는 倭王武(雄略)의 朝廷에서 특별히 총애 받던 史部身狹村主靑나 會隈民使博德 또는 그 휘하의 韓系統 渡來人들과 百濟와의 교류를 상정할 수 있지 않을까 한다.

　여섯째, 韓三國과 倭國의 天下觀과 中華意識이 中原의 확대와 夷狄이 中華로 바뀌었던 것에서 촉발되었고, 韓의 部體制와 倭의 部民制 역시 部의 漢字借用에서 國家體制로서의 수용까지 南北朝의 모델이 韓과 倭에 이주한 중국계 인물들에 의해 도입되었을 것이라 추정하였다. 國家形成 이전 단계의 전통적 部(村)가 중국적 方位나 五行의 개념을 통해 王權 아래 國家體制로 재편되었다는 지적은 경청할만하다. 그러나 五行의 예에서 보이듯이 高句麗나 百濟의 경우는 그럴지 몰라도, 新羅의 6部는 맞지 않고, 倭의 部民制 역시 합당하지 않다. 部體制 形成의 직접적 영향을 모두 中國과 中國系 渡來人에서 찾기 보다는 韓과 倭의 자연발생적 발생과정 이라는 초기적 특수성에도 주목해야하고, 그러한 특수성들이 고대국가의 국가체제로서 재편될 때, 5部도 되고, 6部도 되었으며, 部民制가 되었던 것을 지적하지 않으면 안 될 것이다. 같은 部라는 漢字의 借用이라도 각국의 사정에 따라 그 실질적 내용에 많은 차이가 있는 점도 함께 고려되어야할 것으로 생각한다.

5世紀 後葉 高句麗의 南進과 百濟, 倭

－榮山江流域 前方後圓墳을 중심으로－

朴天秀

(경북대 고고인류학과 교수)

머리말

百濟는 475년 漢城이 陷落되고 蓋鹵王이 전사함으로서 일단 멸망하였고, 『日本書紀』 雄略記에는 熊津期 부흥에 왜의 조력이 있었음을 전하고 있다. 6세기초 日本列島에는 加耶地域으로부터의 文物 移入이 급격히 줄어들고 대신 百濟地域의 文物이 本格的으로 流入되며, 무녕왕릉의 관재로 金松이 반입된다. 바로 이 시기 榮山江流域에서 돌연히 조영되는 일본열도의 특징적인 묘제인 前方後圓墳은 당시의 국제적인 정세를 웅변하는 것이다.

榮山江流域 前方後圓墳 被葬者의 性格에 대해서는 韓・日 兩國에서

活潑한 論議가 이루어져 왔으며, 그것은 크게 在地首長說과 倭人說로 兩
分되고 後者는 다시 移住 倭人說과 倭系百濟官僚說로 구분된다.

榮山江流域의 재지 세력이 5세기 후반까지 百濟의 배후에서 倭와 連繫
하여 獨立的으로 割據하였다는 해석은 倭人이 독자적으로 移住하였다는
주장과 마찬가지로, 오히려 일본학계 일부에서 아직까지 內在되어 있는 이
른바 '任那日本府'설과 결부될 가능성이 있어 주의가 필요하다.

榮山江流域을 『宋書』 왜국전에만 보이는 慕韓의 지역으로 비정하고 이
지역 前方後圓墳의 출현과 관련하여 해석하는 견해가 제기되고 있다. 그런
데 이는 慕韓을 이미 멸망한 馬韓으로 보고 '任那日本府'설의 유력한 근
거의 하나로 제시되어온 『宋書』의 都督諸軍事의 實在性을 否定하여온
說에 대한 反論으로 發展하는 것이 問題이다. 즉 榮山江流域을 그때까지
도 百濟에 복속되지 않은 慕韓으로 보고, 이 지역에 前方後圓墳이 集中
하는 것에 대해 倭의 影響力이 미쳤다는 解釋(木村誠, 2005, 90~91쪽)되
고 있기 때문이다. 더욱이 任那四縣을 湖南지역에 비정하는 慣例에 따라
任那日本府와 關聯하여 이 곳에서 발견되고 있는 前方後圓墳을 解釋하
려는 見解도 제기되었다(小林敏男, 2004, 104~105쪽).

보고자는 이 지역의 前方後圓墳이 百濟 熊津期 後半에 限定되어 築
造된 점, 중심지를 형성하지 못하고 의도적으로 分散되어 配置된 점, 百濟
의 威信財가 副葬된 점 등에서 榮山江流域의 前方後圓墳 被葬者는 獨
立的으로 割據한 것으로 볼 수 없고, 土着勢力의 牽制와 對倭外交 및 對
大加耶攻略을 위해 百濟 중앙에서 王候制와 같은 支配方式의 一環으로
이 지역에 派遣된 倭系 百濟官人으로 본다(朴天秀2002, 2003, 2005).

본 발표는 고구려에 의해 멸망의 위기에 처한 백제가 재흥하는 과정에
대해 영산강유역 前方後圓墳과 일본열도 출토 백제 문물을 통하여 접근하
고자 한다.

먼저 보고자가 着眼한 榮山江流域에서의 古墳 出現과 消滅을 圈域別
로 具体的인 分析을 통하여 前方後圓墳이 6世紀 第1/4分期를 前後한

限定된 時期에 在地的인 古墳 系列을 가지지 않고 突然하게 出現하는 過程을 밝히고 그 被葬者의 出自에 대해 檢討하고자 한다.

榮山江流域 前方後圓墳 被葬者의 出身地域으로 推定되는 九州北部에서 有明海沿岸에 걸친 지역의 前方後圓墳 石室 類型과, 副葬品 및 주변 遺蹟의 分析을 통하여 具体的으로 어느 地域에 소재한 集團인가를 살펴보고자 한다.

榮山江流域 前方後圓墳의 副葬品과 分布 樣相을 分析하여 百濟 王權下에서 在地 勢力을 牽制하고 高句麗와 大加耶 攻略에 종사한 그들의 性格과 役割을 살펴보고자 한다. 또 이제까지 설명되지 못했던 백제산 문물의 일본열도에의 급격한 유입과 이 시기 九州 勢力이 突然하게 興起하는 背景에 대하여, 榮山江流域 前方後圓墳의 被葬者와 그 출신 집단인 九州北部에서 有明海 沿岸地域에 걸친 有力豪族에 대한 動向을 통하여 살펴보고자 한다.

榮山江流域의 前方後圓墳이 出現하는 歷史的 背景에 대해 百濟 熊津期 韓半島 南部의 政治的 狀況 및 그 築造 勢力과 倭王權・百濟王權과의 관계를 통하여 접근하고자 한다.

1. 榮山江流域 前方後圓墳의 出現 時期와 過程

1) 榮山江流域 前方後圓墳의 出現 時期

光州市 明花洞古墳은 三角形 鐵鏃이 出土되어 榮山江流域의 古墳 編年(朴天秀, 2001)의 7段階로 편년된다. 같은 시기인 新村里9號墳의 乙棺은 飾履가 武寧王陵 出土品에 보이는 龜甲文에 비해 古式인 菱形文이 施文된 것에서 6世紀 第1/4分期의 前半에 位置지어진다. 이 연대는 같은 시기인 伏岩里3號墳 96年石室 4號甕棺에 副葬된 有孔廣口小壺가 MT15型式에 並行하는 須惠器인 점에서도 傍証된다.

靈岩郡 자라봉고분은 前方部가 짧아 4세기대로 편년되어 왔으나 후대의 地形 改變에 의해 전방부가 절단된 점, 刀身形이 아닌 三角形에 類似한 長頸鏃이 副葬된 점, 肩部가 형성되고 頸部가 縮約된 新村里9號墳 乙棺 出土品과 類似한 打捺文壺가 出土된 점에서 같은 段階로 編年된다.

咸平郡 新德古墳은 三角形 鐵鏃이 副葬되었으나 光州市 明花洞古墳과 같이 蓋杯와 高杯의 型式이 新村里9號墳의 乙棺 出土品보다 늦은 型式인 점과 繩蓆文壺 가운데 口緣部가 縮約되고 螺旋形 針線이 일부만 殘存한 가장 늦은 型式이 副葬되어 이 段階의 後半(7b段階)에 位置지워진다.

光州市 月桂洞1號墳은 口頸部가 가장 길어지고 커지며 口徑이 胴部의 最大徑보다 커진 有孔廣口小壺와 百濟系의 三足器가 出土되어 8段階의 前半(8a段階)에 編年된다. 그리고 이 고분에서는 TK10型式의 須惠器를 모방한 提甁이 출토된 것도 참고가 된다. 8段階는 光州市 月桂洞1號墳과 伏岩里1號墳 등에서 百濟土器가 다수 出現하는 것과 百濟의 538年 泗沘 遷都에 동반한 이 地域에 대한 本格的인 直接 支配와 관련된 것으로 보고 6世紀 第2/4分期로 比定한다. 또 月桂洞1號墳의 年代는 有孔廣口小壺와 提甁이 TK10型式의 須惠器와 類似한 점도 참조된다.

2) 榮山江流域 前方後圓墳의 出現 過程

(1) 蘆嶺山脈 以北 前方後圓墳

最北端에 위치한 高敞郡 七岩里 前方後圓墳은 茁浦灣으로 흘러드는 舟津川 水系에 위치한 雅山 地域의 鳳德里古墳群과는 山地를 넘어 水系를 달리하여 靈光郡 法聖浦에 인접한 곳에서 出現한다. 鳳德里古墳群이 위치하는 雅山地域은 3世紀부터 6世紀까지 古墳이 系列的으로 造營된 이 古墳群을 비롯한 多數의 古墳이 조영되고, 또 그 墳丘의 規模로 볼 때 榮山江流域의 中心地인 羅州市 潘南地域에 필적하는 5世紀代의 全

羅北道 南部 在地 勢力의 中心地이다.

靈光郡 月桂 前方後圓墳은 七岩里前方後圓墳과 직선거리로는 4㎞이 내의 거리에 있으나 盆地와 水系를 달리하여 大山川流域에 位置한다. 또 한 입지로 볼 때 그 被葬者가 法聖浦의 南側港을 利用한 것으로 파악되 어 兩者는 活動 領域이 다를 可能性이 높다. 月桂 前方後圓墳은 在地의 古墳이 集中하는 臥灘川水系의 本流와 佛甲川水系와는 떨어져 獨立하 여 位置한다.

(2) 咸平 일대 前方後圓墳

咸平郡 新德 前方後圓墳은 周邊에 大規模로 造營된 萬家村古墳群과 인접하고 있으나 이 古墳群의 築造 時期가 3~4世紀에 限定되고 5世紀 代에는 古墳이 造營되지 않은 점에서 兩者의 系譜는 連續적인 것으로 볼 수 없다. 즉 新德 前方後圓墳은 5世紀代의 首長系列이 斷絶된 이 地域 에서 突然히 出現한다.

咸平郡 長年里 長鼓山古墳이 立地하는 咸平灣 一帶에는 다른 地域 과 달리 隣接한 柳川里에 大形의 方墳인 米出古墳과 壺形埴輪이 出土 된 津良里 中良古墳이 立地한다. 그런데 전자는 埋葬主體部가 橫穴式石 室으로 推定되고 日本列島의 고분의 墳丘에서 보이는 葺石이 확인되는 점과 후자는 壺形埴輪이 出土된 점 등에서 兩者는 長鼓山古墳의 造營을 契機로 그 周邊에 축조된 것으로 추정된다. 주변 취락에서는 埴輪이 出土 되는 주거지도 확인되었다.

咸平郡 馬山里 杓山의 前方後圓墳은 周邊의 圓墳들이 前方後圓墳을 중심으로 배치되어 있고 6호분과는 周溝를 共有하고 있어 이들은 陪塚과 같은 성격의 고분으로 推定된다.

(3) 榮山江流域 前方後圓墳

榮山江 上流域의 光州市 明花洞古墳·月桂洞古墳, 長城郡 鈴泉里 古墳, 潭陽郡 聲月里古墳은 從來 古墳이 造營되지 않던 地域에서 突然히 出現한다.

榮山江 下流域의 靈岩郡 자라봉古墳은 그 中心地인 三浦江水系의 潘南地域, (古)南海湾沿岸의 靈岩郡 沃野里古墳群과 新燕里古墳群, 內洞川水系의 萬樹里古墳群과 內洞里古墳群 및 일곱메古墳群과는 距離를 두고 (古)都浦湾沿岸에서 單獨으로 突然히 出現한다.

(4) 海南半島 前方後圓墳

海南半島 西北方의 龍頭里古墳은 三山川 河口의 右岸 甕棺을 埋葬 主體로 하는 院津里 籠岩古墳群과 左岸의 鳳巠里 新琴古墳이 密集하는 海倉湾에서 떨어져 상당히 內陸으로 들어온 地点에 突然히 單獨으로 出現한다.

西南方의 造山古墳은 5世紀 前半까지 이 地域의 中心地이었던 縣山川流域에서 떨어진 이제까지 古墳이 造營되지 않던 九山川流域에서 突然히 出現한다.

東南方의 長鼓山古墳 周邊에는 다른 왜계 고분이 확인된다. 즉 新月里 葺石方墳과 龍日里 葺石圓墳은 日本列島의 墳丘에서 보이는 葺石과 採集되는 土器로 볼 때 長鼓山古墳과 관련된 동일한 時期의 고분으로, 龍日里 葺石圓墳이 위치한 고분군에서는 근래 MT15型式의 須惠器인 提甁과 鐔部를 갖춘 倭刀가 출토되었다. 南方에 위치한 外島의 箱式石棺墓는 九州地域에 集中하는 그 墓制와 日本列島産으로 추정되는 帶金系인 三角板革綴板甲인 점으로 볼 때 長鼓山古墳의 陪塚과 같은 性格의 古墳으로 추정된다. 인접한 거칠마土城은 채집되는 토기가 모두 6세기전반에 국한되고 구 지형도에서 확인되는 바다에 面한 그 입지에서 볼 때 長鼓山古

墳 被葬者의 居館으로 추정된다. 따라서 長鼓山古墳은 首長墓가 造營되지 않았던 北日面 一帶에서 突然히 出現하며, 이를 契機로 그 주변에 土城과 古墳群이 조성된 것으로 判斷된다.

2. 榮山江流域 前方後圓墳 被葬者의 出自

榮山江流域 前方後圓墳의 埋葬主體部인 橫穴式石室은 平面 方形에 穹窿形天井을 가진 百濟의 宋山里形石室과는 달리 平面 長方形에 平天井을 가지고 門柱石과 腰石을 세우고 石室을 赤色顏料로 塗布하는 特徵을 가진 것으로 北部九州 地域에 그 系統이 구해져왔다.

榮山江流域 倭系古墳의 橫穴式石室은 대부분 北部九州形이나 長城郡 鈴泉里古墳과 같이 熊本縣에 집중 분포하는 肥後形 石室이 존재하고, 이 지역에 백제산 문물이 집중적으로 출토하는 점이 주목된다.

榮山江流域의 倭系古墳이 出現하는 6世紀 第1/4分期를 전후하는 시기의 北部九州에서 有明海沿岸에 걸친 有力首長墓의 石室 類型과 副葬品 및 周邊 遺蹟의 分析을 통하여 구체적으로 그 被葬者가 어느 地域 集團인가에 대해 接近하고자 한다.

1) 九州 地域의 前方後圓墳을 통해 본
榮山江流域 前方後圓墳 被葬者의 出自

(1) 周防灘沿岸

福岡縣 周防灘沿岸의 前方後圓墳인 番塚古墳은 영산강유역 전방후원분과 石室 型式이 類似할 뿐 아니라 鳥足文 打捺이 시문된 榮山江流域産의 壺가 石室에서 出土되었다. 그리고 番塚古墳의 南方 對岸에 位置

하는 鬼熊 聚落遺蹟의 8號住居址에서 부뚜막과 함께 繩蓆文打捺이 시문된 榮山江流域産 壺가 出土되었다.

(2) 遠賀川流域

福岡縣 遠賀川流域의 前方後圓墳으로 근래 의령군 경산리에서 확인된 石屋形石棺을 가진 有力 首長墓인 王塚古墳에서는 榮山江流域産으로 보이는 有孔廣口小壺가 出土되고, 이 古墳의 周邊에는 특히 한반도산 副葬品을 가진 古墳이 集中한다. 小正西古墳은 長方形의 腰石을 가진 石室의 構造가 造山古墳과 類似하고 刀身形의 鐵鉾와 木芯鐵張鐙子가 出土되었다. 이 地域의 寺山古墳 등에서는 榮山江流域의 前方後圓墳 出土品과 關聯되는 嘉穗型으로 불리는 2條突帶의 基底部가 높은 埴輪이 확인된다.

(3) 室見川流域

福岡縣 室見川流域의 前方後圓墳인 梅林古墳은 比較的 소형의 腰石을 使用한 構造가 明花洞古墳과 類似하며 鳥足文打捺이 시문된 榮山江流域産 壺가 石室내에서 出土되고 그 周邊에서는 多數의 대벽건물을 비롯한 한반도산 文物이 確認된다.

(4) 佐賀平野

佐賀平野의 前方後圓墳인 關行丸古墳은 영산강유역의 전방후원분과 石室 型式이 類似할뿐만 아니라 繁根木型의 코호우라(コホウラ)製 貝釧이 出土되었다. 이 古墳에서는 伏岩里3號墳 96年度 發掘 石室에서 出土된 飾履의 魚形裝飾과 類似한 裝飾을 가진 金銅製 半圓筒形金具가 副葬되었다. 이와 같은 魚形裝飾은 武寧王陵 出土의 金屬容器에 보이는 것으로 關行丸古墳의 金銅製 半圓筒形金具의 系譜는 百濟에서 구해진

다. 또 周邊의 野田 聚落遺蹟에서 百濟의 三足器가 출토되고, 藤附 KST001古墳과 浦田SB021住居址에서는 榮山江流域産의 平行打捺壺와 格子打捺壺가 검출되었다.

(5) 菊池川下流域

熊本縣 有明海沿岸의 有力 首長墓인 江田船山古墳이 位置하는 菊池川下流域에는 肥後型石室이 分布한다. 肥後型石室을 內部主體로하는 傳佐山古墳에서는 繁根木型의 고호우라製 貝釧과 大加耶産의 垂飾付耳飾이, 大坊古墳에서는 大加耶系와 百濟産의 垂飾附耳飾이 出土되었다. 또 江田船山古墳의 副葬品은 前半期의 長鎖式 垂飾附耳飾과 帶金具 馬具는 大加耶産이고, 그 後半期의 冠, 耳飾, 飾履, 馬具, 蓋杯는 모두 百濟産이다(朴天秀1996).

海南郡 造山古墳에서 確認된 고호우라製 繁根木型의 貝釧(木下尚子 2001)은 주로 九州지역에서 사용된 특수한 장신구이다. 이 고호우라製 貝釧은 關行丸古墳, 王塚古墳의 周邊에 位置하는 櫨山古墳과 江田船山古墳에 隣接하는 伝佐山古墳 등에서 出土된 점에서 이러한 여러 지역 가운데 특정 집단에 의해 搬入되었을 可能性이 극히 높다.

榮山江流域의 倭系古墳 橫穴式石室의 系譜와 연결되는 番塚古墳・梅林古墳・王塚古墳에서는 榮山江流域産 土器가 石室 내에서 副葬된 것은 興味롭다. 日本列島의 前方後圓墳에서 榮山江流域産 土器가 副葬된 것은 이 3例에 불과하고 番塚古墳・梅林古墳에서는 음식물을 공헌한 土器를 副葬하는 埋葬儀禮와 番塚古墳에서는 釘과 鎹으로 결합한 木棺의 使用이 확인된다. 이와 같은 榮山江流域産 土器의 入手와 當時 일본 열도에서 一般的으로 볼 수 없는 土器와 구조의 木棺을 사용하는 埋葬儀禮의 導入은 이 지역 집단과 榮山江流域 前方後圓墳 被葬者와의 밀접한 관계를 암시하는 것이다.

榮山江流域의 前方後圓墳 被葬者는 海南郡 造山古墳에서 출토된 繁根木型 貝釧의 分布, 北部九州系 石室의 分布, 백제계문물과 榮山江流域産 土器의 分布는 밀접한 相關性으로 볼 때, 周防灘沿岸, 佐賀平野東部, 遠賀川流域, 室見川流域, 菊池川下流域 등에 出自을 둔 有力豪族으로 想定된다.

3. 榮山江流域
前方後圓墳 被葬者의 性格과 役割

1) 榮山江流域의 前方後圓墳 被葬者의 性格

前方後圓墳인 新德古墳의 半分球形裝飾附 環頭大刀, 刃部斷面 三角形 銀裝鐵鉾, 胸甲 등 倭系의 副葬品과 함께 출토된 金箔琉璃玉, 棗玉, 雁木玉 등으로 構成된 頸飾은 武寧王陵에서 출토되었고, 銀被鐵釘과 鐶座金具가 使用된 裝飾木棺과 二山式冠은 益山 笠店里고분과 같은 百濟地域의 首長墓에서 주로 부장되는 것이다. 또 新德古墳의 三連式 轡와 組合된 半球形 花瓣裝飾雲珠 등의 馬具도 百濟에서 製作된 것이다. 이러한 威信材는 百濟 中央과 關係없이는 도저히 入手할 수 없는 것으로 裝飾 木棺을 포함한 文物은 百濟 王室에서 下賜된 것으로 判斷된다.

특히 興味깊은 것은 1號墳의 前方部 바로 앞 周溝에 접하여 계획적으로 같은 墓域내에 造營된 直徑 20m 전후의 圓墳인 新德2號墳의 존재이다. 이 고분은 입지, 분구의 규모, 扶餘郡 陵山里式의 橫穴式石室을 埋葬主體部로 하는 점 등으로 보아 1號墳인 前方後圓墳에 이은 二世代의 首長墓로 判斷된다. 그런데 渡來 二世代의 首長墓인 新德2號墳에서 陵山里式의 橫穴式石室이 採用된 것은, 그 前段階의 前方後圓墳인 1號墳에 보이는 百濟産 威信財의 意味와 被葬者像을 示唆하고있다.

月桂洞古墳에서도 新德古墳과 같은 백제의 銀被鐵釘과 鐶座金具가 使用된 裝飾木棺이 확인되며, 明花洞古墳과 같이 고사리 모양의 裝飾이 붙은 백제의 筒形器臺가 출토되었다. 葬送儀禮의 중요한 도구인 木棺을 百濟 중앙에서 下賜받아 共有하고, 首長墓의 埋葬儀禮에 사용되는 祭器인 筒形器臺를 같이한다는 점에서 兩者간의 相互關係를 짐작케 한다. 이는 재지 수장묘에서 橫穴式石室에도 甕棺을 사용하는 것과 아주 대조적인 것이며 양자간 葬送儀禮의 차이를 극명하게 보여주는 것이다.

最近 調査된 公州市 丹芝里 橫穴墓群은 재지의 墓制 가운데 系譜가 구해지지 않고 周防灘沿岸과 遠賀川流域의 橫穴墓와 類似性이 指摘되며, 須惠器 또는 이를 모방한 土器를 副葬한 점에서 그 被葬者는 北部九州 地域 출신의 倭人으로 추정된다. 丹芝里 橫穴墓群과 함께 일제강점기에 확인된 扶餘郡 陵山里의 橫穴墓는 百濟 王都에도 倭人이 거주했음을 示唆하며, 이는 近畿지역을 비롯한 日本列島의 全域에 韓半島로부터의 수많은 移住民이 定着한 것을 고려한다면 지극히 자연스러운 현상이라 할 수 있다. 百濟領域에 新羅·高句麗·倭·中國人이 혼재한다는『隋書』東夷傳 百濟條의 기록은 이를 傍證하는 것이다. 그리고 丹芝里 橫穴墓群는 그 出自, 出現 時期, 性格이 榮山江流域의 前方後圓墳 被葬者와 관련되는 점에서 이 地域 前方後圓墳 被葬者와 백제왕권과의 相關關係를 암시하는 유적이다. 丹芝里 橫穴墓群 출토품 가운데 영산강유역 토기가 확인되는 것도 이와 관련하여 주목된다.

479年(『日本書紀』 雄略23年) 三斤王이 死去한 후 東城王의 歸國을 筑紫國 軍士500人이 護衛하는 記錄은 榮山江流域 前方後圓墳의 石室 構造가 北部九州系인 것과 이地域에 百濟産의 威信財와 榮山江流域産의 土器가 集中하는 考古資料의 內容과 부합한다. 百濟에 의해 榮山江流域에 派遣된 倭人은 新德古墳에 보이는 複數의 大刀와 甲胄, 海南郡 長鼓山古墳에 隣接한 陪塚인 外島의 箱式石棺墓에 副葬된 三角板革綴板甲과 大刀, 龍日里 葺石圓墳의 大刀, 長城郡 晚舞里古墳의 橫長板釘

結板甲과 大刀 등 倭系 古墳에서 武器·武具의 副葬이 卓越한 것에서
戰士團일 可能性이 높다. 이와 같은 倭系 古墳에서 帶金系의 倭系 甲冑
뿐만 아니라 複數의 大刀가 부장되는 것은 당시 한반도 삼국의 주력 무기
가 長柄 鐵鉾인데 비해 일본열도의 주력 무기가 大刀인 점을 잘 반영하고
있다. 이 지역에 派遣된 倭人은 前方後圓墳이 熊津期에 限定된 것에서
470年代 前後에 百濟에 派遣된 九州의 首長과 戰士團이 歸國하지 않고
新德古墳의 被葬者와 같이 全南地域 一帶에 配置되어 百濟王權에 從事
한 후 榮山江流域에 埋葬된 것으로 推定된다.

그런데 榮山江流域 前方後圓墳은 고분군을 형성하지 않고 光州市 月
桂洞古墳 이외에는 하나의 盆地와 水系에 1基씩 分布하며 繼起的으로
築造되지 않은 것이 특징이다. 이러한 前方後圓墳의 出現과 配置에는 百
濟의 王候制와 같은 地方支配와의 關聯이 想定된다. 이 王候制에 관련
된 地名가운데 面中은 光州地域으로 比定되고, 또 498年『三國史記』東
城王 20年조에 보이는 光州로 比定되는 武珍州의 親征 記事는 특히 注
目된다 그 理由는 兩 史料에 나타나는 光州地域에는 앞에서 살펴본바와
같이 前方後圓墳이 集中하기 때문이다. 이와 같이 文獻에서도 榮山江流
域의 前方後圓墳 被葬者는 獨立的으로 割據한 勢力으로 볼 수 없고 百
濟王權에 隷屬된 것으로 나타난다.

熊津期 榮山江流域을 중심으로 倭人이 派遣된 것은 재지 기반이 없는
외부세력을 徙民시켜 기존의 질서를 무너뜨리는 방식으로 高句麗의 樂
浪·帶方에 대한 지배방식과 유사하며, 백제의 간접지배에서 직접지배로
가는 과도기적인 지배방식이다(朱甫暾 2000).

2) 榮山江流域 前方後圓墳 被葬者의 役割

前方後圓墳의 分布를 보면 크게 榮山江下流域, 榮山江上流域, 蘆嶺
山脈以北, 海南半島의 4區域으로 나눌 수 있다.

榮山江流域의 最大 中心地인 羅州市 潘南地域은 (古)南海湾에 面하여 自然 境界를 形成한 西側을 제외하고 榮山江下流域의 咸平郡 杓山 前方後圓墳과 靈岩郡 자라봉 前方後圓墳 등의 古墳이 潘南地域을 三面으로 둘러싸듯이 配置되어 있다.

蘆嶺山脈을 넘은 最北端의 高敞郡 七岩里 前方後圓墳과 靈光郡 月桂 前方後圓墳은 5世紀代의 茁浦湾을 무대로 活動한 全羅北道 南部 在地勢力의 最大 中心地인 雅山地域을 西方에서 制壓하고 榮山江流域과 이 地域과의 交通을 遮斷하듯이 配置되어 있다. 그리고 兩 고분의 피장자는 노령산맥을 넘어 백제지역에 근접하고 있는 점에서 법성포를 寄港地로 특히 북방의 對 高句麗戰에 동원되었을 가능성도 상정된다.

海南半島의 龍頭里古墳, 造山古墳, 方山里 長鼓山古墳의 被葬者는 西海와 南海를 連結하는 海上 交通의 要衝地를 確保함과 동시에 南海岸의 加耶勢力을 壓迫하고 加耶와 潘南勢力과의 海路 交通을 遮斷한 役割을 담당한 것으로 推定된다.

榮山江上流域의 光州市 月桂洞 1, 2號墳, 光州市 明花洞古墳, 潭陽郡 聲月里古墳, 潭陽郡 古城里古墳은 蟾津江水系로 향하는 交通路上에 立地한다. 大加耶圈域의 蟾津江水系에 향하는 交通路上의 榮山江上流域에 위치하는 光州地域과 潭陽地域에 가장 많은 前方後圓墳이 集中하고, 潭陽地域에는 日本列島産 倣製鏡이 出土된 齋月里古墳이 位置한다. 이곳에는 明花洞古墳의 土器, 造山古墳의 f字形鏡板轡와 劍菱形杏葉, 新德古墳의 伏鉢付冑와 같이 大加耶系로 把握되는 文物의 存在가 興味롭다.

5세기중엽 大加耶는 南江상류역의 交通의 結節点인 南原지역을 비롯한 蟾津江유역의 交通의 結節点인 己汶, 南海岸의 交通의 要衝인 麗水半島와 光陽, 順天을 포함한 이른바 任那四縣을 확보하고, 南海岸의 制海權을 掌握하며 帶沙津을 交易港으로 하였다. 이로서 大加耶는 북쪽의 錦江路, 서쪽의 榮山江路와 남쪽의 南海岸의 海上交通을 掌握함으로써

韓半島내에서 對 日本列島 交涉에서 優位에 선 것이다. 이는 5세기후반 日本列島에 移入된 韓半島産 文物이 5세기전반에 들어가던 新羅産에서 大加耶産으로 바뀌고 백제산문물이 소수에 불과한 점에서도 그러하다.

그 후 6世紀전엽 百濟는 大加耶의 남해안의 거점인 任那四縣, 蟾津江 下流域의 交易港인 帶沙, 蟾津江中上流域의 己汶의 領有를 둘러싸고 大加耶와 각축하고 있다. 最近 確認되고있는 6世紀중엽 전후의 南海岸과 蟾津江流域의 百濟山城은 당시 상황을 보여주는 것이다. 이시기 백제산성 은 종래 任那四縣으로 비정되던 영산강유역에서는 조영되지 않고, 특히 여 수, 광양, 순천에서 집중 축조되며 이 지역에 대가야식 고총과 토기가 집중 출토되고 있다. 이는 여수, 광양, 순천지역이 대가야와 백제가 각축한 任那 四縣임을 웅변하는 것이다. 대가야권에 인접한 광주, 담양지역에 전방후원 분이 집중하고 여수, 광양, 순천지역에 백제산성이 축조되는 점에서 영산강 유역의 倭人은 百濟의 對 大加耶 攻略에 關與한 것으로 推定된다.

이와 관련하여 512年『日本書紀』繼體6年 이른바 任那四縣 기사에 보 이는 哆唎國守 積惠押山臣의 存在와 役割이 주목된다. 積惠押山臣는 任那四縣의 하나인 여수지역의 哆唎國守라는 백제의 지방 장관인 倭系百 濟官僚로서 원래 대가야 영토인 任那四縣 문제에 대해 백제 측의 입장을 대변하고 원병을 왜에 요청하고 있다(김현구외, 2003, 47~49쪽). 또 513年 (『日本書紀』繼體7年) 哆唎國守 積惠押山臣가 五經博士와 함께 來日하 여 대가야 영토인 己汶문제를 논의하고 있다. 이는 榮山江流域의 前方後 圓墳 被葬者가 倭系百濟官僚로서 지방 장관의 역할과 함께 對 大加耶 攻略, 對 倭 교섭에 종사하는 모습을 시사하는 것이다.

한편 이 지역은 山尾幸久(2001, 33쪽)가 指摘한 바와 같이 對 高句麗 戰에 대한 戰略的인 據点이었을 可能性도 있다. 당시 고구려는 청원 남성 골 산성과 대전 월평동 산성에서 확인되듯이 공주 부근에까지 육박하고 있 었다. 丹芝里 橫穴墓의 피장자는 山城이 배후에 입지하는 점에서 百濟 王都의 防御와 관련된 集團으로 생각된다. 일제강점기에 확인된 陵山里의

橫穴墓도 같은 성격으로 특히 왕릉에 인접한 점이 주목된다. 공주, 부여의 橫穴墓의 피장자는 그 조영시기와 위치로 볼 때 고구려에 대한 방어에 동원되었을 가능성이 높다.

이와 관련하여 479年(『日本書紀』 雄略23年) 筑紫의 安致臣 馬飼臣의 고구려 공격 기사는 주목된다. 같은 시기 東城王을 호위한 筑紫國 軍士 500人과 고구려 공격에 동원된 筑紫의 安致臣 馬飼臣의 군대는 兩者는 일련의 軍事로 파악된다(三品彰英, 2002, 142쪽). 이는 부안군 竹幕洞 祭祀遺蹟에서 5세기 후엽에서 6세기 전엽에 걸쳐 제작된 일본열도산 TK47, MT15형식의 須惠器가 출토되는 것과 관련된다. 竹幕洞 祭祀遺蹟 출토 須惠器는 前方後圓墳 피장자들이 茁浦灣 以北으로 航海하는 가운데 행한 祭祀에 동반한 것으로 그들이 對 高句麗戰에 動員된 것임을 示唆한다.

榮山江流域産 土器가 對馬, 北部九州, 佐賀平野에 集中하는 것은 이 地域의 前方後圓墳 被葬者가 原鄕의 集團과의 往來가 頻繁하게 행해졌음을 보여주는 것이다. 日本列島 출토 榮山江流域産 土器는 前方後圓墳 被葬者에 의한 先進文物과 必要物資의 移入뿐만 아니라 그에 同伴한 移住民의 導入이 想定된다.

榮山江流域의 前方後圓墳인 新德古墳, 月桂洞1號墳과 더불어 그 母集團에 있어서도 日本列島의 다른 地域에 비해 百濟産 文物의 副葬이 卓越한 것이 興味롭다. 즉 關行丸古墳의 金銅製 半圓筒形金具, 番塚古墳의 두꺼비모양 棺飾金具와 魚形裝飾이 시문된 裝飾大刀, 著名한 江田船山古墳의 冠·耳飾·飾履와 같은 百濟産 金銅製品, 江田船山古墳의 蓋杯, 關行丸古墳 周邊의 野田遺蹟 출토 三足器, 梅林古墳 周邊의 廣石古墳의 瓶形土器 등의 百濟土器가 存在한다. 이는 榮山江流域의 前方後圓墳 被葬者의 活動이 百濟와의 緊密한 關係下에 이루어졌음을 示唆하는 것이다. 榮山江流域의 前方後圓墳 被葬者는 新德古墳 등의 古墳뿐만 아니라 日本列島의 다른 地域에 비해 그 出身 集團에서도 百濟産 文物의 副葬이 卓越한 것에서, 그 先進文物을 九州 地域의 母 集團

에 보내고 그 대가로 一族의 軍事力을 提供받는 窓口의 役割을 한 것으로 推定된다.

그리고 榮山江流域産 土器가 九州地域과 함께 大阪府, 奈良縣, 京都府, 兵庫縣, 滋賀縣 등의 近畿지역에서 넓은 分布域을 形成하고 있는 것도 흥미롭다. 특히 榮山江流域 土器와 부뚜막 附屬具가 集中的으로 出土되는 四條畷市 周邊의 四條畷小學校內遺蹟, 南野米崎遺蹟, 楠遺蹟, 本間池北方遺蹟, 讚良郡條里遺蹟, 長保寺遺蹟, 蔀屋北遺蹟 등에서는 馬骨과 馬를 飼育하기 위한 製塩土器가 다수 출토되어 河內의 馬飼 集團 遺蹟으로 把握된다. 이는 近畿地域의 牧이 榮山江流域 移住民에 의해 成立된 것을 示唆하는 것이다.

榮山江流域에서는 羅州市 伏岩里2號墳, 伏岩里3號墳의 1號石室, 靈岩郡 자라봉古墳의 石室, 務安郡 高節古墳에서도 분구에서 馬骨이 출토되었고 羅州市 당가窯에서는 土馬가 확인되었다.

靈岩郡 자라봉古墳에서 馬 殉葬의 存在와 光州市 月桂洞 1 號墳 周溝에서 出土된 부뚜막 附屬具가 四條畷市域 馬飼集團의 生活遺蹟 出土品과 類似한 것은 榮山江流域으로부터 移住民이 移入되는 過程을 示唆하는 것이다. 즉 이 지역의 馬飼와 關聯된 移住民은 榮山江流域의 前方後圓墳 被葬者를 媒介로 移植된 것으로 파악된다. 영산강유역 출신 馬飼集團과 관련하여 『日本書紀』의 繼體紀 欽明紀에 보이는 軍兵, 船, 弓箭과 함께 馬가 백제로 보내지는 기사가 주목된다. 이는 이제까지 일방적으로 倭가 백제에 馬를 공급하는 것으로 해석되어 왔으나, 百濟가 日本列島에 戰略的으로 造成한 牧으로부터 提供되었을 가능성이 높다. 이는 영산강유역 전방후원분의 피장자와 관련된 것으로 파악되는 『日本書紀』의 繼體紀 6년 哆唎國守 積惠押山臣이 筑紫國 馬 40匹을 가져왔다는 기록과 부합한다.

그런데 榮山江流域産 土器가 出土된 大阪府 長原遺蹟, 奈良縣 南鄕大東遺蹟, 京都府 森垣外遺蹟은 百濟系의 大壁建物址가 隣接하고, 福

岡縣 桑原石ヶ元古墳群에서는 百濟産의 馬具, 奈良縣 星塚1號墳에 隣接한 2號墳에서는 百濟의 垂飾附耳飾, 福岡縣 小郡市 하사코(ハサコ) 宮2號墳에서는 百濟에서 移入된 유리玉, 東京都 伊興遺蹟에서는 百濟 土器가 共伴된다. 이러한 문물은 百濟王權과 北部九州의 首長, 그리고 背後의 倭王權과의 交涉에 의해 榮山江流域에서 이입된 것이다.

榮山江流域産 土器가 5世紀 後葉 吉備의 有力首長墓인 岡山縣 天狗山古墳과 東京都 伊興遺蹟에서 까지 出土되는 것에서 榮山江流域의 前方後圓墳 被葬者는 北部九州의 氏族集團뿐만 아니라 東日本을 포함한 日本列島에서 百濟의 先進 文物을 導入하는 窓口 役割을 한 것으로 推定된다.

4. 榮山江流域 前方後圓墳 出現의 歷史的 背景

榮山江流域 前方後圓墳이 熊津期에 限하여 造營된 것은 역시 漢城 陷落에 의해 一時的으로 統治 機構가 瓦解된 百濟가 熊津으로 遷都한 後에 곧바로 自力으로 南方을 統治할 수 있는 力量이 不足하였고, 또 對 大加耶戰과 對 高句麗戰에 倭人을 動員하기위함이었다.

百濟가 榮山江流域과 加耶地域에 本格的으로 進出하는 6世紀 前葉 이 되면 日本列島에는 從來부터 지속되어 온 加耶地域으로부터의 文物 移入이 급격히 줄어들고 百濟地域의 文物이 本格的으로 流入된다. 이 時期에 江田船山古墳의 百濟産 文物과 武寧王陵의 金松製 木棺은 先史 時代 以來의 傳統的인 加耶地域과 倭와의 日常的인 交易 關係를 넘어서 百濟가 對倭 交易의 主導權을 장악한 것을 보여주고 있다(朴天秀, 1998).

이와 같은 백제와 왜의 본격적인 교류는 繼體朝 출현 전후에 시작되고 있어 계체조 출현에는 백제와의 관련이 주목된다. 계체세력은 종래 河內세력과 전통적으로 밀접한 교류관계에 있었던 가야세력을 배제하고 백제를 교섭 창구로 하여 선진문물을 도입하여 河內세력과 차별화를 시도함으로써 畿內에서 우위를 확보한 것으로 파악된다. 이는 東城王이 살해 후 武寧王이 即位하는 政変과 雄略에서 継体로 변하는 倭의 政治的 変動도 相互 連動하였을 가능성이 높은 점에서 주목된다.

6世紀 前葉에 日本列島에 지리적으로 가까운 加耶地域의 文物 대신에 百濟地域 文物의 갑작스런 流入(朴天秀, 2002) 배경에는 백제와 왜의 활발한 교섭이 있었던 것으로 설명되어 왔다. 그러나 이는 兩者간 교섭이 이미 4세기 후반부터 이루어진 점에서 어떠한 이유로 이 시기에 갑자기 백제문물의 이입이 증대된 것인가에 대한 설명이 될 수 없다. 그런데 6세기초까지 백제는 『日本書紀』 繼體23년 聖王이 下哆唎國守 積惠押山臣에 일러 倭로 가는 사절이 매번 섬과 해안의 굴곡과 풍파에 시달리는 어려움이 있어 加羅의 多沙津을 청하게 하는데서 알 수 있듯이 서해안을 돌아 남해안을 항해하여 일본열도로 갈 수 밖에 없었다. 그 후 백제는 6세기전엽 대가야영토인 임나4현과 대사진을 점령함으로써 남해안의 제해권과 교역항을 확보한다. 보고자는 이와 함께 백제문물이 이입되는 배경은 불교와 유학과 같은 百濟 文物의 比較 優位와 百濟가 이제까지 독자적으로 克服하지 못했던 相對的인 交通의 不利를 遠洋 航海에 능숙한 北部九州 出身의 豪族 勢力, 즉 榮山江流域의 前方後圓墳 被葬者들을 媒介로 克服한 結果로 본다. 北部九州, 그 중에서도 有明海沿岸의 肥後, 筑後는 潮水 干滿의 差가 일본열도에서 가장 심한 지역으로 이 지역 豪族 勢力은 영산강유역과 남해안의 조수 간만의 차에 대처할 수 있는 항해술을 지니고 있었기 때문이다(甲元眞之, 2004). 이 시기 熊本縣 南部의 石棺이 海路를 통하여 數百km 떨어진 近畿 中央部에 반입(高木恭二, 1990)되고, 有明海沿岸의 肥後, 筑後지역에는 船와 馬를 표현한 벽화가 장식 고분의 주된 畫題로 등장한다.

그런데 榮山江流域의 前方後圓墳 등의 分布을 보면 高敞郡 七岩里古

墳, 靈光郡 月山里月桂古墳, 咸平郡 長年里 長鼓山古墳, 靈岩郡 자라
봉古墳, 海南郡 龍頭里古墳, 海南郡 造山古墳, 海南郡 方山里 長鼓山
古墳은 臨海性이 강한 곳에 立地하고 있어 주목된다. 또 內陸의 咸平郡
禮德里 新德古墳, 光州市 月桂洞1·2號墳, 潭陽郡 聲月里古墳, 咸平郡
馬山里 杓山古墳, 光州市 明花洞古墳도 內陸 水路에 面하여 海에 接近
이 容易한 곳에 立地한다. 이러한 古墳의 立地는 交通의 要所인 面도 考
慮된 것이나, 역시 本國의 出身 集團과 往來가 容易한 곳을 選擇한 結果
로 把握된다. 海南郡 方山里 長鼓山古墳 피장자의 居館으로 추정되는
거칠마土城은 바다에 바로 면한 조선시대의 倭城과 같은 입지에 축조된
것도 그러하다. 이와 관련하여 筑紫의 安致臣 馬飼臣의 고구려 공격에 동
원된 군대와 웅략 23년조의 동성왕 즉위 기사에 보이는 筑紫國 군사 500
명은 양자 모두 북부 구주지역 출신인 점과 水軍이라는 점에서 주목된다.

한성기의 일시적인 멸망에서 웅진기의 동성왕, 무녕왕, 성왕대에 걸친 정
국 안정, 이른바 任那四縣과 己汶·帶沙의 領有에서 확인되는 對 大加耶
戰의 승리, 對 高句麗戰에의 복귀와 같은 復興은 당시의 복잡한 국제 관
계를 잘 활용한 백제 외교의 승리라 할 수 있다. 이는 百濟가 倭王權과 北
部九州의 豪族 勢力에 대해 兩面적인 외교 전략을 구사하여 韓半島와 日
本列島내에서 影響力을 強化하고, 한편 北部九州 勢力도 日本列島내에
서 影響力를 強化하는 相互目的에 附合하였기 때문에 가능하였던 것이다.
이러한 점에서 榮山江流域 前方後圓墳의 被葬者는 百濟王權에 臣屬하면
서 百濟王權과 倭王權간의 外交에 活躍한 欽明紀에 보이는 倭系百濟官
僚의 原型으로 把握된다. 江田船山古墳의 百濟系 裝身具와 銘文大刀,
그 後의 欽明紀에 보이는 倭系百濟官僚의 樣態로 볼 때 榮山江流域의
前方後圓墳 被葬者인 北部九州에서 有明海沿岸地域에 걸친 지역의 有
力豪族이 倭王權과 함께 百濟王權에 兩屬하였음을 示唆하는 것이다.

5世紀 後葉에서 6世紀 前葉에 걸쳐서 突然히 瀬戶內海沿岸과 山
陰·北陸·東海 등의 地域에 北部九州系 石室의 擴散과 화려한 裝飾壁

畫 古墳으로 象徵되는 北部九州세력이 興起하는 背景은 이제까지 설명되지 못 하였으나, 역시 榮山江流域의 前方後圓墳 被葬者와 그 母 集團인 北部九州의 豪族勢力이 百濟의 先進 文物을 日本列島로 導入하는 窓口 役割에 基因하는 것으로 判斷된다.

한편 527年(『日本書紀』繼體21年)에 발생한 磐井의 亂으로 象徵되는 北部九州 豪族세력과 倭王權의 전쟁은 이제까지 주로 신라와의 結託에 의한 것으로만 해석되어 왔다. 그러나 보고자는 그와 함께 앞에서 살펴본 바와 같이 榮山江流域 前方後圓墳의 被葬者를 포함한 北部九州에서 有明海沿岸에 걸친 有力豪族의 대외적 활동과 이를 기반으로 한 일본열도 내의 영향력이 倭王權을 위협할 頂点에 달하였기 때문에 발생한 것으로 보고자 한다.

맺음말

榮山江流域의 前方後圓墳이 6世紀 前半이라는 限定된 時期에만 造營된 것은 熊津期의 政治的인 狀況에 의한 것으로, 이는 어디까지나 百濟의 政治的인 情勢와 關聯하여 前方後圓墳이 出現한 것임을 示唆하는 것이다.

榮山江流域의 前方後圓墳 被葬者는 왜계 백제관료로서 지방 장관의 역할과 함께 對倭 교섭과 大加耶 攻略, 고구려 방어에 동원되었을 가능성이 높다.

榮山江流域 前方後圓墳뿐만 아니라 그 母 集團에 있어서도 百濟 文物의 副葬이 卓越한 것은 그 被葬者의 榮山江流域에서의 活動이 百濟와 緊密한 關係하에서 행해진 것을 보여주는 것이다.

榮山江流域의 前方後圓墳 被葬者는 有明海沿岸의 江田船山古墳 百濟系 裝身具와 銘文大刀가 象徵하듯이 北部九州에서 有明海沿岸地域

에 걸쳐 존재한 複數의 有力豪族이 欽明紀에 보이는 倭系百濟官僚와 같이 倭王權과 百濟王權에 兩屬한 것으로 推定된다. 榮山江流域의 前方後圓墳 被葬者는 百濟 王權에 臣屬하면서 百濟와 倭의 外交에 活躍하며, 그 先進 文物을 出身集團에 提供하고 그 대가로 一族의 軍事力을 지원받는 窓口 役割을 수행하고, 東國을 포함한 日本列島 全域으로 百濟의 先進 文物을 공급하는 役割을 한 것으로 추정된다.

이제까지 설명되지 못했던 5世紀 後葉에서 6世紀 前葉에 걸친 九州勢力의 돌연한 興起는 이와 같은 背景에 의한 것으로 본다.

6世紀 前葉 日本列島에 지리적으로 가까운 加耶地域의 文物 대신에 百濟地域 文物이 급작하게 流入되는 배경에 대해, 보고자는 百濟가 독자적으로 克服하지 못했던 相對的인 交通의 不利를 長距離 石棺 輸送으로 잘 알려진 遠洋 航海者인 玄海灘沿岸, 有明海沿岸과 같은 北部九州 出身의 豪族勢力, 즉 榮山江流域의 前方後圓墳 被葬者를 媒介로 克服한 結果로 본다.

榮山江流域의 前方後圓墳은 百濟의 538年 泗沘 遷都에 의한 이 지역의 直接支配와 6世紀 前半 百濟의 對大加耶攻略이 一段落되는 가운데 消滅한다.

榮山江流域의 前方後圓墳은 「任那日本府」가 成立하고 發展하였다는 4世紀 後半부터 5世紀代에는 조영되지 않고 소멸하였다는 時期와 해당 지역에서 百濟王權과 關聯하여 出現한 것으로 보아 이른바 ‘任那日本府’와는 어떠한 關聯도 想定되지 않고 역으로 그 存在를 否定하는 것이다.

〈도판 1〉주변고분관의 관계로 본 高敞 七岩里와
靈光 月桂前方後圓墳의 出現過程

A 高敞七岩里前方後圓墳
B 靈光月桂前方後圓墳
1 高敞雅山面鳳德里
2 高敞高敞邑竹林里
3 高敞雅山面中月里
4 高敞古水面禮智里
5 高敞大山面城南里
6 高敞茂長面德林里
7 高敞古水面長斗里
8 高敞上下面壯山里
9 高敞上下面石南里
10 高敞大山面龍水里
11 高敞大山面群儒里
12 靈光弘農邑可谷里蘿本
13 靈光弘農邑丹德里
14 靈光法聖面三堂里
15 靈光法聖面用德里
16 靈光大馬面洪橋里中興
17 靈光大馬面城山里平金
18 靈光大馬面元興里郡洞
19 靈光大馬面元興里玉女峯
20 靈光大馬面禾坪里
21 靈光畝良面雲堂里影堂
22 扶安竹幕洞祭祀遺蹟

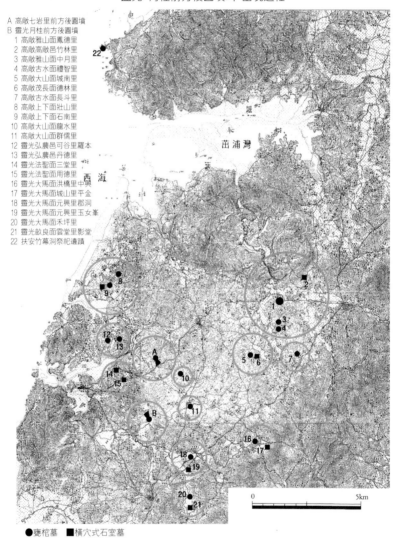

●甕棺墓 ■橫穴式石室墓

〈도판 2〉周邊古墳群과의 關係로 본 靈岩 자라봉前方後圓墳의 出現過程

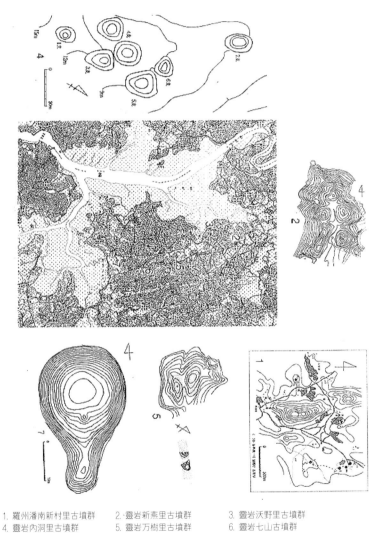

1. 羅州潘南新村里古墳群　　2. 靈岩新燕里古墳群　　3. 靈岩沃野里古墳群
4. 靈岩内洞里古墳群　　5. 靈岩万樹里古墳群　　6. 靈岩七山古墳群
7. 靈岩자라봉古墳

〈도판 3〉 海南 方山里前方後圓墳과 주변의 倭系 文物

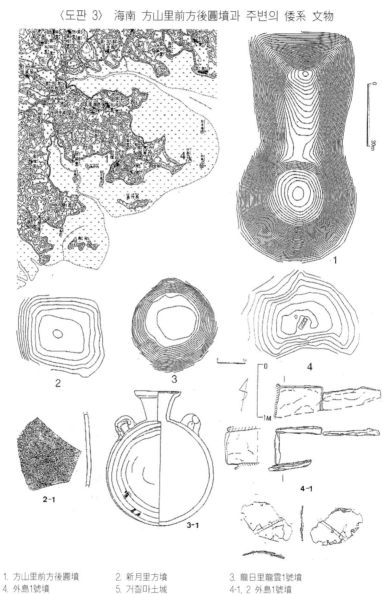

1. 方山里前方後圓墳　　　2. 新月里方墳　　　3. 龍日里龍雲1號墳
4. 外島1號墳　　　　　　　5. 거칠마土城　　　　4-1, 2 外島1號墳
3-1 龍日里龍雲3號墳　　　2-1 新月里方墳

〈도판 4〉 九州地域 出土 榮山江流域産 土器

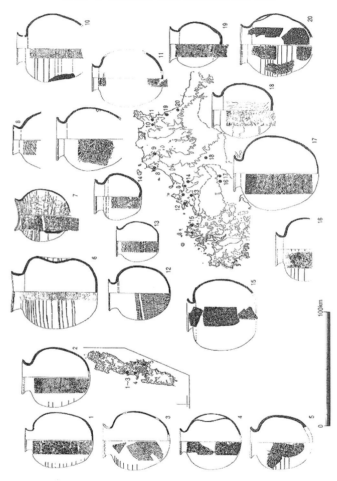

1~3. 長崎縣トウドコ山2號墓   4. 長崎縣佐保浦赤崎3號墓
5. 長崎縣五次郎3~3號墓   6. 福岡縣桑原石ヶ元9號墳
7. 福福岡縣生ノ松遺蹟   8. 福岡縣在自遺蹟
9. 福岡縣富地原川原SB14號住居   10. 福岡縣寺田遺蹟
11. 福岡縣潤崎遺蹟   12. 福岡縣御床松原37號住居
13. 福岡縣井ノ浦古墳   14. 福岡縣栂林古墳
15. 佐賀縣相賀古墳   16. 佐賀縣藤附K ST001古墳
17. 佐賀縣浦田SB021住居   18. 福岡縣ハサコ宮2號墳
19. 福岡縣番塚古墳   20. 福岡縣鬼熊8號住居

〈도판 5〉福岡縣 番塚古墳과 周邊의 移入文物

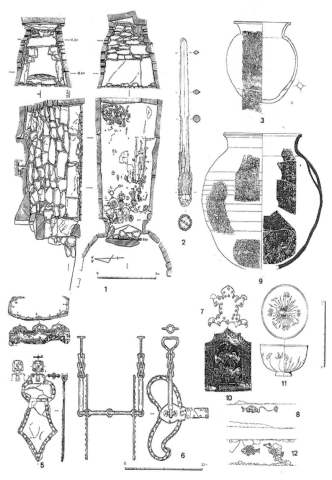

1. 番塚古墳石室   2∼8. 番塚古墳出土品   9. 鬼熊遺蹟8號住居出土品
10∼11. 武寧王陵出土品   12. 江田船山古墳出土品

〈도판 6〉 佐賀縣 關行丸古墳과 그 周邊의 移入文物

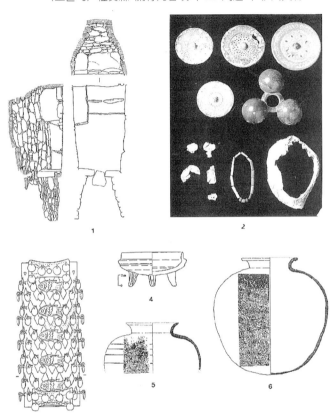

1. 關行丸古墳石室　　　2~3. 關行丸古墳出土品　　4. 野田遺蹟百濟土器
5. 藤附K ST001古墳榮山江流域土器　　　6. 浦田SB021住居榮山江流域土器

〈도판 7〉 公州市 丹芝里 橫穴墓群

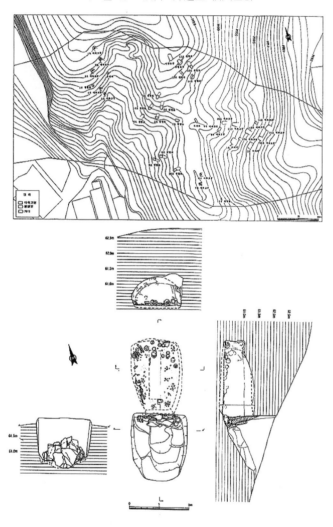

〈도판 8〉扶餘郡 陵山里 橫穴墓

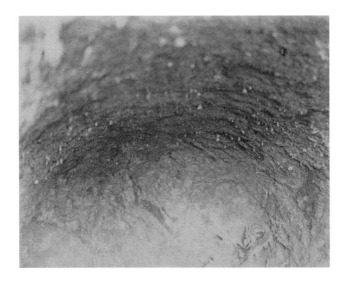

〈도판 9〉倭系 古墳과 任那四縣, 己汶, 帶沙地域의 百濟山城의 分布

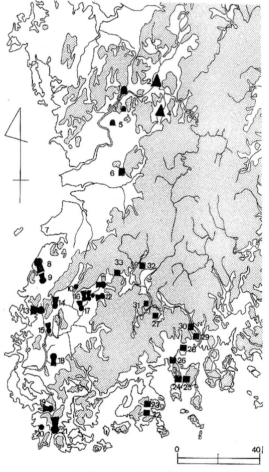

1. 공주단지리횡혈묘
2. 청원남성골산성
3. 공주안영리횡혈묘
4. 대전월평동산성
5. 부여능산리횡혈묘
6. 전주배메산성
7. 부안죽막동제사유적
8. 고창칠암리고분
9. 영광월산리월계고분
10. 장성영천리고분
11. 담양고성리고분
12. 담양성월리고분
13. 함평장년리장고산고분
14. 함평예덕리신덕고분
15. 함평예표산고분
16. 광주월계동 1, 2호분,
    광주쌍암동고분
17. 광주명화동고분
18. 영암자라봉고분
19. 해남용두리고분
20. 해남조산고분
21. 해남장고산고분
22. 고흥백치성
23. 고흥독치성
24. 여수고락산성
25. 여수척산성
26. 순천검단산성
27. 순천성암산성
28. 광양마로산성
29. 광양봉암산성
30. 광양불암산성
31. 구례봉성산성
32. 남원척문리산성
33. 순창홀어머니산성

0 ─────── 40㎞

▲ 고구려산성 ■ 백제산성 ⬛ 전방후원분 ● 원분 ◣ 횡혈묘

〈도판 10〉咸平郡 禮德里新德古墳의 倭와 百濟文物

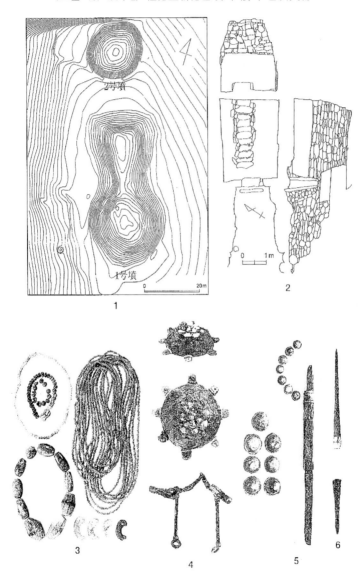

1. 新德1號墳과 2號墳の配置   2. 新德1號墳石室   出土品：3, 4(百濟) 5, 6(倭)

〈도판 11〉河內 馬飼集團 遺蹟의 榮山江流域系 移入文物

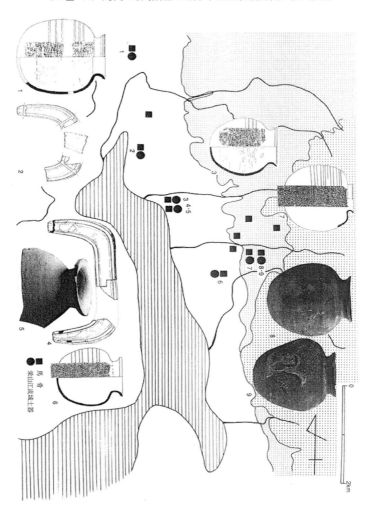

1. 楠遺蹟   2. 長保寺遺蹟   3. 讚良郡條里遺蹟
4·5. 蔀屋北遺蹟   6. 南野米崎遺蹟   7. 四條畷小學校內遺蹟
8·9. 本間池北方遺蹟河內湖

參考文獻(알파벳 표기순)

韓國語文

土生田純之, 2000,「韓・日 前方後圓墳의 比較檢討-石室構造와 葬送儀禮를 中心으로-」『韓國의 前方後圓墳』, 忠南大學校出版部.

林永珍, 1994,「光州月桂洞의 長鼓墳2基」『韓國考古學報』31, 韓國考古學會.

_____, 2000,「榮山江流域 石室封土墳의 性格」『榮山江流域 古代社會의 새로운 照明』, 歷史文化學會・木浦大學博物館.

洪潽植, 2004,「영산강유역 삼국시대 고분문화의 성격과 추이」『밖에서 본 湖南考古學의 성과와 쟁점』, 第12回湖南考古學會發表文.

朱甫暾, 2000,「百濟의 榮山江流域 支配方式과 前方後圓墳 被葬者의 性格」『韓國의 前方後圓墳』, 忠南大學校出版部.

김현구 외, 2003,『일본서기 한국관계기사 연구(Ⅱ)』, 일지사.

木下亘, 2003,「韓半島 出土 須惠器(系)土器에 대하여」『百濟研究』37, 忠南大學校 百濟文化研究所.

甲元眞之, 2004,「考古學的으로 본 百濟와 日本의 관계」『제51회 백제연구 공개강좌』, 忠南大學校百濟研究所.

小栗明彦, 2000,「全南地方 出土 埴輪의 意義」『百濟研究』32, 忠南大學校百濟研究所.

朴天秀, 2002,「古代 韓半島와 日本列島의 相互作用」『韓國古代史研究-古代 韓日關係史의 새로운 照明-』27, 韓國古代史學會.

朴淳發, 2000,「百濟의 南遷과 榮山江流域 政治体의 再編」『韓國의 前方後圓墳』, 忠南大學校出版部.

徐賢珠, 2003,「三國時代 아궁이틀에 대한 考察」『韓國考古學報』50, 韓國考古學會.

武末純一, 2000,「九州의 百濟系 土器-4~5世紀를 中心으로」『日本所在 百濟文化財 調査報告書Ⅱ-九州地方-』, 公州博物館.

田中俊明, 2000,「榮山江流域 前方後圓形古墳의 性格」『榮山江流域 古代社會의 새로운 照明』, 歷史文化學會・木浦大學校博物館.

禹在柄, 2004,「榮山江流域 前方後圓墳의 出現과 그 背景」『湖西考古學』10, 湖西考古學會.

日本語文

東潮, 1995,「榮山江流域と慕韓」『考古學研究會40周年記念論文集－展望考古
　　　學－』, 考古學研究會.

土生田純之, 1996,「朝鮮半島の前方後圓墳」『人文科學年報』26, 專修大學人
　　　文科學研究所.

金洛中, 2001,「五－六世紀の榮山江流域における古墳の性格－羅州新村里九
　　　號墳・伏岩里三號墳を中心に－」『朝鮮學報』179, 朝鮮學會.

木下尙子, 2001,「古代朝鮮・琉球交流試論」『靑丘學術論集』18, 財団法人韓
　　　國文化振興財団.

岸本圭, 1996,「北部九州における円筒埴輪の規格性」『九州考古學』71, 九州
　　　考古學會.

木村誠, 2005,「朝鮮三國と倭」『古代を考える－日本と朝鮮－』, 吉川弘文館.

小林敏男, 2004,「日本古代國家形成過程－五、六世紀を中心に－」『シンポジ
　　　ウム倭人のクニから日本へ－東アジアからみる日本古代國家の起源
　　　－』, 學生社.

松木武彦, 2001,「天狗山古墳・天狗山西古墳の發掘調査」『吉備地域における
　　　(雄略朝)期の考古學的研究』,科學研究費補助金基盤研究(B)研究成果
　　　報告書.

三品彰英, 2002,『日本書紀朝鮮關係記事考證』上, 天山舍.

岡田淸司, 1972,「繼體天皇の出自とその背景－近江大王家の成立をめぐって
　　　－」『日本史研究』128, 日本史研究會.

朴天秀, 2001,「三國・古墳時代における韓・日交渉」『渡來文化の波－2001年
　　　秋季特別展圖錄』, 和歌山市博物館.

＿＿＿＿, 2001,「榮山江流域の古墳」『東アジアと日本の考古學 1 －墓制 1 』,
　　　東成社.

＿＿＿＿, 2002,「榮山江流域における前方後圓墳の被葬者の出自と性格」『考古
　　　學研究』49-2, 考古學研究會.

＿＿＿＿, 2003,「榮山江流域と加耶地域における倭系古墳の出現過程とその背
　　　景」『熊本古墳研究』1, 熊本古墳研究會.

＿＿＿＿, 2003,「榮山江流域における前方後圓墳の出現の歷史的背景」『東アジ
　　　アの古代文化』117, 大和書房.

＿＿＿＿, 2003,「榮山江流域における前方後圓墳からみた古代の韓半島と日本
　　　列島」『國學院大學(21世紀COEプログラム)古代東アジアの異文化間

交流と文化形成』, 國學院大學.

朴天秀, 2004, 「榮山江流域における前方後圓墳が提起する諸問題」『歴史と地理』577, 山川出版社.

_____, 2004, 「大伽耶と倭」『國立歴史民俗博物館研究報告』第110集, 國立歴史民俗博物館.

_____, 2005, 「日本列島における6世紀代の榮山江流域の土器が提起する諸問題」『待兼山考古學論集－都出比呂志先生退任記念－』, 大阪大學考古學研究室.

朴淳發, 2001, 「榮山江流域における前方後圓墳の意義」『朝鮮學報』179, 朝鮮學會.

酒井清治, 1993, 「韓國出土の須惠器類似品」『古文化談叢發刊20周年小田富士雄代表還暦記念論集』2, 九州古文化研究會.

申大坤, 2001, 「榮山江流域の前方後圓形墳」『飛鳥の王權と加賀の渡來人』, 石川縣立歴史博物館.

末松保和, 1949, 『任那興亡史』, 大八洲出版.

高木恭二, 1990, 「石棺研究への一提言」『古代文化』42-1, 古代學協會.

高久健二, 1993, 「考察－木棺・蟾蜍形飾金具－」『番塚古墳』, 九州大學文學部考古學研究室・苅田町教育委員會.

鐘方正樹, 1999, 「2條突帶の円筒埴輪」『埴輪論叢』1, 埴輪討論會.

山尾幸久, 1989, 『古代の日朝關係』, 塙書房.

_____, 2001, 「五,六世紀の日朝關係－韓國の前方後圓墳の一解釋－」『朝鮮學報』179, 朝鮮學會.

柳澤一男, 2001, 「全南地域の榮山江型横穴式石室の系譜と前方後圓墳」『朝鮮學報』179, 朝鮮學會.

토론문 : 윤명철(동국대 교양학부 교수)

미묘하고 복잡한 고대 한일관계를 양국사적인 관점을 갖고 파악하려는 논문이다.

고고학적 자료와 문헌자료(한국 및 일본)를 시대적인 상황과 현장의 지리 정치적인 환경과 연관시켜가면서 해석한 것은 매우 의미있고, 유익한 시도라고 생각한다.

또한 두 나라의 관계를 이해하고 사건을 파악하는데 절대적인 의미를 지닌 해양에 대한 관심을 지니고 이를 해석에 응용했다는 사실도 매우 신선하고 가치가 있다고 생각한다.그리고 한반도 전방후원분에 묻힌 세력들에 대한 정체 규명을 통해서 일본고대사회 및 국가 형성과정, 지역 간의 역학관계에 대하여 규명을 시도하고 있는데, 이는 동아시아질서 및 각 지역의 정치체제를 거시적이고, 상호연동성 속에서 해석하려는 의욕을 은연중 보이고 있다. 아울러 전체의 흐름을 파악하고 쉽게 이해할 수 있도록 논리를 전개하고 있으며, 자신감을 지니고 명쾌하고 결론을 내리고 있어 이 분야의 비전문가들도 문제의 본질을 깨달을 수 있게 하였다. 아울러 고대 한일관계를 상호밀접하고, 심지어는 양속이라는 표현을 쓰는 등 중간집단의 존재 가능성과 함께 새로운 질서의 존재 가능성을 언급하였다.

토론자는 백제사, 고고학 전공자가 아니므로 해양사 연구자의 입장과 과거에 발표했던 한일관계 연구들을 토대로 몇가지 질문과 함께 제언을 하고자 한다.

1. 발표자는 큐슈북부의 무덤들을 한꺼번에 예로 들면서 그 지역의 유력 호족들이 영산강 유역 전방후원분들의 피장자일 것이라고 했다.

1) 연관지역을 너무 광범위하게 설정한 것은 아닌가?

큐슈북부의 해안지역과 규슈 중서부지역은 항로와 연결시켜 해석한다면 엄격히 말하면 교통로도 다르고 집단도 다르다. 항로는 집단이나 시대에 따라 달라진다.

2) 이들 호족들의 성격을 규명할 때 서남해안의 일부지역과 범 북구큐슈 지역을 공유하는 특수집단 혹은 세력(정치적이건 상업적이건)일 가능성은 없는지? 발표자는 특히 이들을 전사단일 가능성이 높다고 하였는데, 그 주장을 뒷받침할 정도의 양이 출토되었는지 궁금하며, 아울러 상인집단(물론 무장력을 갖춘)일 가능성은 혹 없는지도 궁금하다. 발표자도 그렇게 말한 부분이 있지만, 토론자는 이들의 역할을 해양교통과의 관련 속에서 상업에 더 많은 비중을 두고 있다.

3) 이들이 문물들을 구주지역의 모집단에 보내고, 그 대가로 일종의 군사력을 제공받는 창구의 역할을 한 것으로 추정된다고 하였다.

혹시 母집단 子집단 그리고 다시 역류해서 모집단으로 오면서 순환하는 시스템으로 해석할 여지는 없는지?

혹은 서남해안지역에서 오래전부터(야요이시대에 본격적임) 일본열도에 진출하여 정착한 집단의 역류 혹은 공존 가능성은 없는지?

토론자는 삼국초기의 한일 관계를 식민모국과 자국의 관계로 해석한 적이 있고, 특히 삼한의 국가들과 위서 왜인전 및 후한서에 거론된 일본열도 내의 소국들을 일종의 해양폴리스, 우리식으로 나루국가로 명명하자고 제안한 적이 있었다.

4) 영산강 유역 전방후원분의 피장자를 왜계 백제관료라는 표현을 사용했다.백제에 거주한 왜인들의 성격을 이렇게 규정하면서 백제 영역에 신라 고구려 왜 중국인이 혼재한다는 기록을 방증으로 내세웠는데, 그런 논리라면 신라 고구려 중국인들의 무덤도 있어야 하는게 아닌가? 그렇다면 일반적인 거주와는 달리 특별한 관계에 있어야 가능할 것이라고 판단하는데, 영산강 유역의 백제인들과 그들이 언어 종족 문화, 혹은 역사에 대한 계승인식 등에서 밀접한 관계에 있었을 가능성은 없는가?

2. 이후에는 왜인들이 대고구려전에 많이 동원된 듯한 표현을 쓰고 있다. 이렇게 논리가 전개되면 자칫하면 한반도 남부의 역학관계 및 정치질서에서 주종이 바뀌거나 이 집단의 역사적인 역할이 강해지는 것처럼 보일 수 있다. 그 규모나 영향력 정도에 대해 생각해본 것은 있는지?

당시의 상황과 운송능력을 볼 때 대규모의 군사운송이 가능할까? 특히 말의 운송이란 매우 어려운 작업이다. 해양민 집단이기 때문에 장식고분에 선 말 등이 나타났다고 하면한반도 전방후원분에서는 나타나지 않는 이유는?

그 이전인 광개토태왕릉비문에 나오는 왜와는 어떤 관계에 있는지?
대고구려전에 동원됐다고 주장한 고창과 영광의 전방후원분피장자와는 어떤 관계에 있는가? 앞으로의 연구를 통해 성격을 정확하게 표현할 필요가 있다.

3. 이 집단이 동일본을 비롯한 일본열도에서 백제의 선진문물을 도입하는 창구역할을 했다고 하는데, 그 성격과 위치는?

이들과 관계깊은 범북큐슈집단과 기타 다른 지역, 예를 들면 오까야먀 지역도 거론하였지만 이즈모나 통상 키나이지역의 세력과는 어떠한 관계에 있었을까요?

더 구체적으로 질문하면 백제 가야 신라 고구려 등의 분립상태와 마찬가지로 일본열도내부에서 키나이와는 다른 독립적인, 아니 별개의 정치체제 혹은 국가가 존재했을 가능성은 없는지?

4. 백제가 남해안까지 장악하지 못했고, 서남해안 혹은 남서해안에서 출항하였을 경우에는 역시 유명해 주변 지역이나 국지천 변, 그리고 규슈 북서부지역으로 한정되었을 것이다. 그 다음에 상황에 따라 이동했을 것이다.

혹시 영산강하구유역과 관계가 깊은 큐슈지역의 고분들을 볼 때축조시기가 유명해 지역에서 큐슈북부지역으로 이동하는 현상은 안보입니까? 또 그 지역에서 아소산을 넘어 벳부지역이나 오이타지역에서 이러한 현상은 나타나지 않는지?

5. 발표자는 결론에서 백제가 독자적으로 극복하지 못했던 상대적인 교통의 불리를 원양항해자인 현해탄연안, 유명해연안과 같은 북부구주 출신의 호족세력, 즉 영산강류역의 전방후원분 피장자를 매개로 극복한 결과로 본다-고 하였다.

큐슈지역의 장식고분에 그려진 배그림, 미야지키현 사이도바로고분군의 선형 식륜, 후꾸이현(福井)의 大石유적에서 출토된 동탁(銅鐸)의 배 그림 등이 있고, 응신기 등 선박관련 기록이 있지만 절대적인 우위를 지닌 것은 우리이다. 한국해양사에 대한 이해가 필요하다.

*** 제 언

1. 동아시아라는 범공간적인 관점에서 6세기 전반기에 이들 세력들이 일

본열도 뿐 만 중국지역과의 교섭에는 어떤 연관성을 지니고 있는지를 밝혀
내는 것도 매우 필요하다.

2. 지중해적 질서에 대한 보다 적극적인 이해와 함께 해석하는데 응용하
면 어떨까 싶다.

논자는 아주 오래전부터 東亞地中海라는 모델을 설정하고 각 지역의 모
든 시대를 대상으로 이런 시도를 해왔는데 유효성이 크다고 생각한다.

3. 해양활동과 관련시켜 해석한 부분이 적지 않은데, 이때는 해양메카니
즘에 대한 보다 정확한 이해와 함께 다른 연구자나 독자들을 위해서 상세
하거나 전문이론을 인용하여 설득력을 높였으면 하는 바램이다.

집단의 교류, 집단의 공유, 무정부성(호족성),

4. 항구들과의 관련성을 더 언급하면 좋을 것 같고, 특히 사용했을 항로
에 대하여 전략적인 관점, 전술적인 관점을 동시에 언급하면바람직하다.

항로와 관련하여 언급한 부분들이 몇 군데 눈에 띄는데, 항로의 특성, 필
자가 설정한 항로의 출발 도착지점의 해양환경 등을 좀 더 세밀하고 구체
적으로 표현한다면 학문적인 설득력이 높을 것 같다.

해안가에 산성을 구축한 것과 연관 시킨 것은 적절하다. 하지만 단순한
사실확인이나 인용을 넘어서 항구보호 등 해양방어체제와 해양교통이라는
관점에서 동시에 언급할 필요가 있으며, 전문연구자의 이론들을 수용할 필
요가 있다.

5. 항로의 설정문제이다.

국가항구 국가 항로의 경우는 고구려 백세 신라 가야가 각각 다르고 도
착하는 지점도 다르다. 연안항해와 근해항해 원양항해는 차이가 있다. 한일
간의 항해는 동해중부이북을 빼놓고는 근해항해구역이고, 근해항해보다 더

힘들고 난이도가 높은 것은 연안항해이다.

바다에서는 가는 항로와 오는 항로가 다르다는 사실을 명심해야 한다. (해류 조류 계절풍 때문이다.)

6. 해양교류 혹은 양 지역 교섭에서 주체의 문제를 보다 확실하게 거론하는 게 필요하다.

출발해역의 연안항해와 도착해역의 연안항해를 담당하는 세력은 매우 밀접한 관련이 있다. 그리고 양 지역 간의 항해가 빈번했을 때 항해의 기술적 우위나 주도권은 상화에 다라 변화가 있으나, 그 시대에는 당연히 한반도 남부세력들이 갖고 있었다.

아주 어렵고 미묘한 문제를 설득력있게 해석해낸 발표자의 노고에 감사드립니다. 주전공이 아니기 때문에 소홀히 했던 부분을 공부할 수 있어서 매우 기뻤습니다. 앞으로 더 발전된 논문이 발표될 때를 기다리겠습니다.

佛敎文化를 통해 본 高句麗와 倭

新川登龜男

(早稻田大學 文學部 敎授)

서 언

고구려는 한(조선)반도제국 가운데에서 불교를 중국으로부터 가장 일찍이 수용했다고 이해되고 있다.『三國史記』고구려본기에 의하면, 小獸林王 2년(372)에 前秦에서 불교(僧과 仏像·経文)가 전해졌다고 한다. 한편백제의 경우는 枕流王 원년(384)에 東晋으로부터 胡僧이 왕궁에 들어온사실을 가지고 불교전래의 시초라 전해지고 있다(백제본기). 신라에서는 신라본기 法興王 15년(528)조에 불교전래의 기사가 보이는데, 그에 따르면그 연원은 訥祇王의 시대(417~458)까지 거슬러 올라가며 고구려로부터의 승려 도래에 있다고 한다.

이러한『삼국사기』의 기술에 의거하는 한, 우선 고구려, 백제, 신라의 순서로 4세기 후반에서 5세기에 걸쳐 불교가 전래되었다고 볼 수 있다. 물론이『삼국사기』의 기사를 그대로 신빙하는 데에는 신중하지 않으면 안 되지만, 지금 당장의 전망으로서는 유효할 것이다. 그러나 그 경우에 있어서 주의해두고 싶은 것은 신라의 불교전승이 시사하는 바와 같이 불교의 수용은 계속적인 것이며, 또한 삼국이 각각 개별적으로 중국으로부터만 불교를 수용했던 것은 아니라는 점이다.

예를 들면, 신라의 경우는 당초 중국남조 梁의 문화에 촉발되면서도 고구려로부터의 불교수용이라는 성격이 짙다. 이 사실은 신라의 居柒夫가 6세기에 고구려에 들어가 惠亮法師에게서 불교를 배움과 동시에 惠亮法師 자신이 이번엔 신라에 와서 國統(僧統・寺主라고도 말함)이 되어 百座講會와 八關法을 열었다고 하는 사실에서도 알 수 있다(『삼국사기』 職官志・列傳 ;『삼국유사』 4).

또한 백제와 고구려의 관계에서는 7세기 중엽에 고구려승인 普德은 국내에서의 도교의 융성을 기피하여 백제의 孤大山(完山州 ; 현재의 全州)에 들어가 많은 제자를 양성했다고 한다(『삼국유사』 3 등). 나아가 5세기 후반의 고구려 승 道琳의 경우처럼 간첩(스파이)으로서 백제에 들어왔던 승도 적지 않을 것이다(백제본기 蓋鹵王 21년條). 이러한 사례들도 혼란기에 보였던 다양한 의미에 있어서의 교류이다.

이어서 백제와 신라의 관계에 있어서도, 무왕 시대(재위 600~641)에 창건된 백제(益山) 弥勒寺는 신라 眞平王으로부터의 工人 파견에 의해 조성되었다(『삼국유사』 2). 또 신라 善德王이 7세기 중엽에 건립한 皇龍寺九層塔은 반대로 백제 工匠의 원조에 의해 완성되었다고 한다(『삼국유사』 3, 同刹柱記).

이처럼 한(조선)반도의 삼국불교는 단지 중국으로부터의 영향에 의존하고 있었던 것이 아니라 상호간에 수용을 거듭한 것이라고 보지 않으면 안

된다. 다만, 그러한 가운데에 있어서 고구려 불교가 다른 2국(백제·신라)에 미친 영향이 비교적 농후하며, 이러한 방향성에 유의하면서 고구려불교의 특징을 지적하는 것은 가능할 것이다.

그래서 우선은 고구려 불교의 특징을 파악하고, 다음으로 왜와의 관계에 대해 언급하고자 한다.

1. 고구려의 미륵신앙

지금까지 半跏思惟像에 대한 관심과도 관련하여 신라 및 백제의 미륵신앙이 주목되었고, 동시에 이러한 관점에서 왜국에의 전래와 영향을 중시하는 연구가 행해져 왔다(田村圓澄, 1982 ; 田村圓澄·黃壽永, 1985 등). 그러나 이 연구 성과를 인정하면서도 다시 한번 고구려의 弥勒信仰에 주목할 필요가 있다고 생각한다.

예를 들면 한국 국사편찬위원회 편, 『韓國古代金石文資料集』1(1995)이나 한국고대사회연구소 편, 『譯註韓國古代金石文』1(1992)에 게재된 고구려 造像銘文은 5例이며 각 사례에 異同은 없다. 이 가운데 명료하게 미륵신앙을 말하고 있는 것은 2例인데, 다른 3例도 미륵신앙과의 관계가 추측 가능할 것이다. 또한 造像銘 이외에도 미륵신앙이 확인되는 경우가 있다.

한편 백제의 造像銘文은 앞의 자료집에 의하면 공통해서 4例 정도 게재되어 있는데, 미륵신앙이 직접 인정되는 경우는 전무하다. 신라(통일신라와 구별한다)의 造像銘文은 同 자료집 가운데 전자에 3例, 후자에 5例(앞의 3例를 포함함)가 게재되어 있다. 이 가운데 미륵신앙이 명료하게 보이는 것은 1例 뿐이다. 또 백제의 경우는 釋迦信仰이 많고 신라의 경우는 阿弥陀信仰이 압도적이다.

이들 造像銘에 볼 수 있는 비율의 문제는 반드시 정확하고 객관적인 데 이터라고는 말 할 수 없으나, 이를 하나의 기준으로 삼는다면 고구려의 미륵신앙은 백제나 신라의 그것을 크게 능가하는 바가 있다. 혹은 先行하고 있다고 말하는 편이 좋을지 모른다.

그래서 고구려의 경우를 보다 구체적으로 확인해 두기로 하자. 먼저, 미륵신앙이 확실한 경우를 들자면, '永康七年'의 문자로 시작되는 金銅光背銘(平壤市 平川里寺址 출토, 朝鮮中央歷史博物館 소장)과 '景四年在辛卯'로 시작되는 金銅三尊仏光背銘(黃海道 谷山郡 花村面 蓬山里 출토, 서울 개인 소장)이 있다.

이 가운데 전자는 2005년 5월부터 7월에 걸쳐서 고려대학교 100周年記念 박물관개관특별전에 출품되었던 것으로 다행스럽게도 실견할 수가 있었다. 하부의 결손이 매우 심하여 판독 불가능한 부분도 적지 않지만 종래의 釋文과 다른 점도 판독되었다. 그 상세에 대해서는 별고로 미루고(新川登龜男, 2005), 여기서는 필요한 부분만을 추출하여 文意를 설명해 두기로 한다.

그 文意는 '永康七年'에 '亡母'를 위해 '弥勒尊像'을 만들어 '令亡者神昇兜率 [ ], 慈氏三會之初, 悟无生忍' 등의 소망을 빌고, 또한 이 소원에 의해 '罪'를 '消滅'시켜 '隨喜者'도 이 '소원'을 함께하고자 한다는 것이다. 이 가운데 '兜率'의 '兜' 다음의 문자도 읽기 어려우나 이것은 '兜率'이라 판독해도 별 문제가 없다. 종래 이 부분은 '覺(岸)' 등으로 읽혀져 왔으나 '兜率'('兜率天'인지는 불명)로 정정해야만 한다.

이로써 이 光背銘은 미륵신앙을 보다 선명하게 말하는 것이 된다. 즉 亡母가 미륵의 兜率(天)에 올라가고 나아가 미륵(慈氏)의 (龍華)三會 가운데 第一會에 참가할 수 있도록 바라며, 그리고 그 죄를 많은 사람들과 함께 소멸시켜 줄 것을 기원하여 미륵상을 造作했던 것이다. 더욱이 '慈氏三會'의 4 문자만이 독립해서 중심 행에 배치되어 있어서 이 願文의 핵심과 관심이 미륵의 龍華三會(이 중에서 初會)에 있었다는 점을 시사하고 있다. 또한 '永康'연호에 대해서는 西秦의 연호로 간주해 418년(고구려 長壽王

6년)으로 볼 것인지, 고구려의 私年号로 이해할 것인지 등 제설이 있으나, 가장 중요한 干支가 충분히 판독 불가능하기 때문에 銘文 자체로서는 不詳이라고 밖에 말하지 않을 수 없다.

다음으로 후자인 辛卯年銘의 경우는 사진으로 확인하는 한에 있어서는 종래의 석문에 커다란 변경은 인정되지 않는다. 다만, 마지막 행(8행 째)이 光背 하부에 橫으로 追刻되어 있어서 변칙적인 銘文 구성이 되어 있다. 그 문의는 '景四年在辛卯'에 '比丘'가 '善知識''五人'과 함께 '无量壽像一軀'를 만들어 '亡師父母'가 '諸仏'을 '만나'게 하고 '善知識'들은 '弥勒'과 '조우'하기를 기원한다고 하는 것이다. 그리고 최후의 追記에서 모두가 '一處'에 태어나서 '見仏聞法'하길 바란다고 하고 있다.

이 광배명의 文意는 복합적인 성격을 지니고 있다. 즉 '比丘'도 '善知識'도 협동하여 '无量壽像'을 만들고 있는데, '比丘'의 '亡師父母'(死者)들은 '諸仏'과 만나기를, '善知識'(생존자일 것이다)들은 '미륵'과 만날 것을 주로 기원하고 있다. 최후의 변칙적인 追記는 이러한 이중성을 통합할 필요에서 생겨난 것일 것이다. 또한 年紀에 대해서는 '景'과 관련된 적절한 中國年号가 없고, '辛卯'를 511년(고구려 文咨王 20년)이나 571년(고구려 平原王 13년)에 비정하는 설이 있다.

또한 造像銘은 아니지만 여기에 주목되는 것은 앞서 언급한 고려대학교의 특별전에 역시 출품되었던 金銅板銘文이다(咸鏡南道 新浦市 梧梅里 寺址 출토, 朝鮮中央歷史博物館 소장). 이것도 역시 결손·마멸이 심한 것으로 해독이 용이하지 않다. "□和三年歲次□□□月十六日"이라는 年紀가 판독 가능한 듯 하나 불명확한 부분이 많다. 그 명문의 일부에는 '円覺(大)王'(死去한 왕에 관한 것일까. 단, '大'라는 문자는 불명. 다른 곳에서는 '王'으로 되어 있으므로 '大王'이 아닐 가능성이 있다)을 위해 "謹造茲塔, 表刹五層, 相輪相副, 願王神昇兜率, 查覲弥勒, 天孫俱會"(종래에는 '刹'을 '刻'으로 읽음)라 되어 있다. 즉 어떤 王이 죽었기 때문에 오층탑(相輪을 付設)을 만들어 그 왕이 兜率로 올라가 미륵과 조우하고 天孫과

만날 수 있기를 기원한다는 것이다. 아무튼 이 金銅板銘은 塔에 안치되었을 가능성이 있으며 명료하게 미륵신앙을 말하고 있다. 더욱이 앞서 본 造像銘과 합쳐서 생각해보면, 고구려에서는 왕의 주변에서 서민(辛卯年銘에는 '善知識' 가운데 '賤奴'가 있다)에 이르기까지 또 僧俗을 불문하고 널리 미륵(도솔)신앙이 유포되어 있었던 것 같다. 또한 이 金銅板銘과 永康七年銘에는 '神昇兜率'이라는 완전히 공통된 文言이 보이고 있어서 양자의 년대도 가깝다는 점을 시사하고 있는 것이다.

2. 고구려의 釋迦信仰과 賢劫千仏信仰

고구려의 미륵신앙을 확실하게 말해주는 上記한 사례 이외에 남은 造像銘文 3例의 경우는 어떠할까.

第一은 '大和十三年歲在己巳'의 年紀가 있다고 하는 石仏像(東亞大學校博物館藏)이다. 이것 또한 대부분이 마멸되어 있어서 읽을 수 없으나 "[ ]□文□仏像一"라고 읽히고 있는 부분을 전제로 한다면 여기에 "釋迦文(石)仏像一"이라 적혀 있었을 가능성이 있다. 또한 年紀는 北魏의 大和(太和)연호로 보아 모순은 없기 때문에 489년(고구려 長壽王 77년)으로 일단은 추정된다.

第二는 '建興五年歲在丙辰'의 年紀가 있다고 하는 金銅光背(國立淸州博物館藏)이다. 이것에 대해서는 출토지가 충청북도라는 점 등에서 백제의 제작품으로 보고 '丙辰'을 596년(백제 威德王 43년)으로 비정하는 설이 일찍부터 소개되고 있다(熊谷宣夫, 1960 등). 그러나 銘文은 이를 '釋迦文像'이라 하고 있는데 이 표기는 고구려에 집중되어 있고, 한편으로 중국 北朝에서 가끔씩 사용되었다(大村西崖, 1980 復刊 등). 또한 사진으로 보는 한, '建興'의 '建'의 문자는 不詳이며 '延'의 문자 등일 가능성도 있다. '延興'이라 한다면 北魏의 연호가 있는데, 그 6년이 '丙辰'(476년)이 되어 銘

文에 보이는 것처럼 5年이 되지는 않는다. 따라서 年代도 제작국도 불명이지만, 역시 고구려의 造像으로 중국 남북조시대에 대응하는 시기의 것일 가능성이 있을 것이다. 그렇다면 536년(고구려 安原王 6년)이나 476년(고구려 長壽王 64년) 등이 예상된다.

第三은 "延嘉七年歲在己未, 高麗國樂良"으로 시작되는 金銅光背(國立中央博物館藏)이다. 대체적인 大意는 '東寺主' 이하의 僧들 40人이 '賢劫千仏'을 만들어 '流布'시키려 하고 있는 것 가운데 하나가 本像('第卄九因現歲仏')인 듯 하다. 또한 '延嘉'라는 中國年号는 없어서 고구려의 私年号로 생각되는데, '己未'라면 539년(고구려 安原王 9년)을 시작으로 상한은 419년(고구려 長壽王 7년)에서 하한은 599년(고구려 嬰陽王 10년)까지의 제설이 있다.

이상이 남은 造像銘 3 例에 관한 내용인데, 이 이외의 것으로서 고구려 德興里壁畵古墳(南浦市)에 보이는 '永樂十八年太歲在戊申'(고구려 廣土開王 18년 ; 408년)의 '鎭'墓誌銘文이 있다. 이 鎭이라는 인물(出自에 대해서는 논란이 있다)은 '釋加文仏弟子'라 되어 있다. 이것은 고구려(영역)에 있어서의 불교신앙의 구체적이고 확실한 文字例로서 추측할 수 있는 最古의 것일 것이다.

3. 고구려의 석가신앙과 미륵신앙

지금까지 造像銘을 중심으로 하여 관련된 第一次 文字資料도 고려하면서 고구려 불교의 성격을 파악하기 위한 실마리를 찾아보았다. 자료의 대다수는 文字上으로 年紀를 확정하기가 곤란한 것들인데, 대체적으로 5세기 초에서 6세기에 이르는 것으로 생각된다. 또 석가와 미륵에 대한 신앙이 두텁고 아울러 賢劫千仏과 無量壽仏에 대한 신앙이 그 속에 부가되어 있다.

이 가운데 석가와 미륵에 대한 신앙이 쌍벽을 이루며 융성했다고 추측된다. 석가의 경우는 5세기 초에는 이미 전해져 있었고 일관되게 '釋迦文'仏이라 표기되어 있는 점이 현저한 특징이다(最古의 사례만이 '釋加文'仏). 이 표기는 '釋迦无尼'仏의 표기와 비교하면 보다 오래된 漢譯経典에 많고(田村圓澄 : 1982, 塚本善隆 : 1969復刊), 특히 중국북조에 두드러진다는 점에 대해서는 이미 언급한 바이다.

그러면 이러한 신앙들 사이에는 어떠한 관계 내지 변천이 인정되는 것일까. 먼저 最古의 '釋加文仏弟子'의 경우는 피장자인 鎭의 명복이나 追善을 기도하는 일 없이 鎭의 葬送後, '七世子孫番昌'을, 또한 位가 '侯王'에 이르기를, 牛羊이나 酒・米・塩 등이 풍부하여 '椋'(창고)을 많이 세울 수 있기를, 즉 '富壽無疆'을 기원하고 있다. 이를 鏡銘에 준한 단순한 吉祥文으로 보는 이해도 있으나(佐伯有淸 : 1995), 다른 미륵신앙이나 賢劫千仏 및 無量壽仏에 대한 신앙 등과도 연계시켜서 보다 계속적이고 체계적으로 생각해 볼 필요가 있을 것이다.

그래서 우선은 賢劫千仏과의 관계를 살펴보자. 이미 일찍이 北魏 孝昌 元年(525)의 賢劫千仏造像記가 소개되어 있는데(大村西崖 : 1980復刊, 水野淸一・長廣敏雄 : 1980復刊), 龍門石窟(古陽洞・魏字洞 등)에서는 석가의 계승자인 미륵을 중심으로 수많은 보살과 그 밖의 것들이 묘사되어 있고, 나아가 賢劫千仏이 그려져 있는 예가 있다(塚本善隆 : 1969復刊). 이러한 것들에는 사후에 千仏의 안내에 따라 兜率天上의 미륵보살이 있는 곳으로 간다고 설파하는 『法華経』普賢菩薩勸發品이나 賢劫千仏의 本生譚을 피력한 『維摩経』法供養品 등의 영향(모두다 鳩摩羅什의 譯)이 인정된다고 이해되고 있다(塚本善隆 : 1969復刊). 확실히 龍門石窟 古陽洞에 있는 '魏靈藏' 등 造作된 석가상의 명문(年紀는 미상)에는 사후에 '飛逢千聖'하여 '兜率''龍花'에 이른다는 내용이 적혀있다(水野淸一・長廣敏雄 : 1980復刊).

그렇다면 賢劫千仏의 신앙은 결코 단독으로 성립되어 있었던 것이 아니라는 사실을 알 수 있다. 즉 석가와 석가의 계승자로서의 미륵을 중심으로 한 세계 내지 시간 속에서 그 위치와 역할을 차지하는 것이 賢劫千仏이었다. 이러한 諸관계에 대해서는 다양한 형태로 서술되어 있으나 『魏書』釋老志는 그 중 가장 알기 쉬운 好例일 것이다.

그것에 의하면 '仏'을 '釋迦文'이라 하고, '德'과 '道'를 완비하여 '万物'을 구제하기 때문에 '能仁'이라 번역한다고 한다. 이어서 그 '석가' 이전에 '六仏'이 있었고 '석가'는 이 '六仏'을 이어서 '成道'했다. 그리고 지금은 '賢劫'이다. 経文에 의하면 미래에 '弥勒'이 있어서 '釋迦'를 이어 (兜率天에서)세상에 내려올 것이라고 적고 있다.

여기서 말하는 '賢劫'이란 現在賢劫을 말하는 것이고 '劫'이란 극히 긴 시간을 말하는 것인데, 過去莊嚴劫 → 現在賢劫 → 未來星宿劫이라는 식으로 시간(과거·현재·미래)관이 존재한다. 그리고 석가는 現在賢劫의 마지막 시기에 있으며 千仏과 함께 있다. 이윽고 장래에는 미륵이 나타나 석가를 이을 것이라고 말하고 있는 셈이다. 따라서 六仏 → 釋迦(千仏도 포함됨) → 弥勒이라는 継承意識도 알 수 있다.

이러한 諸관계는 또한 형태를 바꾸어 弥勒経典에서도 말해지고 있다. 예를 들면, 4세기 후반의 한역으로 보이는 『増一阿含経』卷44의 抄出인 『弥勒下生経』에는 兜率天에서 閻浮地에 강하하여 다시 태어난 미륵이 成仏道를 이루고 龍花三會를 열며, 또한 그곳의 왕국이 의식주에 있어서 매우 풍요롭다는 점 등이 기술되어 있다. '大宝藏'이 있어 그곳의 많은 '珍宝'는 독점되는 일 없이 모두 분배된다고도 말한다. 그리고 반복적으로 '釋迦文仏'이라는 표어가 등장하고 있는데 요컨대 將來仏인 미륵의 제자는 동시에 '釋迦文仏弟子'라는 점이 재삼 강조되고 있다.

여기에 석가(老齡衰弱한 몸이었다고 한다)와 미륵의 관계가 극단적인 형태로 설명되어지고 있는데, 5세기 초에 죽은 鎭이라는 인물이 "釋加文仏弟子"라 말하는 것도 이러한 『弥勒下生経』의 세계와 관련시켜서 이해할 수 있을 것이다. 즉 鎭이라는 인물의 존재방식에서 생각할 수 있는 것은 그가 동시에 미륵의 제자이거나 혹은 미륵의 제자가 될 수 있다는 역사적인 필연성을 내포하고 있었다고 하는 점이 예상된다.

이어서 鎭이라는 인물의 사후에 자손번영이나 豊穰을 기원하는 것도 弥勒下生의 王城이 풍요롭다거나 혹은 풍요롭게 된다고 하는 점과도 전혀 관계가 없지는 않을 것이다. 이 점에 대해서는 후술한다. 다만 여기에서는 賢劫千仏은 등장하지 않는다.

다음으로 5세기 중엽의 譯經인 『觀弥勒菩薩上生兜率天経』에 이르면, 석가의 설법장면에 '千菩薩' '千光明'이 등장한다. 또한 사람들이 兜率天에 태어나서 弥勒下生과 함께 閻浮提에 내려오면 '賢劫一切諸仏'과 만날 수 있다고도 설파한다. 이 경전은 앞의 弥勒下生経典에 대응하여 弥勒上生経典이라 불리는데, 経文으로도 알 수 있는 것처럼 후자인 上生経典은 전자인 下生経典보다 뒤늦게 출현하기 때문에 弥勒下生에 관한 것이 이미 그 전제가 되어 있다. 따라서 弥勒上生이나 兜率天上生과 弥勒下生에 관한 것은 상호 순환적으로 말해지는 측면이 있다. 여기에 賢劫千仏에 대한 것이 上生과 下生의 양 국면에서 보이고 있는 것은 그러한 때문일 것이다. 다만, 본래적으로는 賢劫千仏은 그 본연의 존재형태로서 弥勒上生 내지 兜率天上生에 즈음한 안내자 역할이라는 점이 적합한 것일 것이다.

한편, 후차적인 弥勒上生経典인 『觀弥勒菩薩上生兜率天経』에 관련해서는 새롭게 유의하고 싶은 점이 있다. 그 첫째는 上生하기 이전의 阿逸多 (후의 弥勒)가 出家한 몸이라고는 하나 주위의 관측으로서는 煩惱를 아직 끊지 못하는 '凡夫身'으로 보여 지고 있었다는 점이다. 또한 사람들이 弥勒上生의 兜率天에 비록 태어나지 못하더라도 장래에 弥勒下生의 龍花會에 참가할 수 있는 가능성이 있다고 생각하고 있었다는 점이다. 이러한 점들은 많은 사람들(신분을 불문하고)에게 미륵이나 龍花會에 대한 親近性을 갖도록 했음에 틀림없다. 혹은 사람들에게 장래에 대한 가능성과 기대감을 불러일으키도록 했음에 틀림없을 것이다.

第二는 미륵(阿逸多)이 兜率天에 上生하는 것, 또 그 미륵이 兜率天主가 되어 '一生補處菩薩'이라 불리며 석가의 '補處'(계승자)가 된다는 것,

이어서 上生한 미륵은 56億万年 후의 將來에 第二의 석가로서 閻浮提에
下生한다는 것, 나아가 兜率天上에는 많은 天子들이 있다는 것, 그 미륵을
信心하면 사람들의 죄와 惡業이 청정하게 된다는 것, 등이 仏(석가) 자신
에 의해 보증되고 있다. 그리고 석가가 이 보증을 해준 說法을 행했을 때부
터 12년 후의 2月 15日에 그 미륵(지금의 阿逸多)은 兜率天에 上生한다
고 말해지고 있다. 또한 兜率天에서는 舍利塔의 공양이 강조되고 있다.

이 第二의 所說은 앞서 소개한 '円覺(大)王'을 위한 造塔供養이나 그
왕이 兜率에 상승하여 미륵을 만나게 되는 것, 나가서는 그곳에서 '天孫'
과도 만나게 되는 것 등을 기원하는 願文의 내용과도 잘 부합될 것이다. 또
한 만약에 해당 月日을 '二月十六日'로 읽을 수 있다면, 경전에서 말하는
2月 15日 上生의 다음날에 상당한다. 나아가 이 願文의 전반 부분에서는
'如來'의 舍利와 관련이 있는 듯한 '闍維'(茶毘·火葬)에 관한 내용이 쓰
여 있었던 것 같고, 또한 '表刹'이라 쓰여 있는 것 자체 예를 들면 前揭한
『維摩経』法供養品에 '表刹莊嚴'이라 되어 있는 점이 상기된다. 이 '表刹
莊嚴'이란 역시 造塔舍利供養의 모습을 시사하고 있는 것이다. 이러한 점
들을 생각해보면 문제의 金銅板銘은 참으로 『觀弥勒菩薩上生兜率天経』
의 所說에 부합되는 내용이 될 것이다. 그것은 또한 이 金銅板銘文과 공
통된 文言을 공유한 永康七年銘文에 대해서도 관련이 있는 문제이다.

대체로 이상과 같은 점들을 전제로 한다면, 석가와 미륵과 賢劫千仏에
대한 각각의 신앙은 결코 고립된 별개의 것이 아니라 각각이 불가분의 관
계에 있으며, 오히려 一環인 혹은 일환 또는 일관될 가능성이 있는 불교의
世界觀 아래서 이해가 가능하게 되는 것이다. 이를 굳이 역사적 전개라는
時系列로 나타내보면, ①5세기 초의 釋迦(加)文仏弟子의 세계(德興里壁
畵古墳의 墓誌. 子孫의 繁榮 등) → ②兜率天으로부터의 미륵(第二의 석
가)下生의 세계(龍花三會·豊穰 등) → ③兜率天으로의 미륵(第二의 석
가)上生의 세계(舍利塔供養·弥勒下生에 대한 期待 등)가 된다.

그러나 이러한 과정을 통해서 석가에 대한 신앙은 미륵과의 관계에 있어

서 일관되게 지속되어 있고, 賢劫千仏에 대한 신앙은 주로 ③의 단계에 상당한다. 다만, ②와 ③은 서로 결과적으로 순환하고 있으며 현실의 資料上으로는 엄밀하게 구별하기 곤란한 점이 있다. 따라서 전게한 많은 金石文資料는 현재로선 이 ②③의 범위에 포함된다고 밖에 말할 도리가 없을 것이다. 그러한 가운데에 있어서 金銅板銘과 永康七年銘의 경우는 ③의 단계인 5세기 중엽 이후의 것일 가능성이 있다.

다음으로 無量壽仏에 대한 신앙과의 관계가 문제가 되는데, 이 점은 더욱이 고구려불교의 본질에 접근하는 실마리가 될 수 있다고 여겨지기 때문에 다음 절에서 생각해 보기로 한다.

4. 고구려의 無量壽仏信仰과 弥勒信仰

金銅三尊仏光背에 새겨진 특이한 辛卯年銘에 無量壽仏에 대한 신앙과 미륵신앙이 혼재해 있다는 점에 대해서는 이미 언급한 바와 같다. 그러나 이러한 형태는 결코 예외적인 것은 아니었다.

원래 無量壽仏은 阿弥陀仏에 관한 것인데, 北魏時代에는 無量壽仏(漢語譯)이라 했고 唐이 되어 점차 阿弥陀仏이라는 호칭(譯名)이 널리 사용되게 되었다. 이러한 변천은 단순한 호칭(譯語)의 문제만이 아니라 신앙 자체의 변천 내지 轉回를 말해주는 것이라 생각된다.

龍門石窟의 조사연구에 의하면, 最古의 年紀를 남기고 있는 無量壽仏(古陽洞)은 北魏 神龜2년(519)의 것인데, 그것은 동시에 弥勒信仰과의 일체화를 보여주고 있었다(塚本善隆盛 : 1969復刊). 즉 無量壽仏을 만들고 아울러 '弥勒三唱'의 '先首'에 오르고 싶다고 바라는 것이다. 또한 北魏 孝昌3년(527)의 無量壽仏(蓮華洞)은 '願亡者生天'이라 하는데 이 '天'은 '兜率天'의 의미를 포함할 것이다(塚本善隆 : 1969復刊, 水野淸一·長廣敏雄 : 1980復刊).

이상의 龍門石窟 이외에도 약간 거슬러 올라간 北魏 太和23년(499)의 弥勒石像銘에서는 "願生西方无量壽仏國, 龍華樹下, 三會說法, 下生人間侯王子孫"이라 새겨져 있었다(大村西崖 : 1980復刊). 이것도 无量壽仏(國)신앙과 미륵신앙의 혼재를 나타내는 매우 이른 시기의 事例가 된다. 또한 근년 확인된 中國 山東省 靑州 龍興寺出土의 北魏 太昌원년(532)의 弥勒像銘에는 "生西方无量壽國"이라 새겨진 例가 있다(中國歷史博物館 외 : 1999). 이것도 마찬가지로 복합적인 신앙을 말해주고 있다. 그리고 이러한 복합적인 신앙은 隋에 이르면 점차 모습을 감춰가는 것 같다.

그러면 얼핏 보아 아무런 관련이 없을 것처럼 여겨지는 西方의 無量壽仏(國)신앙과 미륵신앙은 어떻게 결합되고 어떻게 성립될 수 있었던 것일까.

우선, 無量壽仏(國)信仰은 망자가 서방의 無量壽仏(國)에 이르게 되기를 염원하는 것인데, 그것은 단지 죽는다는 것이 아니라「來世託生西方妙樂國土」하는 것이며(北魏 永平3년 ; 510년弥勒像銘, 大村西崖 : 1980復刊) 말하자면 無量壽仏(國) 아래에서 來世를 살아가는 것을 의미하고 있다. 그리고 이 信心은 '長命老壽'를 바라는 것이기도 했다(北魏 正光3년 ; 522년 無量壽仏像銘, 塚本善隆 : 1969復刊, 水野清一·長廣敏雄 : 1980復刊). 이 '長命老壽'란 '無量壽'라는 譯語의 의미(無量한 壽命)에 잘 호응하고 있다고 생각되는데 아무튼 來世에서도 오랫동안 사는 것이 소망되고 있었던 것이다.

마찬가지의 例는 北魏 延昌元年(512)의 弥勒像銘에서도 찾아볼 수 있다(大村西崖 : 1980復刊). 즉 無量壽仏(國)이라고는 명기되어 있지 않으나 망자의 "託生紫微安樂之處"를 염원함과 동시에 生死를 초월하여 "老者延年, 少者益算"을 기도하고 있다.

이 '來世託生'하는 소위 '無量壽仏(國)' 아래에서 혹은 生死를 불문하고(現世에서도) 왜 '長命老壽'나 "老者延年, 少者益算"이 소망되었던 것일까. 그것은 다음에 보는 미륵신앙과 결부되는 결과가 된다.

여기에서의 미륵신앙은 上生과 下生의 이해가 敎理처럼 구별되어 있지는 않은 것 같다. 그러나 그러한 가운데에서 우선 弥勒上生(天)에 관한 것으로 誤認한 위에서, 혹은 자신이 上天한 경우의 일로 오인한 위에서 龍華樹下에서의 미륵의 三會(특히 初會)說法에 참가하길 바라고 있다(이 三會는 教理로서는 弥勒下生의 경우이다). 다음으로 '人間'(살아있는 사람들의 세계)으로의 弥勒下生에 동반하여 자신도 '侯王子孫' 혹은 '公王長者''國王長者''胡王長者'(전게한 北魏 永平3年 弥勒像銘, 北魏 正光6年 ; 525年像銘, 北魏 孝昌3年像銘 등, 大村西崖 : 1980復刊)가 되길 기원하고 있다.

후자에 대해서는 소위 弥勒下生経典에서 말하는 풍요로운 王城의 세계와 잘 합치되고 있다. 그것은 보다 구체적인 희망과도 결부되어 간다. 예를 들면, 弥勒下生의 세계에서 '富貴家産'하게 되는 것, 혹은 '彭祖'와 같이 長命하고 또한 '學問'에서 '聰明精爽'하게 되어 '三司'에 이르게 될 수 있도록 등등을 기원하는 것이다(北魏 景明3年 ; 502年弥勒像銘, 北魏 神龜3年 ; 520年弥勒像銘 등, 大村西崖 : 1980復刊).

그러나 이 미륵은 釋迦入滅 후 56億万年 뒤의 將來仏(第二의 석가)로서 閻浮提(人間世界)에 下生한다고 되어 있었다. 그것은 까마득한 훗날의 일이다. 그러나 이 下生의 세계는 모든 희망이 이루어지는 세계이고 구제의 세계이다. 어떻게든 그 弥勒下生에 동반하여 그 세계로 가고 싶다. 이 熱烈한 마음을 실현시키기 위해서는 無量壽仏(國)아래에 '來世託生'하여 安樂한 '無量'壽命을 지속하면서 弥勒下生의 때를 기다리고 싶다고 생각했던 것으로 여겨진다. 혹은 '來世託生'하기 이전이라도 어떻게든 長生하여 弥勒下生의 때에 조금이라도 가까워지고 싶다고 생각했던 것으로 보인다. 이렇게 이해해야만 無量壽仏信仰과 미륵신앙은 모순 없이 결합되게 되는 것이다.

이와 같은 이해는 문제의 辛卯年銘의 내용과도 모순되지 않는다. 먼저, 사자는 無量壽仏(國) 아래에 이르길 바란다. 그곳에서 말해지는 '諸仏'이란 '生生'의 輪廻 속에서 조우하길 바라는 '諸仏'을 말하는 것이지만, 無

量壽(仏)세계의 '諸仏'이기도 할 것이다. 그리고 그 來世託生의 '無量壽'를 지속하면서 弥勒下生의 때를 기다리고자 하는 의미가 된다. 다음으로, 살아있는 善知識들은 살아있는 한에 있어서 그대로 弥勒下生의 때를 기다리고 있는 것이 되는데, 弥勒出現 이전에 물론 죽음이 찾아오게 될 것이기 때문에 역시 '無量壽'의 來世託生을 바라게 될 것이다. 이리하여 최종적으로는 지금의 死者도 生者도 함께 '無量壽'世界로의 來世託生을 거쳐 將來의 미륵이 下生할 때에 함께 만나 그 說法(龍華三會)을 들을 수 있기를 염원하는 것이다. 또한 그렇게 되기 위해서는 역으로 '無量壽'세계로의 來世託生을 오로지 염원한다고 하는 '구조'를 상정할 수 있다.

　이러한 복합적 혹은 순환적인 신앙은 중국 北朝의 例로 보자면 거의 6세기의 것으로 이해된다. 또 최후의 銘文 一行이 변칙적인 형태로 추가되어 있는 것은 그 복합적이고 동시에 순환적인 신앙이 고구려에 있어서는 아직 익숙하지 못한 새로운 것이라는 사실을 시사하고 있는 것일까. 그러나 이러한 신앙은 고구려의 불교신앙의 역사 속에서 결코 고립된 것이 아니었던 것이다.

5. 고구려불교의 특징

　지금까지 검토해 온 바와 같이 그다지 많지 않은 사례를 통해서이긴 하지만 고구려불교의 특징을 찾아볼 수 있었다. 그것은 弥勒信仰을 중핵으로 하여 釋迦와 無量壽仏의 관계로 수렴될 것이다.

　우선, 5세기 초에는 이미 석가(특히 '釋加(迦)文仏'로 표기됨)신앙을 확인할 수 있다. 그것은 자손의 '富壽無疆'을 바라는 것으로 이는 단순한 주술적인 信心도 현세이익 그 자체도 아니며, 후의 미륵신앙이나 無量壽仏信仰으로 그대로 계승되어 가는 것으로 그 조짐을 충분히 인식할 수가 있다.

　즉 5세기에서 6세기에 걸쳐 극히 隆盛하게 되는 미륵신앙 아래에서 우선은 弥勒上生을 전제로 하면서도 弥勒下生에 대한 기대가 고조되어 간다. 혹은 釋迦入滅 후의 將來仏인 미륵의 출현에 의해 '富壽無疆'한 '人間'세계가 도래하는 것을 석가가 보증했다고 여기고 있는 것이다.

그러나 그 미륵의 등장은 釋迦入滅 후의 56億万年 뒤의 일이다. 이를 기다리기 위해서는 '無量壽'가 필요하게 된다. 그래서 無量壽仏(國)에 대한 신앙이 介入되게 되는 것이다. 이 복합적인 신앙은 6세기에 들어서부터 일 것이다.

여기에서 일관된 고구려불교의 특징을 간취할 수 있다. 그것은 中國北朝의 영향을 받았고 동시에 석가의 入滅이나 미륵의 將來라는 時間認識을 촉진시켰으며 나아가 無量壽라는 장생관념을 키워나갔다. 이 점은 다른 관점에서도 지적할 수가 있을 것이다.

예를 들면, 北齊의 武平7年(576), 고구려 大丞相인 王高德은 僧을 北齊에 파견하여 大統인 法上에게 질문했다. 그것은 ①釋迦文仏이 涅槃한 후 몇 년이 경과하고 있는가, ②天竺에서 漢地로 불교가 전래된 시기는 언제인가, ③齊·陳으로의 仏教伝來 시기는 언제인가 라는 내용인데, ①에 대해서 法上은 다음과 같이 답하고 있다. 釋迦는 周 昭王24年 甲寅歲에 태어났고 入滅 후 지금(武平7年)에 이르기까지 1465년이라고(『續高僧伝』 8法上伝).

이 문답이 행해진 해는 고구려 平原王 18년, 왜의 敏達 5년에 해당한다. 그리고 이 시기 고구려에 있어서 석가의 入滅年에 대한 관심이 고조되어 있었던 사실을 말해주고 있다. 그것은 동시에 미륵출현에 대한 時間認識의 고양이기도 할 것이다. 또한 釋迦入滅後의 正法·像法·末法의 年數에 관해서는 所說이 있으나, 예컨대 正法 500年, 像法 1000年이라 한다면 問答年은 像法의 최후에 가까워 앞으로 35年 정도 지나면 末法의 세계에 돌입하게 된다. 아무튼 이 시기에 고구려에서는 釋迦入滅後의 年數에 거국적으로 강한 관심을 지니고 있었고, 그것은 미륵신앙이나 無量壽仏信仰과 連環되는 것이었음에 틀림없을 것이다.

또한 無量壽라는 長生觀念의 육성에 대해서는 이후의 7세기에 들어 고구려가 道教에 강한 관심을 나타내게 되는 것과도 연결되는 국면이 있을 것이다. 또 후술하는 바와 같은 陰陽·天文·医術 등의 特殊技能의 鍛鍊도 이를 상호 보완하는 측면이 있을 것이다.

다만, 지금까지 취급해 온 第一次文字資料는 6세기까지의 것이므로 隋·唐의 중국통일이 이루어지는 7세기에 고구려불교의 특징이 변화되어 갔을 가능성도 고려하지 않으면 안 된다. 그러나 우리는 그 점을 직접 파악할 수 있는 第一次文字資料를 지니지 못한 것이 現狀이다.

6. 倭의 天智朝에 보이는 弥勒信仰의 고조

이상과 같은 고구려불교의 특징(弥勒信仰体系라 가칭한다)이 백제나 신라에 어떠한 영향을 미쳤는가 하는 점은 충분히 검토해야 할 문제이다. 그 것은 왜와의 관계에 있어서도 중요한 과제가 되기 때문이다. 그러나 여기에서는 弥勒信仰을 중심으로 왜와의 관련성을 文字資料에 입각해 살펴보기로 한다. 그 초기의 모습을 보여주는 주요한 문자자료는 다음과 같은 것들이 있다.

第一은 『日本書紀』敏達 13년(584) 9월조 이하에 의하면, 백제에서 가져온 弥勒石像이 蘇我大臣馬子의 저택 동쪽에 仏殿을 만들어 안치되었다. 그리고 舍利(塔)供養이 행해지고 馬子는 이 石像에 '延壽命'을 기원했다. 여기에 고구려 弥勒信仰의 특징이 보이는데, 弥勒石像 자체는 백제에서 전해지고 있으므로 적어도 고구려불교의 영향은 백제를 경유한 것이었다고 이해된다.

第二는 顯眞의 『古今目錄抄』에 인용된 法起寺塔露盤銘에 의하면, 戊戌年(舒明 10年 ; 638年), 福亮이 '聖德御分'으로서 弥勒像을 만들고 金堂을 세웠다고 한다. 여기에 등장하는 福亮을 高句麗僧 내지 高句麗留學

僧으로 보는 설도 있으나 吳學生(僧)으로 보는 설도 있어서(中井眞孝 : 1991) 確說은 없다. 따라서 고구려불교와의 관계는 명확하지 않다.

第三은 大阪府 野中寺藏의 造像銘에 의하면 '丙寅年'(天智 5年 ; 666年), '中宮天皇'의 병환을 위해 '栢寺智識' 등이 미륵상을 만들었다고 한다. 단, 造像(銘)에 대해서는 一部에서 논의가 갈리는 부분이 있어서 고구려불교와의 관계는 역시 불명하다고 밖에 말할 수 없다.

第四는『扶桑略記』天智 7년(668)조와 거기에 인용된「崇福寺緣起」에 의하면 天智天皇이 '二恩'(父인 舒明天皇과 母인 齊明天皇)을 위해 近江國 志賀郡에 崇福寺를 세우고 金堂에는 弥勒三尊像을 안치했다고 한다. 또『延曆僧錄』天智天皇伝에도 관련된 기술이 보인다. 즉 天智天皇 자신도 '兜率'에 태어나기를 염원하여 '滋賀山寺'(崇福寺)의 '宝殿'에 미륵의 畫像을 장식하고 '弥勒経上中下' 10部를 書寫했다. 나아가 '本師釋迦文塔及仏像'을 공양하고 '燈明'이 꺼지는 일이 없도록 하여 '当來龍花會中慈氏調御(弥勒에 관한 것)'에 이르고, 各種의 '劫'인 '千仏如來'도 함께 이 '燈'供養을 받도록 한다는 기원을 하고 있다. 이것은 唐僧 思託이 撰者라고 하는 점에서 유래하는 부분도 있겠으나, 앞서 살펴본 고구려불교의 특징과 합치되는 점이 있다.

第五는『家伝』上의 鎌足伝에 의하면 天智 8년(669)의 中臣(藤原)鎌足死去에 임하여 天智天皇은 鎌足가 죽은 舒明天皇과 齊明天皇에 조우하길 기대함과 동시에 鎌足가 誓願한 대로 '觀音菩薩'을 따라서 '兜率陀天之上'에 이르게 되길 바라며 그곳에서 '弥勒之妙說'을 들을 수 있게 되기를 기원하고 있다. 이는 죽은 舒明天皇도 齊明天皇도 미륵의 兜率天에 上生해 있다는 점을 예상하고 있으며 鎌足도 여기에 참가한다고 말하고 있는 것이다. 물론 天智天皇 자신도 이 兜率天에 上生하길 기원하고 있었다는 것이 된다.

이와 같이 이해한다면, 天智天皇의 시대에 미륵신앙에 대한 고양이 있었던 것으로 생각된다. 그러나 앞서 본 사례로 말하자면 그 준비는 이미 天

智天皇의 부모의 시대인 舒明・齊明兩天皇의 시대에 까지 거슬러 올라갈 가능성도 있을 것이다. 이 현상은 고구려불교와는 어떻게 관련되는 것일까.

우선, 中臣(藤原)鎌足와 고구려왕(宝藏王일까) 사이에는 文書를 통한 교류가 있고 또한 高句麗僧인 道顯(道賢이라고도 함)은 왜에서 鎌足家와 긴밀한 관계를 유지하여 그 당시의 왜국의 內外政에 관여하고 있었다(鎌足伝, 新川登龜男 : 2004). 道顯은『일본서기』齊明 6년(660)조에 보이는 관련기사가 初見이기 때문에 그 이전에 왜에 渡來해 있었을 것이다.

나아가 倭(日本)에 있어서 高句麗僧 및 高句麗留學僧(왜에서 고구려에 유학한 승)의 존재에 대해서는 道顯 이전・이후를 통해서 그 수가 적지 않다. 예컨대『일본서기』에 의해 살펴보면 우선 道顯 이후에는 持統 7年(693)에 還俗한 高句麗僧 福嘉가 있다. 이 환속은 그의 特殊技能을 등용하기 위한 것으로 생각되는데, 高句麗系 渡來人(僧俗)에게는 占術・陰陽・天文・畵像, 그리고 医術 등의 特殊技能者가 많았던 것이다.

반대로 道顯 이전의 예로서는 孝德朝(7세기 중엽)의 '十師' 중 筆頭에 위치한 '狛大法師'의 경우나, 마찬가지로 '十師'의 한사람 이였던 高句麗 留學僧인 道登이 있다. 또한 皇極 4年(645)에는 이미 귀국해 있던 高句麗 留學(學問)僧이 있었고(동행한 유학생으로 針術이나 각종의 奇術을 배운 자도 있었다), 거슬러 올라가면 推古 33年(625)에 고구려왕이 파견한 慧灌(僧正이 됨), 推古 18年(610)에 고구려왕이 보낸 曇徵(五経・彩色・紙墨・碾磑 등의 技能)・法定, 推古 3年(595)에 渡來하여 廐戶皇子의 스승이 되었다고 하는 慧慈, 나가서는 敏達朝(6世紀 後半)에 播磨에 거주하고 있었다고 하는 고구려 출신의 還俗僧(惠便) 등이 기록되어 있다.

또『續日本紀』養老 5년(721) 6월조나『日本靈異記』上의 6에 의하면 齊明朝에 고구려에 유학했던 行善도 있다. 그는 堅部氏 출신으로 '三五術'을 배웠다. '三五術'이란 道敎와 관련된 禁法(呪禁)으로 治病에도 이용되었다. 한편 出自인 堅(竪라고도 함)部氏라는 씨족은 고구려와 긴밀한 관계를 지닌 집안이다. 예를 들면, 白雉 4年(653) 僧旻의 臨終에 즈음하여

皇極(齊明)과 中大兄(天智)는 狛畵工竪部子麻呂 등에게 많은 仏菩薩像
을 그리도록 했는데, 이 子麻呂는 그 후 齊明 5年(659)에 고구려에서 到來
한 '同姓賓'을 '私家'로 불러 대접한 高麗畵師子麻呂 바로 그 사람이었
다. 行善의 고구려 留學에는 이러한 그의 출자가 관련이 있었을 것이다.

이처럼 高句麗僧이나 고구려유학승은 그 수가 적지 않다. 그 상한은 주
로 6세기말에서 7세기 초의 推古朝에 구해지는데, 668年(天智 7年에 해당
함)의 고구려 멸망으로 그 교류가 終焉을 맞게 되는 것임은 두말할 나위가
없다. 여기서 왜국에서의 天智天皇이나 中臣(藤原)鎌足 등의 주변에서의
弥勒信仰에 대한 고양을 생각할 경우, 고구려와의 교류는 오히려 終焉期
에 있었다. 한편, 이러한 미륵신앙의 고양이 반드시 그 이후에도 계승된 것
은 아니며 또한 당해기의 당에서도 이러한 미륵신앙이 고조되지 않았다는
점을 고려한다면, 이 미륵신앙의 고조는 역으로 그 이전으로부터의 集大成
혹은 '종언'의 의미를 지닌 것은 아닌가 생각된다. 이 현상은 고구려와 왜
사이의 교류의 '종언'과도 連動해 있기 때문에 이러한 관점에서도 고구려
불교의 영향을 생각해 보아도 좋을 것이다.

7. 왜국에서의 고구려불교의 수용과 축적

5~6세기에 체계적인 모습을 갖추는 고구려불교는 그 후 1세기(이상) 후
의 왜에 있어서 일종의 결실을 보았다. 여기에는 일정한 時差가 있었음이
인정된다.

그러나 6세기 이후의 고구려불교도 틀림없이 変化를 거쳤을 것이므로
고구려불교만을 추상적으로 歷史에서 분리시켜 왜에 대한 영향을 논하는
데에는 한계가 있다. 또한 비록 고구려불교의 영향을 살펴본다고 하더라도
그 영향의 내용이나 '변형' '차이'에는 충분한 주의가 필요하다. 무엇보다도
왜는 고구려가 아니기 때문이다.

그럼에도 불구하고 고구려불교와 왜의 관계를 추구하는 일은 허용될 것이며, 또한 그 필요성도 틀림없이 있을 것이다. 그런데 그 전제가 될 고구려불교 자체는 지금까지 충분히 이해되지 못했다. 그래서 이번 보고에서는 우선 그 고구려불교의 역사적인 특징을 남겨진 第一次文字資料의 범위에서 이해하는데 주력했다. 아울러 고구려불교의 중핵이 되는 弥勒信仰体系가 왜에 있어서 어떤 형태로든 반영되었을 가능성이 있는가 하는 점을 展望해 보았다. 그러한 의미에서는 이해의 '실마리'를 하나 제공했다고 할 수 있다. 그래서 마지막으로 앞으로 남겨진 과제에 대해 지적해 두기로 한다.

第一은 최종적으로 天智朝에 고조를 보인 고구려불교의 弥勒信仰体系('변형''차이'는 予想됨)가 어떻게 준비되고 축적되어 가는가 하는 문제이다. 이와 관련해 高句麗僧 道顯의 존재가 커다란 의미를 지닌다 하더라도 그것만을 요인으로 보는 것은 역시 비역사적인 이해일 것이다. 오히려 이미 시사해 둔 바와 같이 적어도 天智天皇의 부모인 舒明・皇極(齊明)兩 천황의 시대(7세기 중엽 전후)부터의 축적이라고 하는 국면을 중시해야만 할 것이다.

예를 들면, ①적어도 皇極朝(舒明朝일 가능성도 있음)무렵부터 高句麗 留學僧의 귀환이 두드러지기 시작하여 孝德朝에는 그들 고구려유학승(道 登 등)이나 高句麗僧(狛大法師 등)이 왜에서 樞要한 지위에 자리하게 되었다. 天智朝는 이 연장선상에서 이해할 수가 있다.

②고구려 泉蓋蘇文이 642년(皇極元年에 해당함)에 榮留王을 살해하고 쿠데타를 일으켰으며 아울러 宝藏王을 옹립하고 道敎의 수용을 촉진하기 시작했던 시기, 고구려승인 普德이 이를 꺼려 백제에 건너간 사실에 대해서는 이미 서술한 바이지만, 이와 같은 현상이 왜와 고구려 사이에서도 일어났을 가능성이 있다. 즉 고구려의 정변과 불교정책의 변경에 관련하여 고구려에서 새롭게 왜로 건너온 高句麗僧이 적지 않게 있었던 것은 아닐까 하고 상상이 된다. 그것은 일면에서는 고구려에서 탈출했다고 볼 수 있을 것이며, 다른 일면에서는 고구려의 新体制 측에서 새롭게 파견한 것이라고

도 생각할 수 있다. 前揭한 '狛大法師'나 고구려 승려 道顯 등도 그 一員
이었을 가능성이 있지 않을까.

③왜에 있어서 弥勒造像에 관한 기록상의 初見은 상기한 것처럼 舒明
10年인데, 이를 발원했던 福亮은 中臣(藤原)鎌足家에 있어서『維摩経』을
講說했다고 한다(『扶桑略記』齊明 4年條 등). 그 진위에 관해서는 검토의
여지도 있겠지만, 齊明朝에 福亮이 王家나 鎌足家와 친교를 맺고 있었던
점은 충분히 생각할 수 있다. 왜냐하면, 福亮은 孝德朝의 '十師'의 한사람
이었고 '僧正'의 지위에도 취임했다고 전해지고 있기 때문이다(法起寺塔
露盤銘 등). 만약『維摩経』의 講說이 인정된다고 한다면, 既述한 바와 같
이 賢劫千仏信仰을 동반한 弥勒上生・兜率天信仰과『維摩経』信仰 사
이에는 관련성이 있기 때문에 유의해야 할 문제인 것이다.

④舒明 12年(640)에는 당에서 신라를 경유해 귀국한 慧隱이『無量壽
経』을 처음으로 講說했다고 하며 白雉 3年(652)에도 동일한 강설이 행해
졌다고 전해진다(『일본서기』). 여기에 새롭게『無量壽経』에 관한 지식이
더해지게 되어 고구려불교의 弥勒信仰体系에 대한 이해가 증진되었을 가
능성이 있다.

⑤既述한 것처럼 白雉 4年에 僧旻이 임종할 때에 고구려계의 畵工에
의해 많은 仏菩薩이 그려졌는데, 이에 앞선 白雉 元年(650)에는 漢山口直
大口 등이 '千仏像'을 조각했다고 한다(『日本書紀』). 이는 賢劫千仏에 관
한 지식을 말해주고 있어서 弥勒上生・兜率天信仰의 환경이 정비되고 있
었음을 시사하고 있는 것이다.

⑥고구려의 畵像製作技能이나 長命・医術技能이 다양한 형태로 왜에
도입되었다는 사실은 고구려 불교의 弥勒信仰体系에 대한 이해를 구체적
으로 혹은 '변형''차이'를 동반하면서도 촉진시켜 나간 것으로 볼 수 있다.
이미 소개한 인물 이외에도 天智朝에 入唐하여 普光寺의「釋迦车尼仏跡
図」(소위「仏足跡図」)를 묘사해 가져온 것으로 여겨지는 고구려계의 渡來
人인 黃文本實을 특히 추가해 두기로 한다(『日本書紀』「藥師寺仏足石

記」등). 여기서 우리는 석가에 대한 생생한 관심의 고조를 간취할 수 있는데, 그것은 고구려계의 渡來氏族이 내포하는 弥勒信仰体系의 공헌에 기초한 것일 것이다.

결어 –'歲在'표기의 과제–

각설하고 第二는 지금까지 특별하게 언급되지 않았던 문제인데, 실은 앞에 게시한 고구려 第一次文字資料의 표기에는 두드러진 특징이 인정된다. 그것은 年紀의 표기에 있어서 '歲在'가 기본적으로 공통해서 사용되고 있는 점이다.

다만 이에 관해서는 약간의 설명이 필요하다. 우선, '永康七年'이라는 弥勒造像銘의 경우 지금까지의 釋文에서는 '歲次'로 읽혀지고 있는데 이것은 '歲在'로 정정해야 할 것이다. 다음으로 '景四年在辛卯'의 無量壽造像銘은 '歲在'라 쓰여 있지는 않으나 이 경우는 '歲在'의 변형으로 이해해도 좋을 것이다. 마지막으로 '表刹五層'의 金銅版銘인데 이것은 확실히 '歲次'로 읽을 수 있기 때문에 例外라 할 수 있다. 이 경우 왜 '歲次'로 되어있는가 하는 점은 역으로 문제이지만, 이 1例를 제외하고 언급한 다른 자료는 전부 '歲在'型이라는 획일적인 특징이 보인다.

고구려의 경우, 이들 이외에도 廣開土王碑文(414年) 등에 '歲在'표기가 산견되고 있어서 일찍부터 '歲在'型이 등장한다. 이러한 경향은 우선 신라에서는 보이지 않는다. 예를 들면, 眞興王巡狩碑 가운데 磨雲嶺碑(568年)에는 '歲次'로 표기되어 있는데 원래 이러한 '歲次'표기 자체도 드문 경우이다. 다만 신라의 경우, 甘山寺 阿弥陀如來造像記(720年)에 '歲在'표기가 보이고 있으며 이후 9세기에는 唐年号를 사용한 금석문에 '歲在'표기가 드물게 등장한다. 그러나 삼국시대에는 역시 신라에서 '歲在'表記를 찾기는 곤란하다.

백제의 경우는 약간의 사례이긴 하나 '歲在'표기가 보인다. 그 이른 시기의 例는 昌王銘石造舍利龕(567年)이다. 그 후 백제유민의 發願·製作이 아닌가 하고 이해되고 있는 癸酉銘三尊千仏碑像(673年)에 역시 '歲在'표기가 보이고 있다. 따라서 백제에서는 '歲在'표기가 채용되고 있었다고 할 수 있는데, 고구려와의 관계 혹은 고구려의 영향을 추측할 수가 있을 것이다. 그러나 고구려에 비해 백제의 '歲在'표기는 압도적으로 그 수가 적은 것이다.

그래서 倭(日本)의 第一次資料(특히 초기의 금석문 등)에 나타난 '歲在'表記와 대응시켜 보기로 하자. 우선, 事例로서는 '歲次'의 경우가 많고, 그러한 표기 자체를 취하지 않는 경우도 산견한다. 그러나 극히 드문 경우이기는 하지만「歲在」표기를 취하고 있는 예가 존재하고 있다.

그것은 ①伊予溫湯碑의 '法興六年十月歲在丙辰', ②天壽國繡帳銘의 '歲在辛巳十二月廿一日入', 그리고 금석문은 아니나 ③個人藏『大般若波羅蜜多経』卷361 跋語의 '神龜二年歲在乙丑八月十三日'의 경우이다.

管見에 있어서 倭(日本)의 '歲在'표기는 매우 적고 오히려 예외적이라고 말하는 것이 좋을 것이다. 따라서 이 例外性은 당해자료의 성격을 認定하는 유력한 실마리가 될 수 있을 것으로 생각된다. 즉 제1차적으로는 고구려문화와의 밀접한 관련성을, 제2차적으로는 백제문화와의 관련을 우선 상정할 수가 있을 것이다.

이상의 3例 가운데 ③의 경우는 倭(日本)에 있어서 상당히 특이한 표현('景中(申일까)''仙駕速進蓮場')이 보이기 때문에 고구려에서 온 渡來人이나 백제에서 온 渡來人이 이 寫経에 직접 관여했을 가능성을 시사하고 있을 것이다. 다음으로 ①과 ②에는 공통성이 있다. 그것은 그 어느 쪽도 廐戶皇子와 관련한 자료라는 점, 실제의 成立年紀가 모두 불명확하다는 점, 어느 경우에 있어서도 고구려와의 관련성이 보인다는 점 등이다. 특히 마지막 공통점에 대해서는 ①이 "我法王大王, 与惠慈法師及葛城臣, 逍遙夷与村"라 쓰여 있고 ②가 '高麗加西溢' 등에 의해 제작되었다고 하고 있어서 두 경우 모두 고구려인의 직접적인 관여를 엿볼 수 있을 것이다.

그러나 여기서 주의하고 싶은 것은 우선 ②와 거의 동시기(廐戶皇子의 죽음)에 만들어졌다고 말해지는 法隆寺金堂釋迦三尊像銘에는 '歲次'표기가 채용되고 있어서 실은 양자의 제작환경 내지 제작문화에는 명확한 차이가 인정된다고 하는 점이다. 즉 ②의 天壽國繡帳에는 고구려불교문화의 색채가 농후하고 法隆寺金堂釋迦三尊像에는 고구려불교문화의 색채가 없거나 매우 약하다고 하는 것이다. 그리고 ①의 伊予溫湯碑와 ②의 天壽國繡帳이 모두 고구려불교문화(弥勒信仰体系)의 영향 하에 있다는 점을 다시 한번 상정할 수 있을 것이다.

다음으로 이상을 전제로 한다면 ②에 보이는 '天壽國'의 세계가 다시 문제가 된다. 즉 고구려의 弥勒信仰体系를 무시해서 그 '天壽國'을 이해하는 것은 이미 불가능할 것이다. 이 점은 또한 ②의 경우뿐만이 아니라 ①도 포함하여 그 실제의 성립시기를 추구하는 데 있어서 하나의 방도를 제공해 줄 것임에 틀림없다.

이러한 점들은 倭(日本)의 역사와 문화에 있어서 매우 중요한 문제이다. 지금은 視点만을 제시하고 구체적인 검토는 금후의 과제로 삼고자 한다.

참고문헌

① 大村西崖,『中國美術史彫塑篇』(國書刊行會, 1980年 復刊. 1917年 原版)
② 熊谷宣夫,「甲寅銘王延孫造光背考」(『美術研究』209, 1960年)
③ 佐伯有淸,『古代東アジア金石文論考』(吉川弘文館, 1995年)
④ 新川登龜男,「白村江の戰いと古代の東アジア」(『百濟文化研究叢書』2, 公州大學校百濟文化研究所, 2004年)
⑤ 新川登龜男,「造像銘と緣起」(平川南ほか編,『文字と古代日本』4 神仏と文字, 吉川弘文館, 2005年)
⑥ 田村圓澄,『日本仏敎史』1－飛鳥時代(法藏館, 1982年)
⑦ 田村圓澄・黃壽永 編,『半跏思惟像の研究』(吉川弘文館, 1985年)
⑧ 中國歷史博物館 외 編,『山東靑州龍興寺出土仏敎石刻造像精品』(北京, 1999年)
⑨ 塚本善隆,『支那仏敎史研究－北魏篇』(淸水弘文堂書房, 1969年 復刊. 1942年 原版)
⑩ 水野淸一・長廣敏雄『龍門石窟の研究－河南洛陽』(同朋舍, 1980年 復刊. 1941年 原版)

특히 본 보고에서는 언급하지 않았으나 전반적으로 참고했던 문헌으로서 黃壽永 編著,『韓國金石遺文』(一志社, 1994年版)을 부기해 두고자 한다.

(번역: 나행주)

토론문 : 김영미(이화여대 사학과 교수)

新川登龜男교수님의 논문은 고구려 불교의 특징을 미륵신앙을 중심으로 이해하고, 그것이 倭 불교에 미친 영향을 파악하고 있습니다. 고구려의 신앙사례를 모두 미륵신앙과 연결시켜 석가문불제자라고 칭한 경우도 석가ー미륵의 계보와 관련하여 이해하고, 무량수불의 극락은 미륵이 하생하기를 기다리는 곳으로 이해되고 있습니다. 따라서 석가신앙, 현겁천불신앙, 무량수불신앙이 모두 석가ー미륵신앙의 '世代系列的' 신앙으로 이해되고, 이러한 신앙의 특징이 왜에 영향을 미쳤다는 견해를 제시하였습니다. 고구려 불교의 성격에 대해 한국학계의 연구 성과와 다른 견해를 제시한 논문이라고 생각합니다.

고구려 불교사를 연구할 때 겪는 큰 어려움은 문헌자료가 절대적으로 부족할 뿐 아니라 연호의 문제로 인해 금석문에 나타난 연도를 확정하기 어렵다는 점일 것입니다. 발표자의 논문을 읽으면서 다시 한 번 이러한 어려움을 절감하였습니다. 372년 공인된 이후 7세기 후반에 이르는 고구려 불교 특히 불교신앙의 성격을 규명하기 위해서는 시기별 차이 등이 규명되어야 합니다. 그러나 불상 및 광배 명문의 연도를 확정하기 어려우므로, 불교신앙의 변화를 찾아보는 데에 많은 어려움이 따르고, 연구자마다 견해의 차이가 불가피하게 된다는 점을 전제로 하고 토론을 시작하려고 합니다.

1. 왜의 고구려 불교 수용 문제

고구려 불교에서 백제와 달리 미륵상생신앙이 나타나는 점은 특징이라고 할 수 있다. 따라서 天智天皇代에 藤原謙足의 서원대로 도솔천에 왕생하기를 기원한 점, 고구려승 道顯의 관계를 생각하면 고구려 불교의 영향으로 생각할 수 있다. 그러나 발표자가 다룬 고구려 자료는 주로 5세기~6세기의 자료인데 비해, 왜의 미륵신앙 관련 자료 특히 고구려와 관계된다고 생각되는 자료는 7세기 중엽에 해당한다. 이러한 주장은 일정한 한계를 지닌다고 생각된다. 왜냐하면 6세기와 7세기 고구려 불교의 성격이 동일함이 전제되어야 하는데, 6세기 후반~7세기 초 義淵, 波若, 實法師, 印法師 등 중국에 유학한 승려들이 배출되고 불교연구가 심화된 후에도 6세기 불교와 동질성을 유지하고 있었는지의 문제가 해결되어야 한다고 생각되기 때문이다. 더구나 백제불교가 왜에 미친 영향, 7세기 전반 신라와 긴밀한 관계를 맺으며 신라불교를 도입하던 僧旻 등의 노력을 감안하면, 미륵신앙과 고구려 불교와의 관계가 지나치게 강조되고 있는 것이 아닌가 생각된다.

2. 고구려 불교의 특징 문제

'세대계열적 신앙'이라는 특징은 고구려에서만 찾아볼 수 있는 것은 아니다. 즉 중국의 경우에도 초기에는 석가불에 대한 신앙이 행해지다가 석가도 이미 入滅하였으므로 과거불로 간주되면 無佛시대의 사람들에게는 귀의할 곳이 필요해진다. 그 결과 현재 기원할 수 있는 문수보살, 아미타불, 미래불인 미륵 등이 신앙된다.

1) 이와 관련하여 발표자의 견해에서 주목되는 점은 無量壽佛의 極樂에 대한 이해이다. 즉 '경4년신묘' 명에서 무량수상을 봉안하고 미륵을 만나기를 기원한 것에 대해, 발표자는 무량수불의 세계에 태어나 무병장수하다가면 훗날 미륵하생시 제불을 만나기를 소망하는 것으로 이해하였다.

그러나 중국에서의 무량수불에 대한 신앙이 북조에서는 曇鸞(476~542)에 의해 고취되기 시작하였으며, 담란의 신앙 동기도 현세에서의 무병장수임이 감안되어야 할 것이다. 즉 塚本善隆도 지적하고 있듯이, 무량수불에 대한 신앙의 초기에는 도솔천과 극락이 구분되지 않은 채 天上의 佛菩薩곁으로 가기를 기원하는 형태였다. 즉 극락이나 도솔천이나 사후세계인 하늘나라로 간주되어 그 차이는 명확히 인식되지 않았다는 것이다. 만약 중국용문석굴의 造像銘을 근거로 한 필자의 견해가 성립하려면, 미륵과 무량수불의 조상이 비슷한 비중으로 나타나야 하겠지만, 위(북위, 동·서위)대에 조성된 불상은 미륵상이 35기, 석가상이 43기인데 비해 무량수불은 8기에 불과하다. 더구나 죽은 부모의 長命老壽를 기원한 예는 1사례에 불과하며, 生天(1) 離苦得樂(3) 등의 표현이 나타난다. 이는 극락이 天으로 이해되고 있던 것으로, 미륵이 하생하는 시기까지 기다리는 곳으로 이해되고 있는 것은 아니다. 따라서 고구려의 경우에도 무량수불의 극락과 미륵의 도솔천이 제대로 구분되지 못한 채 신앙되었던 것을 반영하는 것으로 이해하는 것이 더 타당할 듯하다.[1]

2) 덕흥리 고분(408년)의 鎭이 '석가문불제자'라고 칭한 것에 대해, <미륵하생경>의 구절을 인용하여 미륵의 제자이거나 혹은 미륵의 제자가 될 수 있다는 필연성을 설명하고 있습니다. 그러나 덕흥리 고분 단계의 불교신앙에서 석가와 미륵의 연결고리를 찾을 수 있다는 것은 지나친 감이 없지 않다. 즉 덕흥리 고분의 祈願은 고국양왕대 불교를 믿어 복을 구하라고 한 下敎와 관련시켜 이해하는 것이 더 타당하다고 생각된다. 즉 중국에서도 처음 불교를 받아들일 때 외국의 神으로 이해했던 것처럼, 고구려에서도 불교를 받아들인 초기에는 샤머니즘에서 신에게 현세이익적인 복을 구하듯이 붓다에게도 같은 성격을 기대했다고 보이기 때문이다. 이는 백제에서도 아신왕이 같은 내용의 하교를 내린 것에서도 이해할 수 있다. 따라서 석가문

---

1) 중국의 경우, 태화23년(499) 비구승이 조상한 불상 명문에는 미륵석상을 조상하여 '西方 無量壽佛國 龍華樹下 三會說法'시 태어나고, 내려와서는 인간 侯王으로 태어나기를 기원하고 있다(『五, 六世紀 北方民衆佛教信仰』, 182쪽).

불이라는 표현은 미륵경전에서 유래를 찾기보다 북조에서 사용되던 용어로
이해하는 것이 좋을 듯하다.

六세기 후반 倭의 高句麗 인식

-『日本書紀』기사 분석을 중심으로-

金善民

(숙명여대 일본학과 교수)

1. 머리말

고구려와 倭는 줄곧 적대관계에 있었다. 이것이 변화를 보이게 되는 것은 6세기 후반이다. 加耶의 멸망(562)과 隋에 의한 중국의 통일(589)이라는 6세기 후반 東아시아 세계의 큰 변혁 속에서, 高句麗와 倭는 본격적인 교류를 시작하였다.

광개토왕 비문에 散見되는 백제와 연합하여 고구려에 대항하는 倭의 모습, 478년 倭王武의 宋에 보낸 上表文에 기록되어 있는 고구려의 無道를 규탄하면서 고구려와의 전투가 숙원이라는 적대의식처럼 양국의 관계는 백제를 매개로 한 간접적이고 적대적 긴장관계에 있었다. 한편 양국의 관계개선은 결과적으로 동아시아 정세의 근본적인 변화를 초래했다. 왜냐하면 4세기 중엽이후 한반도 중부에서 고구려와 백제의 격렬한 대립이후 구축된 北朝와 고구려의 관계, 南朝와 백제·倭의 관계라는 한반도 외교의 두 개의 축이 무너지는 것을 의미하기 때문이다.[1] 다시 말하면 고구려와 倭가 서로 通交하는 것에 의해서 백제와 고구려의 대립을 축으로 하는 대중국외교의 축이 의미를 상실하기 때문이다. 이처럼 양국의 외교관계의 수립은 동아시아 삼국의 관계가 새로운 국면에 접어들었다는 것을 알리는 중요한 의미를 갖는다. 그리고 이 같은 관계는 7세기 후반의 동아시아 질서의 재편을 초래하는 중요한 요소가 된다.

하지만 기존 연구에서는 6세기 후반 갑자기 양국이 교류를 시작하는 배경과 그 실태 그리고 양국의 관계개선이 당시 동아시아 세계에 미친 영향 등에 대해서는 구체적이고 종합적인 검토가 이루어지고 있지 않다.

그 근본적인 원인은 양국의 관계를 알 수 있는 사료가 고대일본 사료인 『日本書紀』에 집중되어 있고『三國史記』등의 한반도 사료에는 이와 같은 내용이 전혀 기록되어 있지 않기 때문이다. 그래서 기존의 연구도 일본학계를 중심으로 진행되어 왔고,[2] 상대적으로 국내학계의 연구는 거의 전무하다고 할 수 있다.[3] 게다가 일본학계의 기존의 연구도 다음과 같은 문제점을 내포하고 있다.

첫째 연구가 양국의 통교의 성립배경에만 집중되어 있다는 것이다. 그것도 隋에 의한 중국통일 후 새롭게 전개되는 倭와 隋의 외교의 성격과 의미를 규명하기 위한 부차적인 문제로 취급되고 있다는 인상을 지울 수 없다.

---

1) 李成市,『古代 東アジアの 民族と國家』, 岩波書店, 1998년, 291쪽.
2) 西嶋定生,「6-8世紀の東アジア」『岩波講座 日本歷史』二, 岩波書店, 1962년 ; 栗原朋信,「上代の對外 關係」『對外關係史』, 山川出版社, 1978, ; 井上秀雄,「『日本書紀』의 고구려관」『日本學研究』8·9집, 동국대 일본학연구소, 1989년 ; 李成市,「高句麗と日隋外交-いわゆる國書問題に關する-─試論─」『思想』795號, 1990년 등이 있음.
3) 李弘稙,『韓國古代史研究』, 新丘文化社, 1971년 ; 崔在錫,「『日本書紀』에 나타난 고구려 기사에 대하여」『사학연구』58·59합집, 1999년.

다시 말하면 고구려가 중국의 분열상황에서 隋의 통일에 대한 움직임을 경
계하여 倭에 적극적으로 접근하려 했다는 것이다. 한편 倭는 加耶의 멸망
이후 상실된 한반도 남부에 대한 영향력을 고구려와의 외교관계를 통해 유
지하려고 했다는 것이다. 이 같은 시각의 基底에는 "日出處의 天子가 日
沒處의 天子에게 書를 보낸다"[4] 로 상징되듯이 倭와 隋의 외교의 성격을
대등외교로 규정하는 것으로, 일본고대국가의 새로운 발전양상과 여기에
종속하는 한반도제국의 모습이 클로즈업되어 양자가 대비적으로 나타나게
하려는 의도가 깔려있다고 보여진다.[5]

둘째는 고구려의 국가적 성격과 동아시아 세계에서의 전통적 위상을 고
려하지 않고 『日本書紀』에 기록된 백제와 倭, 신라와 倭의 관계를 그대로
고구려 문제에도 적용시키고 있다. 그 결과 양국의 외교관계 속에서 倭가
항상 주도권을 쥐고 고구려는 倭에 이끌려 다니는 종속적인 존재로 인식되
고 있다. 다시 말하면 『日本書紀』의 한반도제국에 대한 인식所謂 '「蕃國
觀」' 을 그대로 사실로 인정하고 게다가 이 같은 시각을 고구려에게도 적
용시키고 있다. 이럴 경우에는 고구려의 倭에 대한 능동적이고 적극적인 자
세 내지 倭와의 외교를 통해 얻어지는 전략적 효과가 전혀 고려될 수 없다.

이상과 같은 연구사상의 문제점을 인식하면서 본고에서는 양국의 관계사
에 있어서 가장 기초적이라고 할 수 있는 『日本書紀』의 양국관계기사에
대해서 전면적으로 재검토해보려고 한다. 아울러 이 같은 작업을 통하여 倭
의 고구려 인식에 대해 살펴보기로 한다.

2. 동아시아에서 6세기 후반의 의미

먼저 고구려와 倭의 통교의 배경으로서 6세기 중후반의 동아시아 각국의

---

4) 『隋書』「倭國伝」.
5) 李成市, 앞의 책, 291쪽.

동향에 대하여 잠깐 살펴보기로 하자.

6세기 중후반 동아시아에는 국제적 긴장이 조성되고 있었다. 먼저 한반도에서는 신라가 한강유역 전체를 점유하여 한반도 중앙에 진출하였고, 마침내 562년 加耶를 멸망시켰다. 이것은 신라로 하여금 고구려와 백제를 모두 적대관계에 두게 하였다. 이제는 4세기 중엽이후 적대관계에 있었던 고구려와 백제가 동맹하여 신라를 공격하는 사태가 벌어지게 되었다. 이러한 상황 속에서 신라는 580년대에 들어서 중앙 官司制의 정비를 통해 지배체제를 강화하고, 軍管區的 조직망에 의한 지방통치체제의 확립과 군사력의 강화를 이룩하여 이 같은 상황을 극복하려고 노력했다.[6] 한편 중국에서는 오랫동안 지속되어온 남북조시대가 隋에 의해서 종식되고 마침내 통일을 보게 된다. 그러나 북방의 초원지대에서는 突厥의 신흥세력이 일어나 隋를 위협하고 있었다. 이 같은 변화는 모두 동아시아 세계의 근본적인 틀을 변화시키는 중대한 의미를 가지고 있다.

한반도의 경우 신라가 加耶를 멸망시킨 것은 약 100년 뒤인 660년, 668년에 이어지는 백제, 고구려의 멸망의 도화선이 되었다고 할 수 있다. 결과적으로 加耶의 멸망은 동아시아 세계의 재편을 알리는 신호탄이었다. 이러한 관점에서 고구려와 倭의 입장을 이해할 필요가 있다고 생각한다.

특히 고구려는 6세기 이후 급성장한 신라의 위협에 국력을 집중해야하는 필요성을 절실히 느꼈고[7] 중국의 정세 변화에도 대비해야 하는 이중의 부담이 가중되었다고 생각된다. 그리고 이러한 양상은 당연히 고구려의 내정에도 심각한 영향을 미쳤던 것으로 보인다. 그 점을 단적으로 보여주는 것이 예컨대 장안성의 축조가 아닐까 한다.

당시 고구려는 평양에 새로운 수도를 건설하려는 계획을 가지고 공사를 진행 중이었다. 이른바 장안성의 축조이다.[8] 장안성의 축조는 552년부터

---

6) 山尾幸久, 『古代의 朝日關係』, 塙書房, 1988년, 311쪽.
7) 신라의 이러한 영토 확대는 가야제국을 제외하면 전 지역이 고구려와 대치하는 결과를 초래했다. 이 같은 상황 속에서 한반도 남부의 고구려의 경계는 신라와 직접적으로 국경이 맞닿아 군사적 대 치관계가 형성된다.

593년에 이르는 42년간에 걸쳐 조영되었다. 여기서 주목되는 것은 장안성의 구조상의 특질이 전통적인 왕도구성양식인 平城과 山城을 두는 이중구조에서 벗어나 이들을 하나로 일치시킨 구조를 채택했다는 점이다. 이것은 당시 기능적으로 강고한 방비체제의 필요성이 있었기 때문으로 고구려는 신라 혹은 중국과의 군사적 항쟁을 대비하는 목적으로 새로운 요새도시의 건조라는 방위체제의 강화를 서두를 수밖에 없었다.[9] 이 같은 새로운 수도의 건설은 정국의 전환을 모색하는 일환으로 계획되었고, 조영의 착수 시점이 한반도 중부지역의 상실과 거의 시기를 같이하고 있는 것이 주목된다. 이것은 6세기 신라에 의한 고구려영역의 침식에 따른 군사적 대치와 560년대에 시작되는 신라와 北朝의 北齊, 南朝의 陳과의 외교에서 초래된 위협으로부터 대처하기 위함이라는 지적이 있으나.[10] 중국의 정세 변화에 따른 대비책이었을 가능성도 충분히 고려되어야 한다. 왜냐하면 결과적으로 이러한 새로운 수도의 조영은 7세기 초에 있었던 隋의 3차에 걸친 고구려 침입 때 효과를 발휘했기 때문이다. 이런 점에서 장안성의 축조는 당시 고구려가 안고 있던 이중적 고뇌의 산물이었다고 평가할 수 있을 것이다.

한편 신라의 대두는 倭에게도 큰 의미를 지니고 있었다. 倭는 加羅의 멸망으로 한반도와의 관계거점을 잃게 되는 큰 충격이 이어졌고. 지속적으로 유지 되었던 친백제 정책도 재고해야만 했다. 이것은 倭의 존립기반에 크나큰 영향을 미치는 중요한 의미를 갖는다. 전통적으로 倭는 한반도가 삼국으로 정립되어 있었던 상황 속에서 한반도 문제에 개입하므로서 그 대가로 대륙의 선진문화, 문물을 원활하게 공급받고 있었다. 그리고 倭는 이러한 대륙문화를 독점하는 것에 의해서, 대외적으로는 한반도와 대등한 위치를 가지고, 대내적으로는 정권의 우월성과 권위를 지방호족들에게 과시하여 정권의 항구적인 안정을 유지하려고 했었다. 따라서 倭의 한반도정책의 기

---

8) 『三國史記』高句麗本紀 平原王 28년條에 長安城으로 천도했다는 기록이 보인다.
9) 田中俊明,「高句麗長安城の位置とその遷都の有無」『史林』67-4, 1984년.
10) 李成市, 앞의 책, 292쪽.

본 목적은 대륙의 선진문화, 문물을 수입하는 것에 있었다고 해도 과언은
아니다.[11] 결과적으로 倭는 加耶의 멸망으로 대륙의 문화를 수입하는 유력
한 창구를 잃게 된 셈이다. 이 점은 고구려와의 외교관계를 검토할 때에도
중요하게 염두에 두어야 할 점이다.

　위에서 언급한 바와 같이 6세기 중후반의 동아시아는 한반도뿐 만 아니라
중국 대륙에서도 격심한 정치적 변동이 일어나고 있었다. 따라서 거시적으
로 보면 6세기 후반 고구려와 倭가 통교를 개시하게 된 배후에는 위와 같
은 국제적 환경이 자리하고 있었다. 다만 한 가지 주의할 점은 양국이 통교
를 한다고 하여 그것이 곧장 우호관계의 성립을 의미하지는 않는다는 것이
다. 여기에 6세기 후반의 역사적 의의가 있다.

3. 高句麗使의 漂着 －欽明紀의 분석

　『日本書紀』에 기술되어 있는 많은 한반도 관계기사 중에서 고구려관계
기사는 백제, 신라에 비해 상대적으로 빈약하다. 다만 應神・仁德天皇紀에
보이는 고구려사신의 渡日기사는 고대 일본의 지배층이 고구려를 어떻게
인식하고 있었는가를 엿 볼 수 있어 주목된다.[12] 이들 기사의 내용은 설화
적인 부분이 많아 모두 사실을 전하고 있지는 않다. 하지만 倭가 高句麗을
어떻게 인식하고 있었는지를 이해하는데 중요한 실마리를 제공해 준다. 특
히 「高麗王敎日本國」이라는 대목은 주목된다. 이것은 당시 고구려가 倭를
下位로 인식하고 있었다는 것을 단적으로 보여준다고 하겠다. 이에 대해

---

11) 拙稿, 「日本古代國家와 百濟樂」『日本歷史研究』16집, 2002년.
12) 『日本書紀』應神 28年・9月條. "高句麗王仁遺使朝貢. 因以上表德. 其表
　　曰, 高句麗王敎日本國也. 時太子兎道稚郞子讀其表, 怒之責高麗之使, 以
　　表狀無禮, 則破表之.」. 仁德12年秋7月辛未朔癸酉條「高麗國貢鐵盾・鐵的"
　　; 同8月 庚寅朔 己酉條. "饗高麗客於朝. 是日, 集群臣及百寮, 令高麗所 獻
　　鐵盾・的. 諸人不得射通的. 唯的臣祖盾人宿彌, 射鐵的通的焉.(下略)"

太子였던 兎道稚郎子가 不快함을 나타냈다는 것은 6세기 후반 고구려와
倭의 관계를 검토할 경우에도 시사하는 바가 크다고 하겠다. 그리고 고구려
사신이 가지고 물건 중에 鐵的과 같은 무기류가 포함되어 있었고, 이들 무
기의 사용법을 당시 倭에서 아는 사람이 드물었다는 것은 고구려의 군사력
이 倭에 강한 인상으로 남아 있었다는 것을 반증한다고 하겠다. 적어도 이
같은 내용으로 짐작해보면 당시 倭의 고구려에 대한 인식은 백제, 신라와
차별된 것이었다고 추측해 볼 수 있다.

　그럼 위에서 언급한 6세기 후반의 고구려와 왜의 관계에 천착하기 위해,
관련 사료를 검토해 보자. 고구려와 倭의 공적인 교류를 생각할 때 주목되
는 것은 欽明31年(570)부터 敏達2年(573)까지의 일련의 기사이다. 이 기사
들은 비교적 상세하게 기술되어 있으나 내용상으로는 의미가 불분명한 부
분이 많아 면밀한 검토를 필요로 한다.

　　　사료(1) 欽明 31年 4月條
　　　幸泊瀨柴籬宮. 越人江渟臣裙代, 詣京奏曰, 高麗使人. 辛苦風浪, 迷
　　失浦津, 任水漂流. 忽到着岸. 郡司隱匿, 故臣顯奏. 詔曰, 朕承帝業, 若
　　干年, 高麗迷路, 始到越岸. 雖苦漂溺. 尙全性命. 豈非徽猷廣被, 至德魏
　　魏, 仁化傍通, 洪思蕩湯者哉. 有司, 宜於山成國相樂郡, 起館淨治, 厚相
　　資養

　　　사료(2) 欽明 31年 5月條
　　　遣膳臣傾子於越, 饗高麗使. 大使審知膳臣是皇華使. 乃謂道君曰, 汝
　　非天皇, 果如我疑. 汝旣伏拜膳臣. 倍復足知百姓, 而前詐余, 取調入己.
　　宜遠還之. 莫煩飾語. 膳臣聞之, 使人探索其調, 具爲與之, 還京復命

　　　사료(3) 欽明 31年 7月 是月條
　　　是月. 遣許勢臣猿與吉士赤鳩, 發自難波津, 控引船於狹狹波山, 而裝
　　飾船, 乃往迎於近江北山. 遂引入山背高威館, 則遣東漢坂上直子麻呂・
　　錦部首大石・以爲守護. 更饗高麗使者於相樂館

　　　사료(4) 敏達 元年 5月 壬寅朔條

天皇問皇子與大臣曰, 高麗使人, 今何在, 大臣奉對曰, 在於相樂館.
天皇聞之, 傷惻極甚, 愀然而歎曰, 悲哉, 此使人等, 名旣奏聞於先考天皇
矣. 乃遺群臣相樂館, 檢錄所獻調物, 令送京師

사료(5) 敏達 元年 5月 丙辰條
天皇, 執高麗表疏, 授於大臣. 召聚諸史, 令讀解之. 是時, 諸史, 於三
日內, 皆不能讀. 爰有船史祖王辰爾, 能奉讀釋. 由是, 天皇與大臣俱爲讀
美曰, 勤乎辰爾. 懿哉辰爾. 汝若不愛於學, 誰能讀解. 宜從今始, 近侍殿
中. 旣而, 詔東西諸史曰, 汝等所習之業, 何故不就. 汝等雖衆, 不及辰爾.
又高麗上表疏, 書于烏羽. 字隨羽黑, 旣無識者. 辰爾乃蒸羽於飯氣, 以帛
印羽, 悉寫其字. 朝廷悉異之.

사료(6) 敏達 元年 6月條
高麗大使謂副使等曰, 磯城嶋天皇時, 汝等違吾所議, 被斯於他, 妄分
國調, 輒與徵者. 豈非汝等過與, 其若我國王聞, 必誅汝等. 副使等自相謂
之曰, 若吾等至國時, 大使顯遒吾過, 是不祥事也. 思欲偸殺而斷其口. 是
夕, 謀泄. 大使知之, 裝束衣帶, 獨自潛行. 立館中庭, 不知所計. 時有賊
一人, 以杖出來, 打大使頭而退, 次有賊一人, 直向大使, 打頭與手而退,
大使尙嘿然立地, 而拭面血, 更有賊一人, 執刀急來, 刺大使腹而退, 是
時, 大使恐伏地拜, 後有賊一人, 旣殺而去, 明旦, 領客東漢坂上直子麻呂
等, 推問其由, 副使等乃作矯詐曰, 天皇賜妻於大使, 大使違勅不受, 無禮
玆甚, 是以, 臣等爲天皇殺焉, 有司以禮收葬.

먼저 사료(1)에서 보면, 570년 越國人 江淳臣裙代(에누노오미모시로)가
都京에 와서 아뢰기를, 고구려 사신이 표류 중에 이곳 해안에 표착했는데
郡司가 몰래 숨겨 주었다는 것이다. 이에 천황이 안타깝게 생각하여 山城
國 相樂郡에 客館을 세워 깨끗이 정돈하고 후한 재물로 고구려 사신을 돌
보라고 하였다는 것이다.

越國은 현재 石川·富山·新潟縣에 해당하는 지역이다. 또한 江淳臣
은 加賀國의 지명에서 나온 姓으로 江淳 혹은 江沼에서 유래한 것이다.[13]
『類聚三代格』弘仁14年(823) 2月條에 太政官이 <割越前國江沼加賀二

---

13) 日本古典文學大系, 『日本書紀』下, 岩波書店, 1998년.

郡爲加賀國>의 건을 奏하고 있는 것을 보면 江渟는 加賀國의 郡으로 지금의 石川縣에 해당한다. 따라서 고구려 사신이 표착한 곳은 지금의 石川縣의 어느 해안이었다고 추정된다. 아울러서 江渟臣은 『國朝本記』에 <江渟國造>라고 되어 있어 加賀國의 지방호족으로 추정된다.[14]

여기서 문제가 되는 것은 郡司가 고구려 사신을 은닉한 이유와 江渟臣 裙代는 이것을 왜 천황에게 알렸을까 하는 점이다. 기존의 연구에서는 외국에서 처음 온 사신에게 지방의 호족이 국왕행세를 했다는 설화가 崇神·垂仁紀에 걸친 任那國王子 蘇那曷叱智의 설화에도 등장하는 예를 들어서 고구려와 倭의 교류의 시작을 암시하는 설화적 내용으로 이해하고 있지만,[15] 고구려 사신의 漂着을 둘러싼 문제는 여기서 그치지 않고 뒤에도 계속 언급되고 있는 것으로 보아 검토를 필요로 한다.

石川縣 能登에는 7세기 후반으로 추정되는 방형봉토를 가진 蝦夷穴고분이 존재한다. 이 고분의 매장시설로 2기의 횡혈식 석실이 존재하는데 이것은 고구려고분에서도 보이는 하나의 봉토 안에 2기의 횡혈식 석실로 조영된 것과 일치한다는 점, 아울러 횡혈식 석실의 천장과 고분의 축조 방법이 고구려식과 유사하다는 것으로 고구려와의 관련성이 주목받고 있다.[16] 물론 고구려와 越國 사이의 교류에 대한 문헌사료가 전혀 남아있지 않아 단정할 수는 없지만, 越國은 고구려와 바다를 함께하고 있기 때문에 이전부터 지역차원 내지는 민간차원에서의 교류가 있었을 개연성은 충분하다고 하겠다. 또한 내용으로 보아 郡司와 國造간의 갈등과 암투가 존재했던 점으로 추측해 보면 이 내용은 당시 倭王權의 영향력이 지방에 완전하게 침투하지 못했다는 것을 역설적으로 표현하고 있다고 생각된다. 한편으로는 한반도와의 교류를 통해 수입되는 대륙문화의 수입 창구가 지방에서 중앙에서 이전되는 과정에서 발생한 불상사라고 이해해도 무방할 것이다. 즉 지

---

14) 『新撰姓氏錄』大和國 皇別. "江沼臣石川同氏, 建內宿彌男若子宿彌之孫"이라고 되어 있다.
15) 李弘稙, 앞의 책, 179쪽.
16) 蝦夷穴古齒國際シンポジウム實行委員會編, 『古代東アジア』, 1992년.

방과의 교류가 국가형태의 교류로 전환하고 있다는 것을 암시하고 있는지
모른다.

이같이 표류해 온 고구려 사신에 대한 倭의 예우는 파격적일 만큼 예외
적이라고 할 수 있다. 예컨대 山城國 相樂郡에 새롭게 客館을 만들고,『日
本書紀』는 장중한 천황의 勅을 붙여 기술하므로서 이 사건이 중대사건이
란 인상을 강하게 풍기고 있다. 또한 勅의 내용을 보면 <仁化傍通>, <洪
思蕩湯>, <至德魏魏> 등의 詩傳, 吳志 등의 고전에서 원용하여 王威를
장엄하게 드러내고 있다.[17] 이것은 倭와 백제, 신라와의 외교 기사에서는
찾아볼 수 없는 예외적인 것으로, 그만큼 倭가 고구려를 특별하게 의식한
결과라고 추측된다. 즉 倭가 백제, 신라와는 다른 別格으로 고구려를 인식
하고 있었다는 것을 반증한다고 할 수 있다.

한편 고구려 사신을 위해 새롭게 건립된 相樂館은 지금의 京都府 相樂
郡 山城町 上泊 근처라고 추정되고 있다.[18] 上泊에는 7세기 초 건립된 高
麗寺跡이 있어, 발굴조사에 의해 法起寺式의 伽藍配置를 가지고, 기와로
쌓은 기단이 발굴되었다. 이와 같이 이 부근에는 고구려관계 유적이 많이
남아 있어 相樂館도 부근에 있었을 가능성이 크다. 아울러 고구려 사신이
거친 北陸地方에서 近江의 琵琶湖의 서쪽지역을 거쳐 大和의 飛鳥에 이
르는 루트는 고구려계 도래인이 많이 살던 지역으로[19] 고구려가 주로 이
루트를 사용했다는 것을 알 수 있다.

한편 사료(2)에 의하면 고구려 사신의 표착이 都京에 알려지자 倭는 膳
臣傾子를 현지에 파견하여 고구려의 大使에게 향연을 베풀었는데, 고구려
의 大使가 비로소 膳臣이 王使임을 살피고 道君(郡司)에게 자기를 속여서
調物을 빼앗은 것을 빨리 내놓으라고 강박하였다. 그래서 膳臣은 이것을
듣고 사람을 시켜서 그 調를 탐색하여 도로 고구려 사신에게 되돌려 주고

---

17) 李弘稙, 앞의 책, 175쪽.
18) 和田萃,「船氏の人々─渡來した人たちがはたした役割」『ものがたり日
    本列島に生きた人たち3文書と記錄』, 2003년.
19) 和田萃, 앞의 책.

都京으로 돌아왔다는 것이다.

한편 사료(3)에서는, 이후 중앙에서 파견한 膳臣이 복명한 후 한 달이 지나서야 고구려 사신은 겨우 近江에 도착했다고 한다. 倭는 고구려 사신의 영접을 위해 許勢臣猿과 吉士赤鳩을 파견한다. 難波津을 출발한 節船은 近江의 北山에서 고구려 사신을 맞이하여 高威館에 영입한다. 그리고 東漢坂上直子麻呂와 錦部首大石을 守護로 삼고 다시 고구려 사신을 위해 相樂館에서 향연을 베풀었다는 것이다.

고구려 사신이 越國으로부터 1개월 이상을 걸려서 近江의 북쪽까지 도착한 것은 지연의 이유가 따로 있었다는 것을 의미한다. 이렇게 相樂館에 안치된 고구려 사신은 『日本書紀』欽明천황 32年 春 3月條에 "是月 高麗獻物幷表 未得呈奏 經歷旬占待良日"이라는 불확실한 이유로 수십 일을 기다리게 된다. 결국 고구려 사신이 일본에 도착한지 1년 만에 表文 수납이 이루어졌다. 그리고 사료(4)에 의하면 군신을 相樂館에 파견하여 所獻의 調物을 檢錄하여 京師에 보냈다는 것이다.

여기서 주목해야 할 것은 調物의 검사와 國書의 수령이 고구려 사신이 천황을 직접 만나지 않고, 客館에 군신이 파견되는 형태로 진행되었다는 것이다. 이같은 대응은 고구려에 대한 경계심을 드러낸 대응이라 생각할 수 있으나, 왕궁에 있어서의 賓禮가 성립하기 이전의 倭의 客館에서의 영접방식 때문이라는 지적이 있다.[20] 그러나 이러한 견해가 성립되기 위해서는 고구려가 倭와의 공적인 외교관계를 수립하기 위해서 사신을 파견했다는 것이 먼저 밝혀져야 한다.

사료(5)에 의하면 고구려의 表疏를 大臣에게 주어서 그것을 판독하게 했는데 모두 해독하지 못하던 가운데 王辰爾만이 해독해서 천황에게 칭찬을 받은 반면에 문서에 관한 것을 직무로 하는 東西諸史들이 질책을 받았다는 것이다. 아울러서 고구려에서 보내온 表疏가 烏羽에 墨書되어 있기 때문에 판독할 도리가 없었는데 王辰爾가 奇智를 내어 까마귀 깃을 밥을 찐

---

20) 平野卓治, 「日本古代の客舘に關する一考察」, 『國學院雜誌』 89-3, 1988년.

김을 씌어서 해독했다는 것이다 여기서 중요한 것은 表疏의 내용이지만 그
것을 알 수가 없다. 기존의 연구에서는 國書가 해독 불가능한 이유에 대해
서는 國書가 <中原高句麗碑>에 서술되어 있는 고구려 양시의 독특한 한
문으로 서술되어 있었기 때문이고, 또한 이전에 양국의 외교관계가 없었기
때문에 國書에 대한 소통이 충분하지 못했다는 지적이[21] 있다. 그러나 이
같은 견해는 고구려 사신이 목적지가 倭였다는 것이 분명해져야 성립될 수
있고 아울러 『日本書紀』의 編者가 表의 내용에 대해 일체 언급이 없는 이
유도 함께 고려되어야 한다.

사료 (6)에 의하면, 고구려 大使가 副使 등에게 道君에게 속아 함부로
고구려의 조물을 나누어 준 일을 꾸짖자, 이에 副使들이 후환이 두려워서
大使를 살해했는데, 大使 살해를 주도한 副使가 東漢坂上直子麻呂에게
大使가 천황이 사한 처를 수납하지 않은 것은 무례하기 때문에 천황을 위
해 자신들이 죽였다고 해명했다고 한다.

여기서 고구려 大使에게 천황이 妻를 下賜하였다는 것은 매우 흥미로운
대목이다, 원문의 <天皇賜妻於大使>는 천황이 여인을 내려 대사의 처로
삼게 한 것으로, 또는 천황이 자신의 처를 대사에게 하사한 것으로도 해석
할 수 있다. 어느 쪽이든 상당히 이례적인 내용이지만 개로왕이 자기 처를
동생인 昆支에게 하사한 사실에서 알 수 있듯이 당시 한·일 양국에는 자기
처를 총애하는 신하에게 하사하는 풍습이 확인된다. 아무튼 이것은 고구려
사신에 대한 倭의 극진한 환대를 표현한 것으로, 아울러 양국 간의 우호관
계 수립에 대한 倭의 기대감을 엿 볼 수 있다.[22]

이상에서 살펴본 것을 종합해보면 欽明 31年(570)부터 敏達 2年(573)까
지 고구려 사신의 漂着을 둘러싼 『日本書紀』의 일련의 기사는 다음과 같
은 특징으로 구성되어 있다.

첫째는 고구려와 倭 사이에 연속적으로 발생하는 不祥事이다. 우선 調

---

21) 李成市, 앞의 책, 292쪽.
22) 김현구 공저, 『일본서기 한국관계기사연구(Ⅱ)』, 일지사, 2003년, 326쪽.

物을 둘러싸고 사고가 발생하였고, 國書를 봉정한 후, 고구려 사신간의 살육이 뒤따르고, 이어서 倭의 送使가 고구려인을 加害한 사건이 일어난다. 게다가 성격은 다르지만 表의 해독에 있어서도 우여곡절을 겪은 끝에 해독이 가능하게 된 것이다. 이러한 불상사는 고구려와 倭의 공적인 교류가 처음이라는 것으로 치부하기에는 석연치 않은 부분이 많다.

둘째는『日本書紀』의 일련의 기사 속에서는 倭와의 외교를 적극적으로 추진하려는 고구려의 의지가 전혀 보이지 않는다는 것이다. 이러한 점은 다음 절에서 검토하게 될 敏達 3年(573) 7月 戊寅條의 기사가 상징적인 것으로 고구려사신은 천황에게 送使와 함께 敏達 2年(573) 7月에 고구려로 출발한 고구려인의 안부와 실종경위를 묻는데 그치고 있다.

셋째는 표착한 고구려사신에 대한 倭의 대우가 백제, 신라와는 차별되는 파격적인 것이라는 점이다. 이것은 倭의 고구려에 대한 인식과 고구려와의 교류가 倭에 있어서는 절박한 문제라는 것을 명시한다고 보여 진다.

이러한 특징들을 종합적으로 검토해보면 사료(1)~(6)의 일련의 기사는 고구려와 倭의 공적인 관계의 시작이라는 어떠한 근거도 명확하게 발견할 수 없다고 하겠다. 그러면 위의 특징들에 착목해서 고구려 사신의 표착기사의 내용과 의미를 재구성해보면 다음과 같다.

첫째 고구려 사신이 과연 倭와의 외교관계 수립을 목적으로 파견 되었는가 이다. 이 문제를 이해하기 위해서는 당시 고구려의 외교관계에 대해 검토해 볼 필요가 있다. 고구려는 이 시기 고구려는 빈번하게 南朝의 陳에 사신을 파견하고 있다.『隋書』와『三國史記』에 의하면 平原王 3年(561) 이후 계속해서 사신을 파견하여 平原王 4년에는 陳으로부터 冊封을 받았다.[23] 이같은 고구려와 陳의 관계는 隋의 발흥 이후에도 계속되고 있다. 특히『三國史記』에 의하면 欽明 31年부터 敏達 3년 까지, 즉 平原王 12年부터 16年에 걸쳐 빈번하게 使臣을 파견하고 있다.[24]이 기간은 고구려 사

---

23)『三國史記』高句麗本紀에 의하면 平原王 12 ,13, 14, 16년 계속해서 陳에 사신을 파견하고 있다.

24) 平原王 29년까지 계속해서 陳에 사신을 파견하고 있다.

신의 표착과 정확히 시기적으로 같다고 할 수 있다.

그렇다면 고구려 사신의 표류는 陳으로부터의 往還과정에서 발생했을 가능성도 무시할 수 없다. 해독이 어려운 鳥羽의 表가 고구려 사신으로부터 제출된 것도 이것이 倭에 보내는 정식문서가 아니었기 때문일 가능성이 크다.[25] 아울러서 調物의 검사와 國書의 수령이 고구려 사신이 천황을 직접 만나지 않고, 客館에서 군신이 파견되는 형태로 진행되었다는 것도 이러한 맥락에서 이해할 수 있다. 그렇다면 성대한 장식선과 客館을 건립하여 받아드린 고구려 사신의 渡日은 우연이라고 할 수 밖에 없다. 만약 고구려 사신의 표류는 陳으로부터의 往還과정에서 발생했다면 고구려와 倭의 관계는 陳과의 교류에서 야기된 부차적인 것이라고 할 수 있다. 적어도 고구려 측에서는 부차적인 의미를 갖고 있다고 보여진다.

둘째로 고구려 사신에게 극진한 환대를 베푼 倭의 목적은 어디에 있었을까 하는 점이다. 기존의 연구에서는 倭가 加耶 멸망 이후 백제와의 관계가 소원해진 후 加耶부흥을 위해 고구려와의 전략적 연대가 절실했기 때문으로 이해하고 있다.[26] 하지만 사료상으로 한반도에서 고구려와 倭가 공동으로 신라와 군사적으로 대치한 흔적이 전혀 보이지 않는다. 그리고 推古朝 이후 빈번한 양국의 교류관계기사는 불교와 승려가 매개가 되는 문화적인 측면이 전부라고 할 수 있다.[27]

---

25) 新川龜男,『日本古代文化史の構想』, 名著刊行會, 1994년, 111쪽.

26) 西嶋定生, 앞의 책.

27) 특히 推古 3년 歸化하여 聖德太子의 스승이 된 高麗僧 惠慈는 倭와 隋의 외교에 깊게 관여 되어 있었고, 推古18년에 일본에 처음으로 紙墨과 벼루를 전파한 曇徵·法定은 五經에 밝고, 紙墨이라는 文字와 彩色에 필수적인 도구를 전래한 것으로 보아技能者의 성격도 함께 겸비하고 있다. 倭에서의 이들의 역할은 국정의 자문 내지유력자의 자제를 교육하는 것이었다고 추측된다. 그리고 이러한 교육은 왕권이 지배체제를 강화하는데 필수적인 요소였다고 생각되어진다.

4. 高句麗使의 渡日 ―敏達紀의 분석

敏達 2年 5月에서 敏達 3年(573) 7월 걸쳐 고구려 사신의 기사는 겹쳐서 나타나고 있는데, 이것도 양국 외교의 실태를 알 수 있는 내용적인 기사보다는 사고관계 기록으로 구성되어 있다.

　사료(A) 敏達 2年(573) 5月 丙辰朔 戊辰條
　高麗使人, 泊于越海之岸, 破船溺死者衆, 朝廷猜頻迷路, 不饗放還, 乃勅吉備海部直難波, 送高麗使.

　사료(B) 敏達 2年(573) 秋 7月 乙丑朔條
　於越海岸, 難波與高麗使等相議, 以送使難波船人大島首磐日·狹丘首間狹, 令乘高麗使船, 以高麗二人, 令乘送船. 如此互乘, 以備奸志. 俱時發船, 至數里許. 送使難波, 乃恐畏波浪, 執高麗二人, 擲入於海.

　사료(C) 敏達 2年(573) 8月 甲午朔 丁未條
　送使難波, 環來復命曰, 海裏鯨魚大有, 遮齧船與檝櫂, 難波等, 恐魚吞船, 不得入海. 天皇聞之, 識其謾語, 駈使於官, 不放還國.

　사료(D) 敏達 3年(573) 7月 乙未朔 戊寅條
　高麗使人, 入京奏曰, 臣等去年相逐送使, 罷歸於國. 臣等先之臣蕃. 臣蕃卽准使人之禮, 禮饗大嶋首磐日等. 高麗國王, 別以厚禮禮之, 旣而, 送使之船, 至今未到. 故更謹遣使人幷磐日等, 請問臣使不來之意. 天皇聞, 旣數難波罪曰, 欺誑朝廷, 一也. 溺殺隣使, 二也. 以玆大罪, 不合放還, 以斷其罪.

사료(A)~(D)까지의 내용을 간단히 정리하면 다음과 같다. 즉 573년 고구려 사신이 또 越海之岸에 來泊했는데 이번에도 풍랑에 파선하여 익사자가 많았다는 것이다. 倭는 번번이 고구려 사신이 海路를 잃은 것에 의심을 품고 정식으로 接伴을 하지 않고 放還시켰다는 것이다. (A) 두 달 후 送使

吉備海部直難波와 고구려 사신 등이 서로 배를 나누어 타고 출발했는데
送使 吉備海部直難波가 파도를 두려워하여 고구려인 두 사람을 바다에
던졌다는 것이다. (B) 送使 吉備海部直難波가 돌아와서 고래가 무서워서
바다에 들어갈 수 없었다고 보고하자 천황이 거짓말인 줄 알고 죄 물었다.
(C) 이듬 해 5월 다시 고구려 사신이 도착했는데, 작년7월 入京하여 자기들
은 送使와 함께 출발하여 먼저 귀국했는데 送使의 배가 아직 도착하지 않
아서 그 이유를 듣고자 했더니 천황이 이를 듣고 다시 送使 吉備海部直難
波의 죄를 책하고 벌을 주었다는 것이다. 그런데 다음해 고구려 사신의 도
일로 인해 이 문제는 다시 부각된다, 즉 왜의 送使에 동반했던 大嶋首磐
日 등이 고구려에 도착하여 使人의 禮에 준하는 접대를 받았는데 送使의
배는 아직도 도착하지 않았으므로 다시 使人들이 귀국하지 않은 이유를 묻
자 천황이 듣고 吉備海部直難波의 죄를 책했다는 것이다. (D)

위의 사료(A)~(D)의 기사는 고구려사의 귀국과정에서 발생한 불상사와
送使의 거짓 복명 기사이다. 이 내용은 기술이 구체적이어서 신빙성이 높
으나 양국관계 성립 시 이러한 不祥事가 속출하는 것으로 보아 양국 간의
알력을 암시하는 듯하다. 고구려 사신을 살해한 吉備海部直難波는 다른
사료에서는 확인되지 않지만 吉備海部氏의 수장으로 吉備지방의 海部집
단을 관할하는 수장으로 倭에 봉사하는 氏族이다.[28] 이 같이 倭의 群臣이
외국의 사신을 살해했다는 것은 어쩌면 倭 내부에서도 고구려와의 통교에
異見을 가진 세력이 존재했다는 것을 가정해 볼 수 있다. 사료(C)에 보이는
大使殺害사건도 이러한 측면에서 이해될 수 있다. 본래의 外交目的을 달
성하지 못해 귀국한 후 받게 될 책망과 관계가 있을 개연성이 있다.

이상과 같이 재차 도일한 고구려 사신에 대한 『日本書紀』의 기술도 고
구려의 漂着의 경우와 마찬가지로 애매하게 기술되어 고구려사의 도일목적
이 무엇이었는지 알 수가 없다. 다만 주목되는 것은 倭와 백제, 신라의 경

---

28) 吉備海部直難波는 吉備에서 番上해서 대외교섭의 임무를 담당하고 있었을
   것으로 추정된다. 坂本太郎, 平野邦雄 監修, 『日本古代氏族人名辭典』참조.

우 '調'를 매개로 양국의 관계가 규정되어있지만 고구려의 경우에는 '調'가 매개되어 있지 않다는 것이다. 사료(1)의 경우에도 당초 漂流着地의 道君에게 증여한 것 같은 혼란의 문제가 있어 정식의 '調'인지 구별이 되지 않아 그 성격과 정체가 의심스럽다.[29]

5. 6세기 후반 倭의 高句麗 인식
-결론을 대신하여-

이상에서 검토한 것처럼 欽明 31年(570년) 越國에 표류한 高句麗 사신과 敏達2年(573)에 재차 渡日한 고구려 사신에 대한 『日本書紀』의 기술방식은 양국의 관계를 이해하는데 미흡한 부분이 너무 많다고 할 수 있다.

우선 欽明31年의 경우 고구려 사신이 倭와의 통교를 목적으로 파견되었다고 단정하는 것은 무리가 있다. 그 이유는 『日本書紀』의 일련의 기사를 검토한 결과, 고구려가 倭와의 외교를 적극적으로 추진하려는 자세가 전혀 보이지 않는다는 것, 고구려와 倭 사이에 연속적으로 발생하는 불상사, 그리고 해독이 어려운 鳥羽의 表가 고구려 사신으로부터 제출된 것도 이것이 倭에 보내는 정식문서가 아니었기 때문일 가능성이 크다는 것 등이다. 반면 漂着한 고구려 사신에 대한 倭의 대우는 백제, 신라와는 구별되는 파격적인 것이라는 것이 주목된다. 이것은 倭의 고구려에 대한 전통적인 인식, 그리고 당시 고구려와의 교류가 倭에 있어서는 절박한 문제라는 것을 명시한다고 보여 진다.

倭가 고구려와의 통교에 적극적이었던 것은 加耶의 부흥을 위해 고구려와 전략적 연대가 절실했기 때문이라는 對外的 요인 보다는 加耶의 멸망

---

29) 이 같은 예는 推古 26年條에도 보인다. '方物'이라는 것도 隋로부터 획득한 전리품이 대부분으로 고구려의 승리와 武威를 자랑하는 임시적인 것이라고 볼 수 있다.

으로 인해 대륙의 선진 문화를 원활하게 수입하는데 차질이 생겼기 때문이라고 이해하는 것이 타당하다. 다시 말하면 倭는 세력을 확대하는 과정에서 선진문화의 수요가 급증했다고 추측된다. 그래서 고구려를 통해 대륙의 문화를 원활하게 공급받으려는 의도가 있었다고 보여 진다. 이렇게 대륙문화를 독점하는 것에 의해서 정권의 항구적인 안정을 유지할 수 있었기 때문이다. 推古朝 이후 고구려로부터 많은 승려, 학자, 기술자가 빈번하게 渡日하는 것이 그것을 반증한다고 하겠다.

토론문 : 정효운(동의대 일문과 교수)

　본 논문은 6세기 후반의 고구려와 왜의 정치, 외교적 관계를 고찰한 것이다. 이 시기의 고구려와 왜의 관계를 동아시아적 시점에서 접근하는 관점은 최근 한일관계사 연구의 동향과 맥을 같이하는 연구 방법이라 할 수 있다. 또한 영세한『日本書紀』의 자료를 바탕으로 양국의 관계를 복원하려는 시도는 평가할 수 있는 부분이라고 생각한다. 내용에 있어서는 이 시기의 양국 외교관계의 추진에 있어서는 고구려 사신에 대한 파격적인 대우로 볼 때 왜가 더 적극적이었다고 추론하고 있으며, 그 배경에는 가야의 부흥에 있다고 보고 있다.

　문제는 이러한 논지가 설득력을 가지기 위해서는 몇 가지 점에서 증명되어져야 하는 부분이 있다고 본다. 이를 중심으로 질문을 하도록 하겠다.

　첫째, 한일관계사의 복원에 필요불가결한 사료가『日本書紀』이지만 후대 일본의 일방적인 타자의식을 바탕으로 만들어진 史像을 실체화 할 수 있겠는가 하는 점이다. 즉, 欽明・敏達條의 설화적인 기록(不祥事, 烏羽表文 등) 등을 통해 양국의 외교관계 시도로 볼 경우, 갑작스럽게 등장하는『日本書紀』欽明 23년(562) 8월조의 大伴連狹手彦의 고구려 정토 설화는 어떻게 해석해야 하는가 하는 점이다.

　둘째, 왜가 고구려와 전략적 제휴를 추진한 배경이 가야의 부흥에 있다고 보고 있는데, 이럴 경우 고구려의 국가적 利害 또는 전략적 효과는 무엇인지? 외교란 서로의 국가적 이해관계가 일치할 경우 성립되는 것이 아닌지?(1쪽 마지막, 9쪽 첫줄)

셋째, 왜의 한반도 정책의 목적이 대륙의 선진문화, 문물 수입에 있다고
보아 고구려와의 외교관계도 이와 같은 맥락에서 보고 있는데, 만약 선진
문물의 수입이 목적이라면 이 시기에 백제로부터 인적, 물적 교류가 빈번하
게 행해지고 있지 않는가? 굳이 고구려를 택한 이유가 무엇인지에 대한 설
명이 부족하다.(3쪽 하단부)

넷째, 고구려 사신의 표착을 陳으로부터의 生還과정에서 발생하였다고
추측하고 있는데, 이 경우, 고구려와 남조의 교역은 서해로의 항로가 이용
되었다고 보아지는데, 고구려가 동해의 항로를 택하여 교류하였다고 보는
것이 가능한지?(8쪽 하단부)

다섯째, 동해안을 통한 왜와 고구려의 교류를 검토하려면, 고구려에서의
왜로의 파견지 혹은 도착지 그리고 동해안에서 평양의 장안성에 이르는 루
트에 관해서는 생각해 본 적이 있는지?

여섯째, 서술에 있어 일본학계의 인식을 그대로 받아들이고 있는 듯한
느낌이 든다. "한편 왜는 가야의 멸망으로 한반도 교두보를 잃게 되는 큰
충격 …"(3쪽 상단부), "한편 왜는 가야의 멸망으로 한반도 문제에 직접 개
입하는 계기가 없어졌다. … 왜는 한반도가 삼국으로 정립되어 있었던 상황
속에서 한반도에 군사, 외교적 영향력을 행사함으로서 그 대가로 대륙의 선
진문화, 문물을 원활하게 공급받고 있었다."(3단 하단부)

일곱째, 6세기의 다양한 정치 세력에 의해 전개되는 한일관계사를 8세기
이후의 통일왕권적(율령국가적)인 시각에서 이해하고 있는 것은 아닌지? 부
언하자면, 왕권과 지방 그리고 왕권과 왕권을 연결하는 '중간자적 존재'라
든지, '한일세계'의 교통로를 장악하고 있던 해양세력의 존재 양상이라든지,
왕권과 왕권의 교류(이 경우는 고구려와 왜)에 있어서 언어(통역)의 문제에
대한 고려가 선행되어야 하지 않는지?

이상과 같은 질문은 저자의 의도를 잘못 이해한데서 오는 개인적 의문일
지 모르겠으나, 이러한 점에 대한 검토를 바탕으로 보다 충실한 논고가 작
성될 수 있었으면 하는 바램이다.

白村江 전투와 高句麗

森公章

(東洋大學 文學部 教授)

머리말
1. 동아시아의 국제정세와 왜국의 외교방책
2. 白村江戰鬪를 둘러싼 倭와 高句麗
3. 백촌강 전투 후의 양상
   맺음말을 대신하여

머리말

660年(倭 齊明6, 百濟 義慈王20, 高句麗 寶藏王19, 新羅 武烈王7) 7月, 당 신라 연합군의 공세로 백제가 멸망하였다. 백제유민들은 8월에 백제부흥운동을 각지에서 전개하였고, 왜국에 '인질'로 체재하고 있던 의자왕의 아들 풍장(豊璋)을 백제왕으로 맞아들였다. 또한 왜국으로부터 군사원조도 얻어서, 백제부흥운동은 활발하게 이루어졌다. 그러나, 백제측의 내부대립 및 작전의 실패, 당 신라의 병력증강으로, 불리한 전황에 빠져들게 되었다. 특히 663년 8월 당의 수군과 왜국군이 백촌강(백강)에서 싸워, 왜국군이 괴멸적인 패퇴를 당한 백촌강의 패전(백촌강 전투)으로 인하여, 백제부흥운동은 종지부를 찍고, 백제는 완전히 멸망하게 된다. 이는 또한 유사 이래 계속되어온 왜국과 한반도 교류의 일시중단을 의미하는 것이기도 하였다.

이 글에 주어진 과제는 이 백촌강 전투에 있어서 왜국과 고구려의 관계가 어떤지를 탐구하는 데 있다. 필자는 이미 백촌강 전투를 둘러싼 왜국의 외교정책, 왜국의 군사력의 기반이 된 국가체제의 실상, 또 백제와의 관계를 중심으로 동아시아 국제정세의 추이에도 주목하여, 전체적인 고찰을 시도해 본 바 있다.[1] 다만, 660년의 백제멸망, 그리고 백제부흥운동의 전개, 663년 백촌강의 패전에 이르는 일련의 과정에서, 왜국과 고구려의 관계를 엿볼 수 있는 기사는 극히 적다. 지금 그것들을 인용해 보면 다음과 같다.

　　a 『日本書紀』 天智称制前紀 齊明 7年(661) 7月 是月條
　　是月, 蘇將軍與突厥王子契苾加力等, 水陸二路至于高麗城下. 皇太子遷居于長津宮, 稍聽水表之軍政.

　　b 『日本書紀』 天智称制前紀(661) 12月條
　　高麗言, 惟十二月, 於高麗國寒極浿凍. 故唐軍雲車·衝輣, 鼓鉦吼然, 高麗士率膽勇雄壯. 故更取唐二壘, 唯有二塞. 亦備夜取之計, 唐兵抱膝而哭, 銳鈍力竭而不能拔. 嚙臍之恥非此而何〈釋道顯云, 言春秋之志, 正起于高麗, 而先聲百濟, 々々近侵甚, 苦急. 故爾也〉.

　　c 『日本書紀』 天智称制前紀(661) 是歲條
　　又日本救高麗軍將等, 泊于百濟加巴利濱而燃火焉. 灰変爲孔有細響, 如鳴鏑. 或曰, 高麗·百濟終亡之徵乎.

　　d 『日本書紀』 天智元年(662) 3月 是月條
　　是月, 唐人·新羅人伐高麗. 々々乞救國家. 仍遣軍將據疏留城. 由是唐人不得略其南堺, 新羅不獲輸其西壘.

　　e 『日本書紀』 天智元年(662) 4月條
　　鼠産於馬尾. 釋道顯占曰, 北國之人將附南國. 盖高麗破而屬日本乎.

　　f 『日本書紀』 天智 2年(663) 5月 癸丑朔條
　　犬上君<闕名>馳告兵事於高麗而還, 見糺解於石城. 糺解仍語福信之罪.

─────────────

1) 拙著, 『「白村江」以後』, 講談社, 1998년.

g『日本書紀』天智 2年(663) 8月 己酉條

日本諸將與百濟王不觀氣象而相謂之曰, 我等爭先, 彼応自退. 更率日
本亂伍中軍之卒進打大唐堅陣之軍. 大唐便自左右夾船繞戰. 須臾之際,
官軍敗績. 赴水溺死者衆. 艫舳不得廻旋. 朴市田來津, 仰天而, 切齒而嗔
殺數十人, 於焉戰死. 是時百濟王豊璋與數人乘船逃去高麗.

　　a∼g가 이 기간 사이에 등장하는 고구려 관계기사인데, 의외로 그 수가
많다고 생각할지도 모른다. 또한 c에는 '日本救高麗軍將等', d에는 '高麗
乞救國家. 仍遣軍將據疏留城' 등의 기록이 있어서, 백촌강 전투에 즈음한
왜국과 고구려의 관계를 탐구할 수 있는 재료가 있는 것처럼 보인다. 그러
나, b와 e에 '釋道顯'이라고 기록되어 있는 것처럼, a-f는『日本書紀』의 소
재 중 하나로, 이 시기의 대외관계를 기록한 사료인『高麗沙門道顯日本世
記』에 의거한 것으로 생각된다.[2]

　　『日本世記』는 天智 8년(669) 10월 신유조 中臣鎌足의 薨去 기사의 분
주로 인용되어 있으며,『家伝』上(大織冠伝)에 鎌足의 신령체험에 대하여
"故僧道賢云, 昔者侍衛之士, 轂鳴而請死, 節義之子, 穿地而殉, 雲鳥掩
日, 令尹以身禱之, 河神爲祟, 大夫求以牲焉, 雖後美名勿朽, 忠貞彌芳,
而與今行懸殊, 豈可同日而語哉"이라고 한 평, 鎌足의 아들 貞慧(定惠)
傳에서, 天智 4년(665) 12월 정혜가 죽었을 때 '高麗僧道賢作誄'라고 보
이기 때문에, 道顯(賢)은 665년 이전에 고구려에서 도래한 승려로, 중신겸
족과 관련을 가진 인물이며, 왜국에서『日本世記』를 저술한 것으로 추측된
다.『日本世記』에는 660년 백제멸망 당시의 모습으로부터, 백촌강전투 시
기를 중심으로 한 한반도의 동향, 특히 고구려와 왜국의 관계가 묘사되어
있다. 일본서기에 인용된 부분은 겸족의 흥거에서 끝나고 있으므로, 대개
그 사이의 사건을 정리한 기록이었던 것으로 보인다.

　　따라서 백촌강 전투를 둘러싼 왜국과 고구려의 관계에 대해서는, 668년

---

2) 日本古典文學大系,『日本書紀』上, 岩波書店, 1967년 ;「解說」,『新訂增補
　　國書逸文』, 國書刊行會, 1995年 등.

의 고구려 멸망후에(c, e에서는 고구려의 멸망이 예고되고 있다), 고구려 출신의 도현이 고구려측의 입장에 서서 기대를 담아 서술하였을 가능성이 있어서, 해당시기의 정세 전반을 검토하는 과정에서 사실을 확정해 갈 필요가 있다고 생각된다. 그래서 이 글에서는 김선민씨의 발표 「6세기 후반 고구려와 왜」, 김사숙씨의 발표 「보덕국의 대외외교와 그 성격」의 간격을 메우는 형식으로, 백촌강 전투에 이른 7세기의 동아시아정세를 고찰하는 동시에, 백촌강 전투를 둘러싼 왜, 백제, 고구려의 관계, 백촌 강전투 후, 668년 고구려 멸망에 이르기까지 왜국과 고구려의 통교 등을 검토하여, 조금이라도 주어진 과제에 답하고자 한다.

1. 동아시아의 국제정세와 왜국의 외교방책

여기서는 먼저 6세기 말의 수에 의한 중국통일부터 당의 흥기를 거쳐, 7세기 후반의 동아시아 동란에 이른 국제정세를 개관하고, 한반도의 삼국 및 왜국의 외교방책을 구체적으로 정리해보고자 한다. 663년 백촌강 전투와 668년의 고구려 멸망, 676년 신라에 의한 한반도 통일은 이러한 7세기의 동아시아 정세의 변동의 한 귀결이며, 이에 이른 과정을 이해하기 위해서는 각국의 외교적인 선택과 실제 사태의 추이를 충분히 알아둘 필요가 있다고 생각하기 때문이다. 이하, 특히 왜국과 고구려, 백제의 관계에 유의하면서 필자의 의견을 정리해 보고자 한다.

562년 신라가 가야제국을 병탄하면서, 한반도는 고구려 백제 신라 삼국의 정립시대를 맞이한다. 6세기 전반에 백제와 신라가 가야지역 진출을 다투고 있을 때, 왜국은 기본적으로는 백제의 가야침공을 지지하였으나, 이 백제의 의도가 실패가 끝나자, 일본서기에 임나로 불리는 종래의 가야지역을 둘러싼 정책에서 왜국과 백제 사이에는 틈이 벌어지게 된다. 즉 백제로서는 '임나부흥'이란 어디까지나 신라에 병합된 가야지역을 영토적으로 탈

환하는 것을 의미하였고, 신라에 대한 침공을 기도하였던 것이다.(<표 1>)

577·10 百濟, 新羅의 西邊을 侵略→敗退, 新羅內利西城을 쌓음
(威德王 24 / 眞智王 2)

578 百濟, 闕也山城(全北 益山郡 勵山面)을 얻음

579·2 百濟, 熊峴城(忠北 報恩郡 內俗離面)·松述城을 쌓고, 新羅의 萩山城(慶北 醴泉郡 醴泉邑)·応知峴城·內利西城으로 가는 길을 막음

602·8 百濟, 新羅의 阿莫山城을 圍む→敗退
(武王 3 / 眞平王 24)

603·8 高句麗, 新羅の北漢山城(서울市 鐘路區 新營)을 공격→敗退
(嬰陽王 14 / 眞平王 25)

605·2 百濟, 角山城(全北 井邑郡 內藏面 葛峴)을 쌓음

8 新羅, 百濟의 東邊을 侵略

608·4 高句麗, 牛鳴山城(咸南 安邊郡 瑞谷面)을 함락

611·8 百濟, 赤嵒城을 쌓음

10 百濟, 新羅의 椵岑城(忠北 槐山郡 槐山面)을 滅함
<611~614隋의 高句麗征伐>

616·10 百濟, 新羅의 母山城을 공격

618 新羅, 椵岑城을 회복함
<618 唐의 成立>

623 百濟, 新羅의 勒弩縣(忠北 槐山郡 槐山面)을 습격
<623唐, 한반도 三國을 册封>

624·10 百濟, 新羅의 速含(慶南 咸陽郡 咸陽邑)·櫻岑·岐岑·烽岑·旗懸·穴柵6城을 취함

626·8 百濟, 新羅의 主在城(忠北 淸原郡 文義面)을 공격하여 성주를 살해

627·7 百濟, 新羅의 西鄙2城을 취함
<627唐, 三國和親을 說諭>

628·2 百濟, 新羅의 椵岑城을 包圍→敗退

632·7 百濟, 新羅攻伐의 發兵→不利

633·8 百濟, 新羅의 西谷城을 취함
(武王 34 / 善德王 2)

636·5 百濟, 新羅의 獨山城(慶北 月城郡 西面) 攻擊을 계획하여, 玉

門谷(慶北 月城郡 西面 泉村里)에 복병을 둠→敗退
638·10 高句麗, 七重城(京畿 坡州郡 積城面)을 공격→敗退
       (宝藏王 21 / 善德王 7)
괄호안의 왕명은 백제왕 고구려왕 신라왕의 교체가 있는 경우만을 표시하
였다.

한편, 왜국은 575년 신라의 접근을 받아들여, 실제로 신라인이었지만,
'임나'의 사신으로 건너와, '임나조'라는 공납품을 헌상하는 것 = 임나부흥
의 명목을 달성한 것으로 간주하여, 신라와의 교섭을 재개할 수 있는 실마
리를 찾고자 하였다. 즉

      倭國 … 新羅와의 交涉→'任那'使의 來朝, '任那調'의 獲得 = '任那
      復興'
      百濟 … 新羅에 대한 侵攻→旧加耶地域의 탈환 = '任那復興'

과 같이, 왜국과 백제의 임나부흥의 수단과 내용에는 차이가 있었음을 알
수 있다.[3]
   그런데, <표 1>을 보면 백제 위덕왕(재위기간은 554 또는 557~598년)
의 신라에 대한 침공은 579년 이후 기록이 없어서, 위덕왕의 긴 잔여 재위
기간에 비하여 후반기에는 적극적인 신라에 대한 침공이 현저하게 줄어들
었음을 알 수 있다. 이러한 사실의 배경에는 581년의 隋의 건국, 그리고
589년에 隋에 의한 약 350년만의 중국 통일이라는 동아시아정세의 커다란
변화와 그에 대한 대응이라는 사실을 상정해야 할 것이다. 이제 동아시아제
국의 隋에 대한 대응을 정리해 보고자 한다.
   먼저 백제는 588년 陳을 평정하기 위해 파견된 수나라의 전함 1척이 탐
라(제주도)에 표착하자, 그 일행을 두터이 대접하고, 수나라로 돌려보냈다.
589년에는 수에 사신을 보내어 일찌감치 중국통일을 경하하였다. 5~6세기

---

3) 拙稿, 「加耶滅亡後の倭國と百濟の「任那復興」策について」『東洋大學文
   學部紀要』史學科篇 27, 2002년.

의 백제는 고구려의 남하로, 475년에 웅진(공주)로, 538년에는 사비(부여)로 수도를 옮겨 가면서 고구려의 압박에 대항하고 있었다. 그 사이에 고구려가 주로 北朝와 통교하고 있었으므로, 백제는 주로 남조에 조공하였으며, 일시적으로 수나라와 통교한 적이 있었지만, 진과의 통교도 유지하고 있었다. 그런데 수에 의한 진의 멸망 및 중국통일을 계기로, 종래의 남조를 중심으로 한 자세를 전환하여, 북조에 속한 왕조인 수와의 관계를 맺고자 노력하였던 것으로 생각된다.

또 북방이 고구려로 막혀있던 백제는, 수도를 남쪽으로 옮기기도 하여, 남방과 동방의 경영에서 활로를 찾지 않을 수 없었으며, 6세기 대에는 남쪽의 탐라를 속국화 하였고, 동쪽의 가야지역의 획득을 둘러싸고 신라와 다투게 되었다. 562년에 신라에 의한 가야지역 병합 완료 후에도, 앞에서 말한 바와 같이, 백제는 구가야지역의 탈환을 국가적인 방침으로 하고 신라와 대립하고 있었다. 이러한 정세 하에서, 고구려 신라와 대항하기 위해, 백제로서는 수와의 통교가 필요하였던 것이다. 후술할 수의 고구려 정벌 때에도, 백제는 수군에 참가하여 고구려와 싸우는 동시에, 611년에는 신라의 금잠성을 빼앗았다. 수의 책봉 하에 있던 신라에 대해서도, 수의 고구려 정벌과 그 혼란을 틈타, 전쟁을 걸어 국가적 시책을 수행하는 데 진력하고 있었다.

다음으로 고구려는 591년에 수에 사자를 파견하고 있다. 이는 590년, 평원왕(재위559~590년)의 죽음으로 즉위한 영양왕(재위 590~618년)이 수의 책봉을 받은 이후의 일이다. 남북조시대의 말기, 585년에 진에 사신을 보냈던 고구려는, 그 진을 멸하고 수가 중국을 통일하였을 때, 수나라에 신속할 것을 알리는 한편, 무기와 곡물을 비축하고, '拒守之策'을 강구하고 있었다고 한다. 590년, 수의 문제는 평원왕에 璽書를 내리고 "王若無罪, 朕忽加兵, 自余藩國謂朕何也. 王必虛心納朕此意, 愼勿疑惑更懷異図"라고 하였으며, 평원왕도 글을 올려 진사하려고 하였으나, 이를 이루지 못하고 죽었다고 한다.(『隋書』高句麗伝)

이때는 국왕의 죽음과 새 왕의 즉위도 있어서, 고구려는 수와의 새로운 관계를 확립할 수 있었으나, 598년 고구려는 요서지역에 침략하였고, 수의 공격이 있었으나, 이를 격퇴하였다. 이때 백제가 수군에 참가하였으므로, 고구려는 백제, 그리고 그 후 신라에도 침공을 거듭하게 되었고, 백제와 신라는 고구려가 자신들의 영토를 침해하고 있다고 하기에 이른다. 또한 607년 수의 양제가 나라 안을 순수하다가 돌궐의 啓民可汗의 막사를 방문하였을 때, 啓民可汗을 만나러 온 고구려 사신과 마주치는 사건이 있었다. 고구려가 수와 대항하기 위해서 북방의 돌궐과 제휴하려고 획책하였다는 사실을 안 수양제는 '爾還日語高麗王. 知宜早來朝, 勿自疑懼, 存育之祀, 当同於啓民. 如或不朝, 必將啓民巡行彼土'라고 그 사자에게 고하여, 고구려 정벌의 의지를 시시하였다고 한다.(『隋書』突厥伝)

그 후, 백제로부터의 청원도 있어서, 고구려 정토가 개시되었다. 611~612년 사이의 제1차 원정은 살수(청천강) 전투에서 고구려가 승리함으로써 실패로 끝났다. 613년의 제2차 원정도 수나라 본국에서 반란이 일어나 철수하는 도중에 공격을 받아 패배하였고, 614년의 제3차 원정에서 잠시 고구려의 수도 평양에 접근할 수 있었다. 그런데 고구려측이 항복하겠다고 하여, 이를 수락하였다. 이 3번에 걸친 고구려 정벌 및 대운하 건설을 비롯한 국내의 대토목공사 등으로 민중의 불만이 커져 618년에 수는 멸망함으로써, 고구려로서는 당면한 위협이 사라지게 되었다.

신라는 6세기 대에 대약진을 이루어, 앞에서 말한 바와 같이, 서방의 가야지역 병합, 또한 고구려와 백제의 대립을 틈타, 한반도 서해안으로 진출하게 되었다. 다만 그 지리적 위치에서 신라는 중국왕조와의 통교를 그다지 행하지 않았으며, 서해안에 도달한 550년 이후, 고구려 및 백제와 함께 혹은 단독으로 남북 양조에 대하여 산발적으로 사자를 파견하는 정도였다. 그리고 신라가 수에 사신을 파견한 것은 594년으로 삼국 중에서 가장 늦었다. 그러나 그 이후는 유학승을 파견하여 '菩薩天子'라고 일컬어진 수나라의 황제가 주도하는 불법흥륭을 배우는 등, 적극적인 관계유지를 도모하여, 596년, 602년, 604년, 608년, 611년 등 빈번하게 사신을 보냈고, 수의 고구려 정벌에도 협력하겠다는 뜻을 보였다.

이상 수에 대한 한반도 삼국의 대응을 살펴보았다. 수와 대립하여 공격을 받고 또 이를 격퇴한 고구려, 수의 고구려 정벌에 협력하면서, 이를 틈타 신라를 공격하여 어디까지나 자국의 이익확보를 꾀한 백제, 그리고 일관적으로 수에 신종함으로써 고구려 백제의 공세를 억제하려고 한 신라는 각각 서로 다른 대응을 하였음을 알 수 있다. 이 삼국의 서로 다른 대응은 다음 왕조인 당에 대해서도 기본적으로 동일하였으며, 백촌강 전투에 이른 동아시아정세의 향방을 생각할 때, 기본적인 구도로서 유의할 필요가 있다. 그러면 왜국은 이러한 동아시아정세의 변동 속에서 어떠한 외교노선을 택하고자 하였을까?

수의 중국통일 후, 왜국이 처음으로 수에 사신을 파견한 것은 600년의 일로서, 동아시아 여러 나라 중에서 가장 늦었다. 이 제1회 遣隋使 파견에 이르는 과정에서 왜국은 ①591~595년, ②602~603년의 두 차례에 걸쳐서 筑紫에 병사를 주둔시켜, 신라에 압력을 가해 '任那復興'의 자세를 보이고 있다. ①은 591년 8월에 崇峻大王이 '임나부흥'을 군신에게 타진하여, 군신의 찬동을 얻어 계획한 것으로, 紀臣男麻呂 이하 중앙유력호족이 이끄는 2만 여 명의 군사를 축자에 파견하였고, 동시에 吉士金을 新羅에 吉士木蓮子를 '任那'에 파견하여, '任那事'를 물었다고 하였으므로(『日本書紀』 崇峻 4年 8月 庚戌朔條・11月 壬午條), 축자에 주둔하고 있는 군사력을 과시하여 왜국이 목적으로 하는 '임나부흥'='임나조' 획득을 달성하려고 한 것으로 짐작된다.

그런데 그 후 大臣 蘇我馬子와 崇峻大王의 대립이 현재화되면서, 592년 11월 馬子가 崇峻大王을 시해하는 국내의 혼란이 일어나면서, 여왕인 推古大王의 즉위에 이르게 된다. 筑紫의 여러 장군들에 대해서는 '依於內亂, 莫怠外事'(崇峻 5年 11月 丁未條)라고 하여 그곳에 계속 주둔하라는 명령이 내려졌으나, 595년 7월이 되어 잠시 소환되었다. 이는 馬子가 權力掌握을 완성할 때까지 방해가 되는 中央有力豪族들을 筑紫에 못박아두려는 교묘한 수단이었던 것으로 보이는데, 595년 7월이라는 시점에 소환된 것에 대해서는, 國內事情만이 아니고, 그 사이의 국제정세에도 주의해 볼 필요가 있다. 즉, 新羅가 隋에 사신을 파견한 것이 594년이며, 이러한 신라의 隋에 대한 사신파견과 隋의 册封 체제 속으로 編入된 사실, 그 후의 동정을 정확히 파악한 뒤에 ①의 철수가 결정된 것으로 생각된다. 왜국의 행동은 동아시아의 국제정세와 밀접하게 연관되어 있었던 것이다.

이러한 왜국에 대하여, 『日本書紀』推古 3년(595) 5월 丁卯條에는 "高麗僧惠慈歸化. 則皇太子師之"라고 하여, 高句麗는 승려파견이라는 형태로 접촉을 기도하고 있다. 惠慈는 같은 해 건너온 百濟僧 慧聰과 함께 '三宝之棟梁'이 되어, 飛鳥寺에 거주하면서 불교계를 지도하였다고 한다. 615년 11월에 高句麗로 돌아갔는데, 그 사이에 廐戶皇子로 하여금 倭國이 高句麗와는 친밀하게, 隋는 견제하는 방책을 취하도록 하였으나,[4] 隋의 高句麗 정벌 종결과 隋 말기의 멸망에 가까운 상황이 벌어지자, 그 사명을 다하고 귀국한 것으로 생각해 볼 수 있다.

이러한 惠慈의 왕래가 있었기 때문인지, ②의 출병시에는 고구려와도 연락을 취하고 있다.

> h 『日本書紀』推古 9년(601) 3월 戊子條
> 遣大伴連囓于高麗, 遣坂本臣糠手于百濟, 以詔之曰, 急救任那.

> i 『日本書紀』推古 10년(602) 4월 己酉條
> 大伴連囓·坂本臣糠手共至自百濟. 是時, 來目皇子臥病以不果征討.

앞의 <표 1>에 의하면, 602년 8월에 백제가 신라의 阿莫山城을 포위하였고, 또 603년 8월에는 고구려가 신라의 北漢山城을 공격하였다고 하는데, 이러한 한반도의 군사적 상황과의 연계를 고려한 행동으로 추정된다.

---

4) 李成市, 「高句麗と日隋外交」『古代東アジアの民族と國家』, 岩波書店, 1998년.

다만 厩戸皇子의 아우 來目皇子를 장군으로 임명하고, 지방호족인 國造 등으로부터 징집한 25,000명의 군사는, i 의 來目皇子의 질병 및 사망, 그 후 기용된 当麻皇子의 처의 사망 등에 의해, 결국은 성과를 올리지 못하고 철수하게 된다. 그 한 원인으로서 百濟·高句麗의 軍事行動이 성공하지 못한 점을 들 수 있으나 이와 아울러 倭國의 외교정책의 전환에도 유의해 보고자 한다. ①과 ② 사이의 사건으로서, 왜국의 제1차 遣隋使가 600년에 수나라에 들어갔다. 『隋書』倭國伝에 의하면, 그 상황은 다음과 같다.

> 開皇二十年, 倭王, 姓阿每, 字多利思比孤, 号阿輩鷄弥, 遣使詣闕. 上令所司訪其風俗. 使者言, 倭王以天爲兄, 以日爲弟. 天未明時, 出聽政, 跏趺坐, 日出便停理務, 云委我弟. 高祖曰, 此太無義理. 於是訓令改之.

倭國의 使者이 득의양양하게 자국의 정무방식을 설명한 바, 隋의 文帝에게 '此太無義理'라고 하여 일축당하였으며, 중국식으로 고치도록 지도하였다고 한다. 倭國은 어쩌면 국제적 지위와 '任那調' 징수의 승인을 요구하려고 하였을지 모르지만, 遣隋使의 파견의도는 제대로 이루어 못한 채, 약 120년 만에 중국에 사신을 파견하여 중국과의 차이를 알게 된 왜국이 국내 체제의정비와 개혁에 나설 필요성을 통감하는 계기가 되어버린 상황이었다.

600년의 遣隋使가 언제 귀국하였는지는 분명하지 않으나, 607년의 견수사는 608년에 귀국하였고, 遣唐使의 경우에도 파견되고 1~2년 후에 귀국하는 사례가 알려져 있으므로, ②의 중지에는 이 600년의 遣隋使와 관계가 있었던 것이 아닐까 억측해 본다. 이로써 종래의 방식에 의존하였던 왜국의 '任那復興'도 제자리걸음을 할 수 없었고, 왜국은 수와의 통교를 시야에 넣은 방책을 모색하지 않으면 안되었다. 그래서 왜국은 603년에 冠位 十二階 制定, 604년에 憲法 十七條 作成 및 朝礼의 改訂 등을 행하여, 국내 체제의 정비 및 강화, 中國的인 儀礼의 도입을 거쳐, 607년의 제2차 遣隋

使를 파견하였다. 이 遺隋使는 '日出處天子, 致書日沒處天子, 無恙云云.'이라는 國書를 보낸 것으로 유명하다. 隋煬帝는 '蛮夷之書, 有無礼者, 勿復以聞'이라고 하였다고 한다. 隋나라의 사신 裴世淸을 送使로서 파견하였는데(『隋書』倭國伝), 이는 왜국의 정세를 살피는 동시에 앞에서 말한 607년의 고구려와 돌궐의 제휴모색, 수의 고구려 정벌 구상에 의하여 수를 중심으로 한 국제질서 하에 왜국을 묶어두려고 기도하였기 때문인 것으로 생각된다.

이렇게 왜국은 607년, 608년, 614년에 遺隋使를 파견하여, 중국문화를 섭취하는 데 노력하였다. 그리고, 610, 611년에는 왜국에 新羅使가 찾아왔는데, 이는 모두 '任那' 사신의 조공을 동반하는 것이었다. '任那'使의 내조와 '任那調'의 貢上=倭國이 기대하는 '임나부흥'이 달성된 것이다. 신라는 608년에 고구려의 공격을 받아 북부 국경지대에서 8000명이 포로로 잡히는 피해를 입었으며, 수나라에 상표하여 고구려 정벌을 시작해줄 것을 요청하고 있다. (『三國史記』羅紀 眞平王 30年條). 이러한 정세 속에서 신라는 왜국에도 구원을 요청한 것으로 생각되며, 그 배경에는 왜국이 수를 중심으로 한 국제질서에 참가하는 자세를 보였으므로, 왜국을 의존가능한 나라로 인식하여, 접근을 시도한 사정이 있었던 것으로 추정된다.

왜국에는 백제 및 고구려로부터도 사신이 왔으며(<표 2>도 참조),『隋書』倭國伝에 "新羅・百濟, 皆以倭爲大國, 多珍物, 竝敬仰之, 恒通使往來"라고 평하고 있는 것은 이러한 상황을 바탕으로 한 것이리라. 수의 공격을 받은 고구려도 물론 왜국을 자기편으로 끌어들이기 위해서 외교공세를 펼치고 있다.

　　　　j 『日本書紀』推古 10년(602) 閏 10월 己丑條
　　　　高麗僧僧隆・雲聰共來歸.

　　　　k 『日本書紀』推古 13년(605) 4월 辛酉朔條
　　　　(上略・飛鳥寺의 丈六仏造立發願)是時, 高麗國大興王聞日本天皇造仏像, 貢上黃金三百兩.

ｌ 『日本書紀』推古 18년(610) 3월
高麗王貢上僧曇徵・法定. 曇徵知五経, 且能作彩色及紙墨, 并造碾磑. 盖造碾磑始于是時歟.

ｍ 『日本書紀』推古 26년(618) 8월 癸酉朔條
高麗遣使貢方物. 因以言, 隋煬帝興卅万衆攻我, 返之爲我所破. 故貢俘虜貞公・普通二人及鼓吹・弩・抛石之類十物并土物駱駝一疋.

ｎ 『日本書紀』推古 33년(625) 정월 戊寅條
高麗王貢僧惠灌. 仍任僧正.

ｏ 『日本書紀』舒明 2년 (630) 3월 丙寅朔條
高麗大使宴子拔・小使若德, 百濟大使恩率素子・小使德率武德共朝貢. → 8월 庚子條 饗高麗・百濟客於朝. / 9월 丙寅條 高麗・百濟客歸于國. *是歲條 改修理難波大郡及三韓館.

ｐ 『日本書紀』皇極 원년(642) 2월 壬辰條
高麗使人泊難波津. → 2월 丁未條遣諸大夫於難波郡, 檢高麗國所貢金銀并其獻物. 使人貢獻旣訖而諮云, 去年六月, 弟王子薨. 秋九月, 大臣伊梨柯須彌殺大王, 并殺伊梨渠世斯等百八十余人. 仍以弟王子兒爲王, 以己同姓都須流金流爲大臣. /戊申條 饗高麗・百濟於難波郡. 詔曰, 以津守連大海可使於高麗, 以國勝吉士水鷄可使於百濟<水鷄, 此云俱比那>, 以草壁吉士眞跡可使於新羅, 以坂本吉士長兄可使於任那. / 辛亥條 饗高麗・百濟客. /癸丑條 高麗使人・百濟使人並罷歸. *8월 己亥條 高麗使人罷歸. ~己酉條に '百濟・新羅使人罷歸'라고 하였는데, 遣高句麗使 등의 歸朝記事인가?

ｑ 『日本書紀』皇極 2년(643) 6월 辛卯條
筑紫大宰馳驛曰, 高麗遣使來朝. 群卿聞而相謂之曰, 高麗自己亥年≪舒明11＝639≫不朝, 而今年朝也.

고구려의 왜국에 대한 우호적인 외교정책은 승려 파견 및 불교 문화면에서 공헌하는 형태를 위주로 한 것 같다.(ｊ・ｋ・ｌ・ｎ). 왜국의 간절한 요구에 부응할 수 있는 나라라는 것을 분명히 하려는 의도였던 것 같다. ｍ은

隋가 멸망하고 당이 성립된 해인데, 隋의 高句麗 정벌을 물리친 군사력을
과시하는 의미도 있었던 것으로 생각된다.[5] 그리고, o의 630년은 왜국이
제1차 견당사를 파견한 해인데, 이때 고구려 백제의 사신이 나란히 내조한
것은 역시 왜국의 대당외교에 어떤 견제를 시도한 것으로 추정된다. 또한
p·q는『日本書紀』d의 기사배열에서 혼란이 있는데,[6] 어느 한 차례의
사신 파견이, 642년 10월의 泉蓋蘇文에 의한 국왕 시해와 전제 확립을 전
하는 것이라고 한다면, 643년의 일로 해석해도 좋을 것이다. o와 p·q는
모두 百濟使와 함께 도착하고 있는 점이 주목되는데, 白村江 戰鬪에 이르
는 당대의 국제정세에 대해서는 다음 장에서 다루겠지만, 고구려와 백제가
왜국을 자기편으로 끌어들이려고 했다는 사실은 짐작할 수 있다.

〈표 2〉百濟·新羅와 倭國의 通交(출전은『日本書紀』)

推古 5年(597) 4月 丁丑朔條　百濟王遣王子阿佐朝貢.
推古 5年 11月 甲午條　遣吉士磐金於新羅.
推古 6年(598) 4月條
　難波吉士磐金至自新羅而獻鵲二隻. 乃俾養於難波杜. 因以巢枝而産之.
推古 6年 8月 己亥朔條　新羅貢孔雀一隻.
推古 7年(599) 9月 癸亥朔條　百濟貢駱駝一匹·驢一匹·羊二頭·白雉

---

5)『日本後紀』延暦 18年(799) 12月 甲戌條에는 "又信濃國人外從六位下卦婁
眞老, 後部黑足, 前部黑麻呂, 前部佐根人, 下部奈弖麻呂, 前部秋足, 小縣
郡人无位上部豊人, 下部文代, 高麗家継, 高麗継楯, 前部貞麻呂, 上部色布
知等言, 己等先高麗人也. 小治田·飛鳥二朝庭時節, 歸化來朝. 自爾以還,
累世平民, 未改本号. 伏望依去天平勝宝九 歳四月四日勅, 改大(本?)姓者.
賜眞老等姓須々岐, 黑足等姓豊岡, 黑麻呂姓村上, 秋足等姓篠井, 豊人等
姓玉川, 文代等姓清岡, 家継等姓御井, 貞麻呂姓朝治, 色布知姓玉井"라고
하였는데, '小治田·飛鳥二朝庭'은 推古·舒明朝로 해석된다. 그렇다면, 隋
의 高句麗 정벌이라는 혼란과 관련하여 高句麗 亡命人이 건너왔던 것이 아닐
까? 어쩌면 이들은 <표 3>의 고구려 멸망 시의 망명 사례를 가탁한 것으로 생
각할 수 없는 것은 아니지만, 참고로 여기에 기록해 둔다.
6) 西本昌弘, 「豊璋と翹岐」『ヒストリア』107, 1985년.

一隻.

推古 10年(602) 10月條　百濟僧觀勒來之. 仍貢曆本及天文地理幷遁甲方
　　術之書也.

推古 18年(610) 7月條　新羅使人沙喙部奈末竹世武与任那使人喙部大舍
　　首智買到于筑紫. (→ 9月條召, 10月 丙申條 入京・丁酉條使旨奏上・
　　乙巳條饗・辛亥條歸國)

推古 19年(611) 8月條　新羅遣沙喙部奈末北叱智, 任那遣習部大舍親智
　　周智共朝貢.

推古 20年(612) 是歲條　自百濟國有化來者. (中略)仍令構須弥山形及吳
　　橋於南庭. 時人号其人曰路子工, 亦名芝耆摩呂. 又百濟人味摩之歸化
　　曰學于吳得伎樂儛.

推古 23年(615) 7月條　犬上君御田鍬・矢田部造, 至自大唐. 百濟使則
　　從犬上君而來朝.

推古 24年(616) 7月條　新羅遣奈末竹世士貢仏像.

推古 29年(621) 是歲條　新羅遣奈末伊弥買朝貢. 仍以表書奏使旨. 凡新
　　羅上表, 蓋始起于此時歟.

推古 31年(30年＝622) 7月條　新羅遣大使奈末智洗爾, 任那遣達率奈末
　　智, 並來朝. 仍貢仏像一具及金塔幷舍利, 且大灌頂幡一具・小幡十二
　　條. 卽仏像居於葛野秦寺, 以余舍利・金塔・灌頂幡等皆納于四天王
　　寺. 是時大唐學問者僧惠濟・惠光及医師惠日・福因等並從智洗爾等
　　來之. 於是, 惠日等奏聞曰, 留于唐國學者皆學以成業, 応喚. 且其大唐
　　國者法式備定之珍國也, 常須達.

舒明 4年(632) 8月條　大唐遣高表仁送三田耜, 共泊于對馬. 是時學問僧
　　靈雲・僧旻及勝鳥養, 新羅送使等從之.

舒明 7年(635) 6月 甲戌條　百濟遣達率柔等朝貢. (→ 7月辛丑條饗)

舒明 10年(638) 是歲條　百濟, 新羅・任那並朝貢.

舒明 11年(639) 9月條　大唐學問僧惠隱・惠雲從新羅送使入京.

舒明 12年(640) 10月 乙亥條　大唐學問僧淸安・學生高向漢人玄理伝新
　　羅而至之. 仍百濟・新羅朝貢之使共從來之. 則各賜爵一級.

그런데 <표 2>에 의하면, 이 사이 왜국은 한반도의 삼국으로부터 다양
한 문화적인 혜택을 입는 한편으로, 특정한 나라를 편드는 모습을 찾을 수
없다. 각국의 사신파견에 대한 答使도 거의 파견하지 않았으며, 정치 외교

상의 문제를 회피하면서, 문화적인 교류를 위주로, 이른바 균형외교를 전개
하려고 했던 것으로 이해된다. 왜국으로서는 신라를 포함한 삼국이 접근해
오므로, 수동적인 형태로 국제정세의 균형과 안정을 향수하는 것이 바람직
했던 것이다. 따라서 고구려의 왜국에 대한 접근은 충분한 성과를 올리지
못하였다. 그러나 이러한 왜국의 애매한 외교적 입장은 642년에 백제 의자
왕이 신라의 40여 성의 탈취 = 구가야지역의 영토적 탈환과 고구려 泉蓋
蘇文의 專制 확립과 대당 전쟁 수행의 체제 정비를 계기로, 동아시아 국제
정세의 격동기를 맞이하자, 어떻게 변화하였을까? 다음 장에서 白村江戰鬪
에 이르는 왜국의 외교방책 및 고구려와의 관계를 살펴보고자 한다.

2. 白村江戰鬪를 둘러싼 倭와 高句麗

660년 백제 멸망, 663년 白村江戰鬪에서 백제 유민과 왜국의 참패, 668
년 고구려 멸망, 그후 한반도에 있어서 676년 통일신라의 성립과 이어지는
동아시아의 대변동의 기점이 된 것은 642년이라는 해였다. 그동안 한반도
삼국에 거의 사신을 파견하지 않았던 왜국도 앞의 사료 p에 의하면, 과연
이때는 사신을 각국에 파견하여 국제정세의 파악에 힘썼음을 알 수 있다.
그러면 왜국의 외교방책에는 변화가 있었던 것일까?

이를 검토하기 전에, 먼저 618년 唐이 성립된 이후의 국제정세를 개관
해 보고자 한다. 앞에서 말한 바와 같이, 한반도 삼국의 기본적인 구도는 수
대와 동일하였다. 먼저 신라는 수대 이래, 고구려 백제의 공세를 받아 수세
에 몰려 있었다. 당이 성립되자, 신라는 621년에 사신을 파견하여 조공하였
으며, 같은 해 종래 외국과의 외교를 주된 임무로 하였던 倭典이라는 관사
를 고쳐 領客典이라고 하여(『三國史記』 職官志 上), 대당외교를 포함하는
외교전반을 장악토록 하였다. 또한 詳文師(司)를 두어, 중국식의 上表文
작성을 담당케 하는 등 본격적인 대중국외교의 전개를 향해서 국가기구의

개편 정비를 행하였음을 알 수 있다.[7] 신라의 관심은 전반적으로 왜국보다는 당으로 향해진 것 같다. 그 후 626년에는 신라는 고구려 백제가 자신의 영토를 침략한다는 내용을 당에 호소하고, 당으로부터 삼국 화친의 명령을 얻는 등, 당에 의존하여 삼국항쟁을 유리하게 이끌어가려고 하였음을 짐작할 수 있다.

다음으로 백제인데, 백제가 당에 사신을 파견한 것은 신라와 같은 621년이었다. 624년에는 고구려가 당에 대한 조공로를 막고 있다고 당에 호소한 적도 있어서, 북방에서는 대고구려 정책에 당을 이용하려고 하고 있다. 그러나 신라와의 항쟁, 영토탈취도 국가적인 방침이었으므로 626년 삼국화친의 조직이 내려졌을 때 백제는 일단 당에 사죄하였으나, 그 후에도 신라에 대한 공격을 시도하고 있다. 백제는 표면적으로는 당에 복속하였으나, 고구려와 결탁하여 신라와의 항쟁을 계속한다는 방책을 선택하였던 것이다.　.

수의 공격을 받았던 고구려는 수를 토멸한 당에 대하여 이미 619년에 사신을 파견하고 있다. 622년에는 수의 고구려 정벌 때 고구려의 포로가 된 중국인, 중국측의 포로가 되었던 고구려인을 각각 본국으로 송환하였으며, 624년에는 도교의 강의를 받았고, 628년에는 봉역도를 바치는 등, 당과의 관계는 진행되는 것처럼 보였다. 그러나 631년 당의 사자가 내방하여, 수나라 병사의 해골을 거두어들이고 고구려가 만든 '京觀'(일종의 首塚?)을 파괴하자, 고구려는 장성을 쌓고, 당에 대한 경계심을 드러내었으며, 이후 당 사이에 긴장관계가 이어지게 된다. 당은 641년에 陳大德을 파견하여, 高句麗의 軍備 상황과 국내사정을 탐색하게 하고 있으며 이 보고서가 『翰苑』 등에 逸文으로 남아있는 「高麗記」이다.[8]

한반도의 삼국이 당과 통교하면서 당과의 제휴와 대립 등 각각의 관계를 확정해 가는 중에, 왜국의 입당은 630년을 역시 동아시아에서는 가장 늦었다. 이러한 왜국의 제1차 견당사에 대해서, 『旧唐書』 倭國伝에는, "貞觀

---

7) 濱田耕策,「聖德王代の政治と外交」『新羅國史の研究』, 吉川弘文館, 2002년.
8) 吉田光男,「『翰苑』註引『高麗記』について」『朝鮮學報』85, 1977년.

五年(631), 遣使獻方物. 太宗矜其道遠, 勅所司, 無令歲貢. 又遣新州刺史高表仁, 持節往撫之. 表仁無綏遠才, 與王子(王ヵ)爭礼, 不宣朝命還."('王'は『新唐書』日本伝, 『善隣國宝記』舒明 三年條에 인용된 「唐錄」 등에 의함)이라고 기록되어 있으며, 당측은 歲貢 면제, 즉 唐이 倭國을 册封하면서, 倭國이 매년 朝貢할 것으로 전제로 생각하고 있었던 것 같다. 그러나 왜국에 파견된 당의 사신이 高表仁이 '與王爭礼'한 바와 같이,[9] 왜국은 책봉을 거부한 것 같다.

『日本書紀』에서도 高表仁의 내조, 難波에서의 환영의례까지 상세하게 기술하고 있는데, 그 후 입경해서 대왕과의 회견 및 使旨 奏上의 상황은 분명하지 않고, 갑자기 귀국기사가 나타나므로(舒明 4年(632) 8月條, 10月 甲寅條, 5年(633) 正月 甲辰條), 무슨 일이 있었음을 짐작할 수 있다. 왜국은 수의 책봉도 받지 않았던 것 같은데, 왜국이 중국의 책봉을 받지 않는 것은 이 무렵부터 일관된 방침이었던 듯하다. 또한 앞에서 말한 바와 같이 사료 0 에는 왜국의 견당사 파견 직전에 고구려와 백제 사신이 입당하였으므로, 어쩌면 왜국의 대당외교에 어떤 영향을 주었던 것이 아닐까 억측해 본다. 왜국이 당과 대립하면서까지도, 당의 완전한 신속 하에 들어가는 것을 저지하였다는 점에서는, 왜국은 고구려 백제측에 보다 가까운 입장에 머무르게 하는 데 성공한 것으로 볼 수 있다.

다만, 왜국은 당문화 섭취의 자세를 버릴 턱은 없었으며, 또한 高表仁의 내방에는 신라의 送使가 수행하고 있었으므로, 신라도 왜국이 당을 중심으로 한 국제질서에 머물기를 기대하였을 것이다. 그래서 <표 2>에 의하면, 이후도 한반도 삼국으로부터 사신은 계속 왜국으로 파견되었다. 이 시기에 당은 북방과 서방에 문제를 안고 있었으며, 630년 돌궐의 頡利可汗 격파, 635년 吐谷渾 토벌, 640년 高昌國 평정, 641년 吐蕃에 공주를 시집보내는 등, 641년까지는 동방정책에 전념할 수 없는 상황이었다. 따라서 왜국과 高表仁의 트러블이 큰 문제가 되지 않고 무사히 넘어갈 수 있었다. 그렇기는

---

9) 池田溫, 「裴淸世と高表仁」 『東アジアの文化交流史』, 吉川弘文館, 2002년.

하지만, 왜국의 제2차 견당사는 653년으로, 그 파견에 4반세기의 간격을 두고 있으며, 왜국에서도 당과의 직접교섭을 회피하려는 분위기가 강했던 것으로 보인다.

그러면 이렇게 해서 동아시아 정세의 전환점이 된 642년을 맞이한 왜국의 외교방책에는 어떤 변화가 있을까? 왜국에서도 645년 6월에 乙巳의 変이 일어나, 蘇我 本宗家를 토멸하고, 大王家를 중심으로 한 권력집중으로 동아시아의 동란에 대처하려는 움직임이 있었다. 을사의 변 후의 효덕대왕을 중심으로 한 신정부의 외교방침을 짐작할 수 있는 것으로서 다음의 사료가 있다.

> r 『日本書紀』大化 元年(645) 7月 丙子條
> 高麗・百濟・新羅並遣使進調. 百濟調使兼領任那使, 進任那調. 唯百濟大使佐平緣福過病, 留津館而不入於京. 巨勢德太臣詔於高麗使曰, 明神御宇日本天皇詔旨, 天皇所遣之使, 與高麗神子奉遣之使, 旣往短而將來長. 是故可以溫和之心相繼往來. 又詔於百濟使曰, 明神御宇日本天皇詔旨, 始我遠皇祖之世, 以百濟國爲內官家, 譬如三絞之綱. 中間以任那國屬賜百濟, 後遣三輪栗隈君東人觀察任那國堺. 是故百濟王隨勅悉示
> 其堺, 而調有闕. 由是却還其調. 任那所出物者, 天皇之所明覽. 夫自今以後, 可具題國與所出調. 汝佐平等, 不易面來, 早須明報. 今重遣三輪君東人・馬飼造<闕名>. 又勅可送遣鬼部達率意斯妻子等.

> s 『日本書紀』大化 2年(646) 9月條
> 遣小德高向博士黑麻呂於新羅而使貢質, 遂罷任那之調<黑麻呂, 更名玄理>.

r 에는 신라가 보이고, 乙巳의 変에서 蘇我入鹿 살해장면으로서 '三韓進調之日'이 이용되고 있는데, r 에 의하면, 실제로 내조하고 있었던 것은 고구려 백제의 사신만이었으며, o, p・q와 마찬가지로, 고구려・백제에서 왜국에 어떤 영향을 끼치려고 기도했던 것일지도 모른다.[10) 단, r 에 기

---

10) 『日本書紀』皇極 4年(645) 4月 戊戌朔條에 "高麗學問僧等言, 同學鞍作得

록된 두 나라에 대한 詔에서는 왜국의 외교방책은 큰 변화가 없고, 종전의 노선이 유지되었음을 알 수 있다. 즉 고구려에 대해서는 왜국과 고구려의 통교는 아직 일천하였으므로, 고구려 사신에게는 앞으로 통교관계의 발전을 기대하는 뜻을 전하고 있다. '任那' 사신을 겸하여, '任那調'를 貢上해 온 백제사신에게는, '任那調' 貢上을 요구하면서 그 공상할 때의 자세한 규정을 제시하고 종래의 '質'은 귀국시킨다는 내용을 전하였다. 그리고 s에 의하면, 왜국은 신라에 '任那調' 貢上 정지와 '質'의 파견을 지시하고 있다.

이상을 요약하면, 왜국은 구가야지역을 영유하고 있는 백제에게 '任那調' 貢上을 요구하였는데, 이는 '任那調' 획득에 의한 '任那復興'의 형태를 갖춘다고 하는 종래의 외교의 기본방침을 답습하고 있다. 한편, 신라부터는 '質'을 보내라고 하여 균형외교의 견지에도 힘쓰고 있었던 것이다. 고구려와의 통교관계도 그 일환이며, 왜국의 삼국에 대한 균형외교의 방침은 변하지 않았다고 하지 않을 수 없다. 그 후『日本書紀』에 의하면, 이러한 삼국으로부터의 통교사례가 보인다.

大化 2年(646) 2月 戊申條 "高麗・百濟・任那・新羅並遣使貢獻調賦"
大化 3年(647) 正月 壬寅條 "射於朝庭. 是日, 高麗・新羅並遣使貢獻調賦"
白雉 元年(650) 4月條 "新羅遣使貢調<或本云, 是天皇世, 高麗・百濟・新羅三國, 每年遣使貢獻也>"
白雉 5年(654) 是歲條 "高麗・百濟・新羅遣使奉弔. <孝德大王의 死去>"
齊明 元年(655) 是歲條 "高麗・百濟・新羅並遣使進調<百濟大使西部

___

志, 以虎爲友, 學取其術. 或使枯山變爲靑山, 或使黃地變爲白水. 種々奇術不可殫究. 又虎授其針曰, 愼矣愼矣, 勿令人知. 以此治之病無不癒. 果如所言, 治無不差. 得志恒以其針隱置柱中. 於後虎折其柱取針走去. 高麗國知得志欲歸之意, 與毒殺之"라고 하여, 설화적인 내용이지만, 고구려에 유학하였음을 알 수 있다.『日本靈異記』上卷 第6話 '憑念觀音菩薩得現報緣'의 行善도 고구려에 유학하였으며, 推古朝 이래의 문화적 교류 속에서, 불법을 고구려에서 배운다는 형태의 교류도 있었음을 엿볼 수 있다.

達率余宜受・副使東部恩率調信仁, 凡一百人>" ＊齊明 元年 7月 己
卯條～百濟調使에게 難波朝에서 향연을 베풀다

　다만 이들은 다소 유형적인 기사로서, 견사의 당부는 분명하지 않다고
해야 할 것이다. 어쩌면 왜국의 균형외교에 부응하여 각국이 사신을 파견한
것으로 해석할 수 없는 것은 아니지만, 그 사이에 동아시아 정세는 백촌강
전투를 향하여 크게 변동한다.
　이제, 642년 이후, 660년 당신라연합군에 의한 백제멸망까지의 국제정세
변화를 정리하면 다음과 같이 시대구분할 수 있다.

1. 642~647年 唐의 三國和親의 說諭와 각국의 대응

　643년 9월, 신라가 당에 백제 고구려가 영토를 침범하였다고 호소하자,
당이 삼국화친의 說諭를 내린다. 고구려는 물론 說諭를 무시하고, 당에 대
적하는 행동을 선택하였고, 645년부터 당 태종의 고구려 정벌에서 볼 수 있
는 것처럼 대치하게 된다. 백제는 표면상으로는 사죄하였으나, 역시 고구려
정벌의 틈을 타서 계속 신라를 침공하였다. 한편, 신라도 전면적인 수세에
선 것은 아니고, 백제와 성을 쟁탈하는 전쟁을 반복하였다. 당이 알려온 군
사원조이 조건 당의 皇子를 국왕으로 맞이해 들일 것을 둘러싸고, 당에 전
면적으로 의존해야 한다고 하는 의견(親唐依存派)과 당에 의존하기는 하지
만, 신라의 자주성을 지켜야 한다는 의견(自立派)의 대립이 물밑에서 진행
되고 있었다.

2. 648~654年 신라의 당풍화 정책과 당에 대한 접근

　신라는 647년 親唐依存派인 비담의 난을 진압하고, 自立派를 중심으로
왕권강화에 나서게 된다.[11] 그러나 당 태종의 고구려 정벌이 실패로 돌아가

---

11) 武田幸男, 「新羅"毗曇の亂"の一視角」『三上次男博士喜壽記念論文集』歷
　　史編, 平凡社, 1985년.

자, 648년 백제에게 서부의 腰車城(未詳) 등 10여 성을 빼앗기고 나아가서
는 왕도 慶州에 육박해 오는 상황이 되자, 신라는 위기에 빠지게 된다. 그
래서, 金春秋(후의 太宗武烈王)를 입당시켜 당과의 결합을 강화하고 일련
의 唐風化策을 취하여, 唐과 동일한 국가조직을 구축하고, 동질의 문화를
형성하는 것으로 당의 신뢰를 얻고자 하였다. 한편, 백제는 651년 입당 때,
고종이 신라와 화해할 것을 요구하고, 따르지 않을 경우에는 정벌할 것이라
는 의도를 내비추었으나, 이에 대해서 명확한 답변을 하지 않았다. 오히려,
653년 8월에 왜국과 通好한 이후, 백제는 견당사를 파견하지 않게 되어,
당과 대립하는 길을 택하였다.

3. 655~660年 당의 고구려 정벌과 백제 멸망의 과정

655년 2월 당의 고구려 정벌이 재개되고 이후 668년 고구려 멸망까지
전투가 계속된다. 이를 전후하여 고구려 백제는 신라의 북경 33성을 빼앗았
다고 하며, 신라는 당에 구원을 요청하였으나, 당도 고구려 정벌을 하는 중
이었으며, 다음해에는 신라로부터 백제의 군사를 물리쳤다는 보고가 있기
도 하여, 이때에는 당의 개입은 없었다. 그러나 659년 4월 백제가 신라의
獨山 · 桐岑(未詳) 두 성을 빼앗자 신라는 당에 구원을 요청하였고, 당은
고구려 정토의 일환으로서 고구려를 편들고 있는 백제의 정벌을 결의하였
다. 또한 656년 이후에는 신라사의 왜국 파견은 없었는데, 이 점에도 신라
의 외교방침의 추이를 읽어낼 수 있다.

이 사이 왜국과 고구려의 통교, 특히 앞에서 든 655년 이후 III기의 시기
로서는 다음과 같은 기사가 존재한다.

t 『日本書紀』齊明 2年(656) 8月 庚子條
高麗遣達沙等進調<大使達沙 · 副使伊利之, 總八十一人>. → 是歲
條 於飛鳥岡本更定宮地. 時高麗 · 百濟 · 新羅並遣使進調. 爲張紺幕於
此宮地而饗焉. / 9月條 遣高麗大使膳臣葉積, 副使坂合部連磐鍬, 大判
官犬上君白麻呂, 中判官河內書首<闕名>, 小判官大藏衣縫造麻呂.

u『日本書紀』齊明 5年(659) 是歲條
又高麗使人持羆皮一枚, 称其價曰, 綿六十斤. 市司咲而避去. 高麗畵
師子麻呂設同姓賓於私家日, 借官羆皮七十枚而爲賓席. 客等羞惟而退.

v『日本書紀』齊明 6年(660) 正月 壬寅朔條
高麗使人乙相賀取文等一百余泊于筑紫. → 5月 戊申條　高麗使人乙
相賀取文等至難波館. / 7月 乙卯條　高麗使人乙相賀取文等罷歸.

　t 에 의하면, 고구려 사신 파견에 응하여 왜국에서도 견고구려사를 파견
하였음을 알 수 있다.『日本書紀』齊明 2年 是歲條·3年 是歲條에는 견
백제사도 파견하였다는 사실을 기록하고 있으므로, 왜국은 고구려 백제의
정세파악에 힘썼음을 짐작할 수 있다. 견고구려사가 돌아온 시점은 분명하
지 않지만, 부사 坂合部連磐鍬(石布)은 齊明 5年(659) 7月 戊寅條에 遣
唐使로서 唐에 파견되었으므로(단, 도중에 남해의 섬에 표착하여 섬사람들
에게 살해당한다), 그 이전에 귀국하였던 것으로 생각된다. 이에 견당사 파
견된 것처럼, 왜국은 당 나아가서는 신라에도 사신을 보내어(齊明 3年
(657) 是歲條, 齊明 4年(658) 7月 是月條), 입당유학에 의한 문화섭취의
길을 모색하고 있으며, 균형외교의 입장을 취한 왜국은 반드시 동아시아 정
세의 절박함을 충분히 인식하고 있지 못하였던 것이 아닐까?
　설화적인 u를 제외하더라도, v에 의하면, 고구려는 백제가 멸망한 해
에도 왜국에 견사하고 있는데, 귀국하는 시점은 다름 아닌 백제 멸망의 최
종 단계에 해당한다. 왜국의 659년 견당사는 '國家來年必有海東之政, 汝
等倭客不得東歸'라고 하여, 백제 정벌의 기밀이 누설될 것을 두려워한 당
에 의하여 억류되어 버렸으므로(『日本書紀』齊明 5年 7月 戊寅條分註
所引 伊吉連博德書), 왜국이 백제 멸망을 안 것은 660년 9월의 백제부흥
에 나선 백제유민으로부터 사자가 도래한 때를 기다리지 않으면 안되었다.
(齊明 六年 九月 癸卯條). v의 고구려사신은 어쩌면 이러한 변동을 예고
하려고 한 것일지도 모르는데, 마침 백제가 멸망한 7월에 귀국하고 있으므
로, 설령 왜국이 고구려와 제휴를 맺고자 하였더라도 이미 어쩔 수 없었던

것으로 생각된다. 오히려 백제를 멸한 당 신라연합군은 고구려 정벌에 전력을 기울일 수 있는 상황이었으므로 고구려로서는 가혹한 상황이 계속되고 있었으므로, 왜국에 사신을 파견할 수 없는 형편이었다.

그런데 백제부흥운동의 시작, 왜국의 지원, 또한 고구려의 분전에 의한 전선 교착으로부터, 당 신라는 백제부흥운동의 평정에 착수하였고, 663년 8월의 백촌강전투에 이르게 되는데, '머리말'에서 언급한 이 백촌강전투를 둘러싼 왜국과 고구려의 연대는 어떠한 것이었을까? 나는 지금까지 서술해 온 왜국과 고구려의 관계로 보아, 직접적인 연락을 주고받았다고 는 생각하기 어렵다고 판단하고 있다. f 에 기록된 바와 같이, 백제부흥운동의 원군으로 파견된 왜국의 군장들이 고구려와 연락을 취하는 일은 있었던 것으로 생각되지만, 이는 왜 본국의 지시에 의한 것이라기보다는, 오히려 백제부흥운동을 주도한 백제왕 풍장 및 귀실복신의 전략에 의한 것이라고 보는 편이 좋지 않을까? g 에 의하면, 백촌강 전투의 패배 후, 풍장 등은 고구려로 피신하였는데, 백제유민들에게는 고구려와 협력하여 당 신라와 싸운다는 선택지가 남아 있었던 것이다.

따라서 c · d 에 대해서도, '머리말'에서 시사한 것처럼, 고구려인인 도현의 기대를 담은 표현이라고 해석해야 할 것이다. c · d 는 백제부흥운동 구원을 위한 파병이며, 당 신라 주둔지를 넘어서, 고구려 전선에 향한다는 것은 불가능하였다(원고 말미에 제시한 지도 참조). 백제부흥운동의 융성이 당 신라군을 백제방면으로 분산시켜, 결과적으로는 고구려에 대한 압박이 약해졌으므로, 고구려로서는 '구원'이 되는 측면도 있었던 것으로 생각되지만, 왜국과 고구려가 긴밀하게 연락을 하는 상황에서 이루어진 작전이었다고 보기는 어려울 것이다.[12]

---

12) 鄭孝雲은 「天智朝と『百濟の役』」, 『韓』 116, 1990년에서, 655년 백제 고구려에 의한 신라 30여 성 탈취 이후, 왜국은 齊明 2년 8월에 고구려에 사신을 보내고(사료 t), 고구려와 동맹을 맺었다고 보았다. 또한 660년 11월·661년 5월 고구려에 의한 신라공격(『三國史記』 羅紀)는, 동맹국인 백제를 멸망시킨 신라에 대한 고구려의 보복행위였다고 한다. 그밖에, 鈴木英夫도 「七世紀中葉に

이상 우원한 설명으로 일관하였는데, 백촌강 전투와 고구려의 관계라는 논제에 관해서는 백제유민과 고구려의 제휴는 인정되지만, 왜국과 고구려의 통교과정이나 그 사이의 왜국의 외교방책의 전개 등에서 보면, 왜국과 고구려의 연락이라는 점에서는 간접적인 것에 그칠 수밖에 없었다고 하는 것이 결론이다. 마지막으로 백촌강 전투 후에 왜국과 고구려의 관계를 살펴보는 것으로서 이 점을 다른 시점에서 검증하여 본고의 고찰을 마치고자 한다.

3. 백촌강 전투 후의 양상

663년 8月의 백촌강 전투 후, 668년 고구려 멸망에 이르는 사이에도, 왜국과 고구려의 통교 및 왜국의 외교방책을 엿볼 수 있는 기사가 있으므로, 마지막으로 이에 대해서 언급하면서 다시 백촌강 전투와 고구려의 관련 여부를 검토해 보고자 한다.

 w 『日本書紀』天智 3年(664) 10月 是月條
　高麗大臣蓋金終於其國. 遺言於兒等曰, 汝等兄弟, 和如魚水, 勿爭爵位. 若不如是, 必爲隣咲. → 天智 6年(667) 10月條
　高麗太兄男生出城巡國. 於是, 城內二弟, 聞側助士大夫之惡言, 拒而勿入. 由是, 男生奔入大唐謀滅其國.

 x 『日本書紀』天智 5年(666) 正月 戊寅條
　高麗遣前部能婁等進調. 是日, 耽羅遣王子始如等貢獻. → 6月 戊戌條　高麗前部能婁等罷歸.

 y 『日本書紀』天智 5年(666) 10月 己未條

おける 新羅の對倭外交」 『古代の倭國と朝鮮諸國』 靑木書店, 1996년에서 사료 t 에 대하여 동일한 가능성을 인정하고 있다. 그러나 역시 백촌강전투에서 왜국과 고구려가 전략면에서 제휴하고 있었다는 분명한 증거는 찾기 어렵지 않을까 생각한다.

高麗遣臣乙相奄*等進調<大使乙相奄＊, 副使達相遁, 二位玄武若光等>. → 天智 6年 2月 戊午條(上略・齊明大王と間人皇女を合葬)高麗・百濟・新羅皆奉哀於御路. (下略) / 天武 9年(680) 11月 乙亥條　高麗人十九人返于本土. 是当後岡本天皇之喪而弔使, 留之未還者也.

z 『日本書紀』天智　7 年(668)　7 月條
高麗從越之路遣使進調. 風浪高故不得歸. → 10月條　大唐大將軍英公打滅高麗. 高麗仲牟王初建國時, 欲治千歲也. 母夫人云, 若善治國可得也<若或本, 有不可得也>, 但当有七百年之治也. 今此國亡者, 当在七百年之末也.

w는 참고로 제시하였는데, 泉蓋蘇文의 죽음을 계기로 아들인 男生과 男建・男産 사이의 형제다툼이 일어나, 남생은 당으로 망명하였고, 내부 대립에 의한 고구려의 약체화, 그리고 668년 멸망으로 향하게 된다. 다만 蓋蘇文의 죽음과 그 후의 형제다툼은 『三國史記』麗紀 宝藏王 25年條 및 『旧唐書』 高句麗伝 등에서는 666년 6월의 일로 기록하고 있어서, w는 연월이 모두 잘못되어 있으나, 실은 5월 이전, 아마도 그 전년도 겨울 즉 665년 10月에 죽었으며, w는 연도는 잘못된 것이지만 월은 정확한 것으로 보고 있다.[13)

백촌강전투 후 고구려의 사신파견은 x ~ z 가 보이는데, 이들은 바로 泉蓋蘇文 사후 고구려가 위기적인 상황 속에서 왜국에 구원을 청하기 위한 것으로 생각된다. 특히 x・y에서는 같은 해에 2차례나 사신을 보내고 있는데, 당시는 고구려의 내부 대립이 현재화되고, 당군의 침공도 점점 강해지고 있던 시기였다.(『旧唐書』) 그러나 왜국측은 y 를 齊明大王의 弔使로 기록하였으며, z 의 사신은 고구려 멸망으로 인하여 귀국할 수 없었는데도 '風浪高故不得歸'라고 다른 이유로 설명하려고 하고 있다. 왜국은 고구려의 구원요청에 적극적이 아니었다고 평가하지 않을 수 없다.[14)

---

13) 日本古典文學大系, 『日本書紀』下, 岩波書店, 1965년, 362쪽 頭注.
14) 松田好弘, 「天智朝の外交について」 『立命館文學』 415・416・417, 1980년. 또한 松田은 670년 入唐한 遣唐使에 대해서는, 高句麗를 멸한 후 당의 왜국

이 점은 신라에 병합된 탐라에 대해서도 해당되는데 x 에 耽羅使에 대한 기록이 보이는 것처럼, 탐라도 왜국에 구원을 기대하고 사신을 보내고 있다. 탐라가 신라로 병합된 것은 679년으로, 668년 고구려 멸망 후에 당과 신라의 전쟁이 시작되고, 676년에 통일신라에 의한 한반도 통일이 달성된 이후의 일인 셈인데, 이미 이 무렵부터 신라의 압력이 미치기 시작한 것으로 생각된다. 탐라는 x 의 왕자 始如가 즉위하여 왕이 된 단계였으며, 675년 9월에는 왕이 직접 왜국에 건너와 구원을 요청한 적도 있는데(『日本書紀』天武 4年 9月 戊辰條), 왜국은 결국 지원을 하지 않았다. 왜국의 遣耽羅使는 탐라가 신라에 신속하는 것이 결정적이 된 679년이 처음이었으며(天武 8年 9月 庚子條), 신라에 복속되는 것을 追認한 것으로 추정되어, 왜국은 탐라 구원의 의지가 없었던 것으로 판단된다.[15)]

백촌강 전투 후에 왜국에 신라사신이 온 것은 668년 9월의 일이었다. 이 신라사에 대하여 왜국의 대응은 극히 정중하였으며, 신라사가 귀국할 때는 왜국의 遣新羅使가 파견되는 등, 앞에서 말한 고구려와 탐라, 또한 670년경 부터 신라와 본격적인 전쟁상태에 들어가서 지원을 요청해 온 한반도에 주류하고 있던 당군의 사자에 대한 대응과는 전혀 양상을 달리하고 있다. 668년 9월이라고 하면, 고구려가 멸망한 때이며, 신라로서는 이러한 한반도 정세 변화를 전하는 동시에 닥쳐올 대당전쟁을 예상하고 적어도 왜국이 당측에 붙지 않도록 외교적인 포석을 둘 필요가 있었을 것이다.

한편 왜국측도 이러한 신라의 사신파견을 받아들이고 이후도 서로 사신을 교환한다는 형태로, 신라와는 긴밀한 통교를 계속하고 있다. 왜국은 657·8년에 신라를 매개로 하여 당에 유학승을 보내는 등, 신라를 이용하여 당문화를 이입하려고 한 적도 있으나, 그 후에는 백촌강 전투에 이르는 과정에서 신라와의 통교가 단절되어 버렸다. 그러나 백제가 멸망하고 한반도와의 접점을 상실한 왜국은 당문화를 섭취하는 루트를 잃었으며, 당과는 금방

공격을 예감한 왜국이 급히 파견한 것이라고 보고 있다.
15) 拙稿, 「古代耽羅の歷史と日本」『古代日本の對外認識と通交』, 吉川弘文館, 1998년.

관계를 수복하기 어려운 상황 속에서, 결국 백제를 대신하여 신라를 발판으로 당문화 이입의 길을 모색할 수밖에 없었던 것이다. 당과 전쟁상태에 있었던 고구려에게는 그러한 역할을 기대할 수 없었고, 당의 문화 국가기구를 모델로 새로운 국가를 구축하기 위해서는 어쩔 수 없이 신라의 개입이 필요하였다.

따라서 백촌강 전투 후의 왜국은, 한반도의 일은 신라에 맡기고 그 신라에 대한 접근을 통해서 선진문물의 획득을 달성하려는 방책을 선택한 것으로 생각된다. 신라가 당과 전쟁상태에 들어가면서도, 한반도 정세의 향방을 냉철하게 판단하고, 전황이 불리한 당군, 그리고 구백제령에 남아있는 백제 유민에게는 지원의 손길을 뻗치려고 하지 않았다.『新唐書』日本伝에는 '咸亨元年(670), 遣使賀平高麗'이라고 하여, 고구려 평정을 축하하는 왜국의 견당사 입조를 전하고 있다(『日本書紀』天智 8年(669) 是歲條, 10年(671) 3月 庚子條도 참조). 이 단계에서는 신라와 당은 아직 본격적인 전쟁에 돌입하지는 않았기 때문에, 왜국은 당과 신라 어느 쪽에 붙을 것인지를 어렵게 선택할 필요는 없었으며, 고구려 평정 후에는 일단 당과 통교를 재개하였다.

다만 그 후 왜국이 다음 견당사를 파견한 것은 701년으로 30년의 간격을 두고 있으며, 이 사이에 왜국은 동아시아 정세에 직접 관여하는 일 없이 중앙집권적인 율령국가 건설에 매진하였던 것이다. 이러한 시간을 벌기 위해서도, 신라와 일국중심주의적인 외교를 맺고 외교면에서 분규를 회피하려고 한 것으로 생각된다. 이러한 견지에서 보면, 역시 백촌강 전투의 시점에서 왜국이 고구려와 직접적인 연대를 구상하였다고는 보기 어렵다고 하지 않을 수 없다. 그리고 왜국은 고구려 멸망에 냉담하였다고 평하지 않을 수 없는데, 고구려 유민들을 받아들이기는 하였다.(<표 3>)

〈표 3〉 高句麗 유민 관계 사료

天武 14年(685) 2月 庚辰條　大唐人・百濟人・高麗人并百冊七人, 賜爵位. 持統 称制前紀

朱鳥　元年(686) 閏12月條筑紫大宰獻三國高麗·百濟·新羅百姓男女幷
　　僧尼六十二人.

持統 7年(693) 6月 己未條　詔高麗沙門福嘉還俗.

大宝 3年(703) 4月 乙未條　從五位下高麗若光賜王姓.

養老　元年(717) 11月 甲辰　高麗·百濟二國士卒, 遭本國亂, 投於聖化.
　　朝庭憐其絶域給復終身.

宝字 元年(757) 4月 辛巳條　其高麗·百濟·新羅人等, 久慕聖化, 來附
　　我俗, 志願給姓, 悉聽許之. 其戶籍記姓及族字, 於理不穩, 宜爲改正.

宝字 5年(761) 3月 庚子條 高麗人達沙仁德等二人朝臣連, 上部王虫麻呂
　　豊原連, 前部高文信福当連, 前部白公等六人御坂連, 後部王安成等二
　　人高里連, 後部高吳野大井連, 上部王弥夜大理等十人豊原連, 前部選
　　理等三人柿井連, 上部君足等二人雄坂造, 前部安人御坂造.

宝字 5年(761) 5月 丙申條 左兵衛河內國志紀郡人正八位上達沙仁德·
　　散位正六位下達沙牛養二人賜姓朝日連, 後改爲嶋野連.

延曆 8年(789) 10月 乙酉條(高麗福信薨伝) 福信武藏國高麗郡人也. 本姓
　　背奈. 其祖福德屬唐將李勣拔平壤城, 來歸國家, 居武藏焉. 福信卽福
　　德之孫也. 新撰姓氏錄(左京諸蕃下·高麗)

高麗朝臣　　　出自高句麗王好台七世孫延?典王也.

豊原連　　　　出自高麗國人上部王虫麻呂也.

福当連　　　　出自高麗國人前部能婁也.

御笠連　　　　出自高麗國人從五位下高庄子也.

出水連　　　　出自高麗國人後部能皷兄也.

新城連　　　　出自高麗國人高福裕也.

男挾連　　　　出自高麗國人高道士也.

高史　　　　　出自高麗國元羅郡杵王九世孫延挐王也.

日置史　　　　出自高麗人伊利須意彌也.

福当造　　　　出自高麗人前部志發也.

河內民首　　　出自高麗國人安劉王也.

後部藥使主　　出自高麗國人大兄憶德也.

王　　　　　　出自高麗國人從五位下王仲文<法名東婁>也.

高　　　　　　高麗國人高斯斤之後也.

高　　　　　　高麗國人從五位下高金大藏<法名信成>之後也.

　　　　　　　(右京諸蕃下·高麗)

高田首　　　　出自高麗國人多高子使主也.

日置造	出自高麗國人伊利須使主也＜一名伊和須＞.
高安下村主	出自高麗國人大鈴也.
後部王	高麗國長王周之後也.
	(大和國諸蕃・高麗)
日置造	出自高麗國人伊利須使主也.
烏井宿禰	日置造同祖. 伊利須使主之後也.
榮井宿禰	日置造同祖. 伊利須使主男麻弖臣之後也.
吉井宿禰	日置造同祖. 伊利須使主之後也.
和造	日置造同祖. 伊利須使主之後也.
日置舍人	日置造同祖. 伊利須使主兄許呂使主之後也.
	(攝津國諸蕃)
日置造	烏井宿禰同祖. 伊利須使主之後也.
	(河內國諸蕃)
島本	高麗國人伊利和須使主之後也.
	(未定雜姓・左京)
後部高	高麗國人正六位上後部高千金之後也.
	(未定雜姓・右京)
朝明史	高麗帶方國主氏韓法史之後也.
後部高	高麗國人後部乙牟之後也.

＊出典은 특별히 기록하지 않은 것은 해당시기의 國史.

<표 3>에 의하면, 백제유민만큼 대규모는 아니었지만, 東國을 중심으로 고구려 유민의 도래와 안치가 실시된 것을 알 수 있어서 왜국(일본)에 안주할 곳을 얻은 사람들도 있었다는 것을 덧붙여 두고 싶다.

맺음말을 대신하여

이 글에서는 백촌강전투와 고구려의 관계를 과제로 검토해 보았으나, 결과로서 백촌강전투의 시점에서 왜국과 고구려 사이에 적극적이고 전략적인 연락이 있었다고는 생각하기 어려움을 알 수 있다. 해당시기의 제문제에 대해서는 이미 몇 편의 글에서 언급하였는데,[16) 실은 고구려에 대해서는 염두에 두지 못했다. 이번에 고구려에 대해서 생각할 수 있는 기회를 얻게 되었고, 새롭게 관계사료를 정리할 수 있어서, 묵은 과제를 해결할 수 있었다. 결론으로서는 지금까지 생각해 온 것과 큰 차이가 없으나, 몇 가지 사료에 관해서는 고구려측의 의도를 좀더 헤아려볼 수 있는 논점이 있다는 사실을 알게 되었다. 앞으로 더욱 넓은 시야에서 이 문제를 검토할 단서를 얻을 수 있게 된 것에 깊이 감사하면서 변변치 않은 글을 마치고자 한다.

(번역: 이근우)

---

16) 주 1·3·15) 이외에도, 拙稿인「白村江敗戰秘話」『歷史街道』140, 1999년 ;
「白村江の戰をめぐる倭國の外交政策と戰略」『東アジアの古代文化』110,
2002년 ;「白村江に至る東アジアの外交」歷史群像シリーズ『飛鳥王朝』,
學習硏究社, 2005년 등의 글이 있다.

토론문 : 이근우(부경대 사학과 교수)

먼저 이 글의 중심축이라고 할 수 있는 백촌강전투에 대해서, 당의 수군과 왜국군이 백촌강에서 싸웠다고 표현한 부분을 문제점으로 지적할 수 있겠다. 마치 백촌강 전투가 청일전쟁처럼 전투가 있었던 장소는 한반도였지만, 전쟁의 주체는 중국대륙과 일본열도의 세력이었던 것처럼 오해될 소지가 있기 때문이다. 삼국사기 신라본기 문무왕 11년조에 보이는 것처럼, 백촌강 전투에서는 백제 부흥군 기병과 왜국의 수군, 그리고 신라의 기병과 당의 수군(일본서기의 기록에 의함)이 싸웠다.

용삭 3년에 총관 손인사가 군사를 거느리고 웅진부성을 구원할 때에 신라의 병마도 출동, 함께 가서 주류성 아래에 다다랐다. 이때 왜국의 선병이 와서 백제를 도왔는데, 왜선 천 척은 백강에 머물고, 백제의 정기는 강기슭에서 그 선함을 수호하였다. 신라의 날랜 기병이 당의 선봉이 되어 먼저 (백제의) 안진을 깨트리니, 주류성은 실망하여 드디어 곧 항복하였다.

문무왕의 회고에 따르면, 백제 부흥군의 기병이 강안에 진을 치고 왜국의 수군 함선을 수호하고 있었는데, 먼저 신라의 기병이 왜선을 지키는 백제의 기병이 강변에 치고 있던 진을 깨트렸다. 결국 왜의 수군은 수륙 양면으로 공격을 받음으로써 패배한 것이다. 이미 강 안으로 들어온 왜의 수군은 육상 공격의 사정거리 안에 있었기 때문에, 육상으로부터 백제 부흥군의 지원을 받지 못하는 상태에서는 수전을 유리하게 이끌 수 없었던 것이다.

백촌강 전투를 육상의 공격으로부터 자유로운 해전으로 생각해서는 안된다. 그리고 그 전투의 승패는 이미 백제부흥군과 신라군 간의 육상전투에서 결정되었다고 해도 과언이 아닐 것이다.

일본서기에서 백촌강 전투를 왜의 수군과 당의 수군 간의 전투를 위주로 묘사한 것에서는 일정한 편향성을 인정해야 하지 않을까. 마찬가지로 삼국사기에서도 당의 수군에 관한 언급이 없고, 신라 기병의 활약만을 강조하고 있다. 결국은 일본서기와 삼국사기의 기사를 조합함으로써, 백촌강 전투의 실상이 좀더 구체화될 수 있을 것으로 생각된다.

한편 이 전투에 대해서 문무왕의 회고를 제외하면 삼국사기 신라본기에 구체적인 기록이 없다는 점도 흥미롭다. 사실 백촌강 전투 그 자체에만 의미를 부여하는 데는 문제가 있다. 백촌강 전투는 신라 입장에서는 주류성 전투의 일부였을 뿐이다. 이 해 신라는 660년의 백제 정벌 때보다 더 많은 병력을 동원하여, 백제 부흥군을 제압하고자 하였다. 당에서도 우위위장군 손인사로 하여금 군사 40만을 이끌고 덕물에 이르러 웅진부성을 향하게 하였다고 한다. 이에 대응하여 신라도 김유신 등 28 혹은 30명의 장군을 거느리고 당군과 연합하였다고 한다. 신라의 병력은 구체적으로 기록되어 있지 않지만, 출동한 장군의 수나 당의 군사력을 본다면, 5만 명을 동원한 660년 정벌을 상회하는 병력 동원이 이루어진 것으로 생각된다. 신라와 당의 연합군은 두릉이성과 주류성 등 백제부흥군이 거점으로 삼는 여러 성을 쳐서 다 항복받았다고 한다. 가장 중심되는 거점이던 주류성이 함락되고 백제왕 풍장이 고구려로 도망가면서 백제 부흥운동은 내리막길을 걷게 된다. 주류성이 함락되는 일련의 과정에서 백촌강전투가 일어난 것이다. 그리고 이른바 1000척의 왜의 함선이 출현하였음에도 불구하고 삼국사기에서는 그 전투에 대한 기억은 오히려 신라 기병이 백제 부흥군 기병을 격파한 사실에 초점이 맞추어져 있고, 왜군의 활동에 대해서는 구체적으로 언급되어 있지 않다. 결국 신라의 관심은 주류성 함락에 있었으며, 왜의 수군의 출현은 그 과정의 일부였을 뿐이다. 이러한 점에서 일본서기가 백촌강 전투를 상세하

게 묘사하고 있는 것과는 크게 다르다고 하지 않을 수 없다. 왜국으로서는
엄청난 병력과 재원을 동원한 출병이었지만, 당시의 신라와 당에게 준 충격
은 미미하였다고 할 것이다.

한편 이 전투를 통해서, 당시 왜국의 동아시아 정세에 대한 인식을 되묻
지 않을 수 없다. 불과 27000명의 수군을 동원함으로써 한반도에서 진행되
고 있는 상황을 일거에 역전시킬 수 있었다고 생각하였다면, 왜국이 당시에
당이나 신라가 가지고 있었던 무력을 과소평가한 셈이다. 백촌강 전투라는
단편적인 사건이지만, 이 사건을 통해서 당시 왜국이 당의 책봉을 거부한
배경에도 당의 실체에 대한 이해 부족을 상정할 수 있지 않을까.

실제로 왜국으로서는 당으로 왕래하는 일이 결코 용이하지 않았으며, 특
히 당의 군사력을 직접 경험할 기회가 전무하였다고 할 것이다. 도성을 중
심으로 왕래하는 왜국의 사신들이 당의 실상을 모두 파악한다는 것은 결코
용이하지 않았을 것이다. 왜국의 백제 구원군 파견은 동아시아 정세를 제대
로 파악하지 못한 결과라고 할 수 있지 않을까?

한편 이 글에서 가장 핵심되는 부분 중의 하나는 b~e의 기사를 어떻게
이해할 것이냐 하는 내용이다.

　　b 『日本書紀』天智称制前紀(661) 12月條
　　高麗言, 惟十二月, 於高麗國寒極洌凍. 故唐軍雲車·衝輣, 鼓鉦吼然,
高麗士率膽勇雄壯. 故更取唐二壘, 唯有二塞. 亦備夜取之計, 唐兵抱膝
而哭, 銳鈍力竭而不能拔. 噬臍之耻非此而何<釋道顯云, 言春秋之志,
正起于高麗, 而先聲百濟, 百濟近侵甚, 苦急. 故爾也>.

　　c 『日本書紀』天智称制前紀(661) 是歲條
　　又日本救高麗軍將等, 泊于百濟加巴利濱而燃火焉. 灰変爲孔有細響,
如鳴鏑. 或曰, 高麗·百濟終亡之徵乎.

　　d 『日本書紀』天智元年(662) 3月 是月條
　　是月, 唐人·新羅人伐高麗. 高麗乞救國家. 仍遣軍將據疏留城. 由是

唐人不得略其南堺, 新羅不獲輸其西壘.

　e 『日本書紀』 天智元年(662) 4月條
　鼠産於馬尾. 釋道顯占曰, 北國之人將附南國. 盖高麗破而屬日本乎.

　발표자는 일본서기에 660년 7월 이후 왜국과 고구려의 교섭이 확인되지 않으므로, 이 기사는 고구려인인 도현이 고구려측의 입장에서 기대를 담아 서술하였을 가능성이 있다고 하여, 이들 사료의 내용은 신뢰할 수 없는 것이라고 하였다. 그리고 b~e 기사가 모든 도현의 「일본세기」를 출전으로 하고 있는 것으로 간주하였다. 그럴 가능성은 충분히 인정되지만, 과연 이 4개의 기사가 모두 「일본세기」를 인용한 것으로 보고, 왜국과 고구려 간의 군사적인 협조가 직접적인 사실을 반영하는 것이 아니라 도현이 창작한 것이라고 볼 수 있을지는 좀더 생각해 볼 필요가 있을 것이다.
　『일본서기』의 사료 인용 방식을 볼 때, b의 사료 본문은 「일본세기」에서 온 것이라고 보기 어렵지 않을까? 「일본세기」의 내용을 본문에서 인용하면서 분주에서 다시 도현을 언급한 셈이 된다. 인용한 방식에 있어서도 4개의 사료는 서로 다르게 보인다.
　물론 이 사료를 통해서도, 필자가 지적하는 대로 왜국과 고구려의 직접적인 군사협력을 확인하기는 어렵다. 과연 왜국과 고구려가 백촌강 전투를 치르는 과정에서 아무런 협력이 없었다고 한다면, 그것이야말로 왜국이 얼마나 그 당시 동아시아정세를 안이하게 보고 있었던가를 보여주는 증좌라고 할 것이다.

高麗王若光과 그 후예

高麗文康

(高麗神社 稱宜)

1. 高麗神社의 위치

高句麗의 왕족 高麗王若光(koma no kokishi jakkou)를 제사지내는 高麗神社는 日本의 수도 東京과 인접하는 埼玉縣의 서부 日高市에 위치해 있다. 교통망이 정비된 현대에 있어서는 자동차나 철도로 도심에서 2시간내에 도달할 수 있는 거리에 있다. 도회지에서 비교적 가까운 거리에 있으면서도, 푸른 숲과 맑은 물에 둘러쌓인 아름다운 풍경의 日高市는,도시에 사는 일본인에게 있어 훌륭한 쉼터이다. (사진1 참조)

2. 高麗郡의 성립

日高市와 그 주변에 있어서 현대까지 계속되는 인간의 삶에 지표를 제시해 온 것은 다름이 아닌 高句麗人 이었다. 고대 동아시아에서는 고구려를 「高麗」라고 표기한 적이 있어, 日本에서는 이 '高麗'를 'koma', 高句麗人을 '高麗人 (komabito)'라고 칭하고 있다. 8세기 후반에 편찬된 勅撰史書인『續日本紀』에 의하면 西曆716년, 大和朝廷은 武藏國 안에 高麗人 1799명을 모아, 高麗郡(komagun)을 두었다. 1800명에 이르는 高麗人들의 前住地는 거의 현재의 관동지방 모든 縣에 널리 걸쳐있어, 高麗郡을 세우는 일이 大和 조정에 있어서 大事業이었음을 알 수 있다. 이 高麗郡의 初代 首長이 高麗王若光이였다.

3. 高麗王若光의 도래

高麗王若光은 高句麗의 왕족이였다고 알려졌지만, 高句麗에 있어서의 그 계보는 명확하지 않다. 8世紀전반에 편찬된 勅撰 史書『日本書紀』天智天皇稱制 5년(西曆666년) 10월조에는 고구려에서 온 使者 중에 '二位玄武若光'이라는 記載가 있다. 高麗神社의 祭神 高麗王若光이 大和朝廷 으로부터 '從5位下'라는 位를 받아, 중용되었다는 것을 생각해 보면, 西曆666년의 高句麗에서 온 使者에 보이는 '二位玄武若光'은, 이후의 高麗王若光일 것이다.

4. 高麗郡 성립과 高麗神社의 創建

『續日本紀』文武天皇 大寶 3년(703)에는, "從5位下 高麗若光에게 王의 姓을 내린다"라는 一文이 보인다. 高句麗의 멸망으로부터 35년이 지나 若光은 大和朝廷으로부터 '王'의 位를 하사받게 된다. 高麗郡의 성립은 더욱이 13년 뒤의 일이었으며, 그 기간의 若光의 행정은 전혀 남아 있지 않지만, 이 13년간이 결코 공백 기간은 아니었다고 생각하고 싶다. 高麗郡 성립은 大和朝廷에 있어 大事業이었다고 생각되지만, 若光 개인에게도 커다란 悲願이었음에 틀림없다. '王'姓을 하사받은 후 建郡 까지의 세월은 매우 중요한 준비기간이었을 것이다. 若光에게 이 세월은 일생의 가장 충실한 시기가 아니었을까.

高麗郡이 위치한 곳은 別表와 같다. 당시는 關西지방(현재의 奈良縣)에 왕도가 있었던 것으로 보아 高麗郡이 위치한 關東지방은 변경지였다. 아울러 高麗郡域은 매개척지이기도 했다. 그 때문에 建郡 당시 高麗人들은 토지를 개척하는데 힘들었을 것으로 생각된다. 하지만 그것은 결코 大和朝廷이 高麗人을 쫓아낸 것이 아니라, 망국의 백성이 비애에 가득찬 표정으로 황무지를 개간한 것이 아닐까. 오히려 若光을 비롯한 高麗人은 大和朝廷으로부터 깊히 신뢰받고 高麗人도 新天地에 母國의 이름을 붙였다는 것은 어느 정도의 자부심은 갖고 있었다고 생각해야 할 것이다. 朝廷의 입장에서, 신뢰할 수 없는 사람들을 굳이 수도에서 멀리 떨어진 땅에 모여 살게 했을리는 없을 것이고, 高麗人의 입장에서 보면 오랫동안 살았던 땅을 떠난데는 그나름의 커다란 뜻이 있었을 것이라고 생각하기 때문이다. 朝廷의 신뢰라는 점에서 말하면, 예전의 高麗郡 지역에서 大和朝廷의 지원을 엿볼 수 있는 유적이 나왔다. 그것은 8세기 중반까지 건립됐다라고 생각되어지는 세개의 廢寺 유적에서, 일부 불완전하지만 조사가 행해지고 있다. 주택지에 있기 때문에 불완전한 조사 밖에 할 수 없는 정황이지만, 女影廢寺

는 당시 일본의 왕도에서 사용된 기와와 같은 모양의 것이가 사용됐을 가능성이 있다. 이것은 大和朝廷의 중앙과 高麗郡이 밀접한 관계를 갖고 있었다는 증거가 된다. 郡域이 그다지 넓지 않은 高麗郡에 있고, 이 시기에 절을 세개나 소유했다는 것은, 郡內에 이주한 高麗人의 높은 文化性과 조정의 신뢰를 뒷받침하는 높은 기술, 생산력을 말하는 것이다.

高麗王若光은 高麗郡의 개척을 지휘하고 이윽고 그 파란만장한 인생을 끝냈다. 若光의 사망년도는 확실하지 않으나, 그 혼령은 高麗人에 의해 靈廟에 모셔 高麗郡의 수호신이 되었다. 이것이, 현재의 高麗神社이다.

5. 高麗王若光의 후예 (1) −커다란 轉機−

高麗王若光의 후예는 '高麗'를 씨족명으로 하고, 한동안 若光에게 내려진 高麗郡의 영주로서의 입장을 계승해왔다고 생각된다.

高麗氏에는 『高麗氏系圖』가 전해져 왔다.(사진: 高麗氏系圖 참조) 그것에 의하면, 若光으로부터 헤아려 23대째에 해당하는 麗純은 修驗(山岳修行者이며, 촌락에서는 祈禱者였다)이 되고. 이후 56대까지 高麗氏의 當主는 修驗의 道를 닦았다. 27대째 豊純의 代에는 다음과 같은 記述이 있다. "当家(高麗家)는 지금까지 高麗에서 따라온 친족이나 중신과만 혼인을 맺었지만, 깊은 사정이 있어 駿河(靜岡縣) 岩木의 승려 道曉의 딸을 아내로 삼았다". 이로부터 高麗氏가 26대 500년 이상에 걸쳐 高句麗人의 후예와 혼인을 맺어왔다는 것을 알 수 있다. 이것은 高麗郡에 오랫동안 高麗人의 후예가 번성했다는 증거이며, 若光의 후예와 그 밖의 高麗人의 후예가 긴밀한 관계를 유지해 왔다는 증거이기도 하다. 그렇다면, 500년 이상에 걸쳐 계승되어 온 중요한 관습을 굳이 어길 정도의 「事情」은 무엇이었던가.

6. 高麗王若光의 후예 (2)
－소용돌이치는 歷史의 狹間에서－

　당시 關東地方에서는 關西의 왕도에 대항하는 무사에 의한 정권이 성립하려 하고 있었다. 그 중심 인물은 源賴朝이고, 氏族名을 源氏로 칭한다. 27대 豊純의 아내가 된 '道曉의 딸'은 바로 源氏의 친척이였던 것이다. 關東에 사는 高麗氏 이외의 무사 집단은 일찌기 源氏 휘하에 복종하고 있었다. 그거에 대해서 高麗氏와 그를 따르는 高句麗 후예 씨족은 源氏와의 사이에 일정한 거리를 유지하고 있었던 것 같다. 하지만 源氏 세력의 힘이 커짐에 따라, 高麗郡內의 지배 조차 여러 좋지 않은 상황이 생겨나게 된 것이다. 굳이 源氏와 혈연을 맺은 것은 領地의 원활한 경영을 위한 선택한 것으로 생각된다. 豊純의 아버지 宗純의 代에는 高麗의 姓을 若光의 씨족을 이어가는 사람에게만 허락했으며, 그 밖의 사람에게는 가령 分家라도 姓을 따를 수 없다는 결정을 했다. 그 이유는 "高麗는 郡名이니, 함부로 서민이 칭할 수 있는 가벼운 것이 아니다"라는 것이었다. 곧, '高麗'를 姓으로 칭할 수 있는 것은 高麗郡의 初代 首長인 若光의 嫡孫만이라는 것이 된다. 어디까지나 私見이지만 이 결정을 통해서 高麗氏와 高麗人 후예들은 高麗郡 의 기득권을 지키려고 했던 것이다. 그렇다면 宗純, 豊純의 代에 나타난 두 가지 사건은 모두 高麗郡內의 지배를 확실하게 원활히 하려는 공통의 목적하에 행하여졌으며, 당시 高麗郡이 처해 있었던 상황을 엿볼 수 있다.

7. 高麗王若光의 후예 (3) －비극의 시작－

　당시로서는 최선의 노력과 가장 좋은 방법을 가지고, 高麗郡의 安泰를 도모한 행위는 머지 않아 高麗氏와 高句麗 후예씨족을 역사의 소용돌이 속으로 휩쓸리게 한다. 源氏가 세운 鎌倉幕府는 그 성립으로부터 약 150년이 지나 멸망했다. 서력 1333년 5월 22일, 이미 힘을 잃어가고 있는 鎌倉幕府를 단념한 부하 무장들은 新田義貞을 대장으로 하는 軍勢에 잇달아 가세하여 鎌倉의 땅에 쇄도했다. 궁지에 몰린 幕府側은 本陣을 버리고 東勝寺에서 버티어보지만, 이미 命運이 다했던 것이다. 鎌倉幕府가 멸망한 바로 그 순간, 高麗氏 30代 當主行仙의 남동생 三郎行持, 四郎行勝은 幕府 쪽의 兵으로서 전사, 鎌倉幕府와 운명을 같이 했다. 三郎行持, 四郎行勝의 전사는 高麗氏에게 있어서 渡來 이래 첫 戰場에서의 희생자였으며, 앞으로 일어날 비극의 시작이기도 했다.

8. 高麗王若光의 후예 (4) -高麗氏廢絶의 위기-

　鎌倉幕府의 멸망은 일본 전 국토에 혼란을 초래했으며 한동안 각지에서 전쟁이 끊이지 않았다. 高麗氏 32代 行高는, 선조의 無念을 풀려고 했던 건지 19세부터 20년간에 걸쳐 전쟁에 참가했다. 朝廷이 북과 남으로 나뉘어 패권을 다툰 시대에 行高는 일관되게 南朝 편에서 분전했지만, 아군에게 득없이 敗軍의 將이 되었다. 이 敗戰으로 高麗氏는 行高의 동생인 左衛門介高廣, 兵庫介則長을 잃었다. 게다가 領地의 대부분을 잃게 되어, 行高 자신도 5년간 다른 곳으로 몸을 숨기지 않을 수 없었다. 이때 高麗氏는 廢絶의 위기에 빠졌던 것이다. 行高는 高麗郡에 生還한 후, 남은 반생을 高麗氏 부흥에 바쳤다. 그리고 임종시 자손에게 遺戒를 남겼다. 그것에 의하면 "우리 집안은 이후 자손 대대, 어떤 일이 있을지라도 무사의 일을 해서는 안 된다. 전쟁은 해서는 안되느니라"하여 자신의 인생을 돌이켜 보며, 전쟁을 포기할 것을 자손에게 호소했다. 처참한 戰場을 여러번 극복해 온 行高는, 격동이 심한 이 세상에 榮達을 구하는 것 보다 氏族의 血脈을

후세에 영원히 전하는데 가치를 두었던 것이다. 高麗氏 는 그 후에도 종종
전쟁의 유혹을 받았으나, 行高의 遺戒를 지켜 두 번 다시 出陣하는 일은
없었다.

9. 高麗氏 몰락의 영향

전쟁을 포기하는 것은 정치적 권력을 상실하는 것으로 이어진다. 高麗氏
가 전쟁을 포기한 것으로 다른 고구려의 후예들은 主家를 잃은 것이 되며,
고구려계의 계승이 급속히 사라지게 되었다. 현재 고구려의 후예라고 自認
하는 氏族이 高麗氏 외에 극히 적은 수가 된 것은, 이 시기의 동향에서 시
작되었다고 말할 수 있을 것이다. 그러나 高麗氏가 세속의 권력으로부터
벗어나, 중세부터 근세를 통해 종교자나 교육자로서 삶의 길을 선택함으로
서 현재까지 이어지는 高麗氏의 血脈을 지키는 결과가 되었음은 틀림없는
사실이다.

10. 근대화 이후

일본이 근대화한 明治시대, 수도는 東京으로 옮겼다. 高麗神社의 역사
와 高麗氏의 존재는 중앙의 학자에게 알려지게 되었으며, 그 후 정치가의
참배도 잇따랐다. 한국인 중에도 當社 의 유서를 듣고 참배하기 위해 온 방
문객도 많았다. 한편 高麗氏는 근대화 직전까지 자택을 私塾으로 개방해
가까운 이웃의 아이들에게 배움의 혜택을 받게 했다. 그 후 근대의 학교제
도가 성립하는 가운데 高麗氏 56대 高麗大記는 현재의 「高麗小學校」의
초대 교장이 되었다. 그 후에도 高麗家는 교육자로 일면의 유지해 지금의
當主인 59대 澄雄도 20년 이상 중학교 교사로 재임중에 있다.

현재 高麗氏는 若光 이후 男系로 이어지는 드문 氏族으로서 日本內에
서 주목받는 일이 많다. 高麗神社에는 그 유서와 祭神의 神德에 의해 연
간 40만명의 참배객이 방문한다. 埼玉縣內에 자리잡은 2000여 神社 중에
서도 유수의 神社로 자리잡고 있다.

〈사진 1〉 國指定重要文化財 高麗家住宅

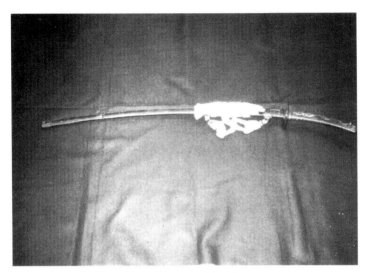

〈사진 2〉高麗王若光の佩刀

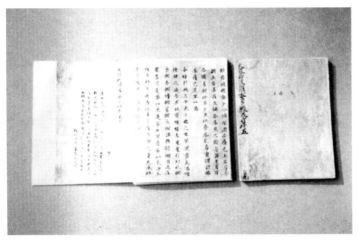

〈사진 3〉國指定重要文化財 大般若波羅密多経

〈사진 4〉高麗神社社殿

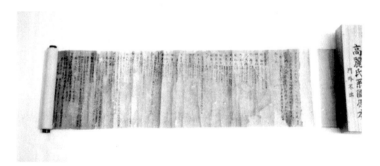

〈사진 5〉高麗氏系図

〈사진 6〉高麗川

〈사진 7〉高麗神社神門

토론문 : 이용현(국립중앙박물관 학예사)

1.

高麗文康씨의 논고는, 고구려 멸망 후 高麗王若光이 일본에 정착한 경위와 과정, 또 오늘날에 이르기까지 그의 후손의 역사와 활동에 관한 것이다. 高麗文康씨의 상세한 논고로 高麗神社와 高麗氏의 역사에 대해 알 수 있게 되었다.

특히, 여러 고비를 극복하고 오늘날에 이른 高麗氏의 역사는 역동적이고도 매우 감동적이다. 특히 高麗郡의 建郡을 거쳐 郡의 수호신이 되고, 이것이 오늘날 高麗神社의 시작임을 잘 알게 되었다. 이처럼 훌륭한 정리를 통해, 高麗氏의 산 역사를 가르쳐준 高麗文康씨께 경의를 표한다.

2.

高麗神社 혹은 高麗氏의 정체성에 대해 토론자는 문외한이므로, 토론하기 어렵다. 다만, 논고 중에 若光代에 대한 해석에 한정하고자 한다. 양해를 바란다.

高麗文康씨의 역사해석에서는 高麗氏와 일본 조정간의 "신뢰"를 강조하고, 역사를 가급적 밝게 긍정적으로 조명하려는 의지를 읽을 수 있다. 이 점이 본 논고의 특징이라 할 수 있다.

고려인은 야마토 조정에게 신뢰받았기 때문에 "高麗王"姓을 받았으며, 高麗郡을 건립할 수 있었다는 것이다. 그렇지만, 토론자는 "신뢰"만으로 이같은 역사를 해석할 수 있을까 의문이다. 당시는 高麗郡뿐만 아니라 新

羅郡도 창설되었으며, "高麗王"姓뿐만 아니라, 百濟王과 肖(背)那王성도 창출되었다. 그같은 당시의 시대적 배경도 함께 고려되어야 하지 않을까.

\<종합토론\>

사회 : 연민수(동북아역사재단 연구위원)
토론 : 김태식(홍익대 역사교육과 교수)
　　　이영식(인제대 사학과 교수)
　　　윤명철(동국대 교양학부 교수)
　　　김영미(이화여대 사학과 교수)
　　　정효운(동의대 일문과 교수)
　　　이근우(부경대 사학과 교수)
　　　이도학(한국전통문화학교 문화유적학과 교수)
　　　이용현(국립중앙박물관 학예사)

1부

□ **연민수** : 한일관계사학회 국제학술대회 '동아시아 속에서의 고구려와 왜'의 주제발표에 대한 종합토론을 시작하겠습니다. 발표장의 자리가 협소한 관계로 오전발표와 오후발표를 나눠서 종합토론에 들어가기로 하겠습니다. 아침부터 지금까지 아주 숨가쁘게 달려왔습니다. 지금 시간이 3시30분으로 6시까지 토론을 마무리를 하지 않으면 안됩니다. 그래서 오전과 오후발표에 대한 토론을 각각 1시간씩 하고 남은 시간은 본 주제와 관련해서 방청석의 의견을 듣기로 하겠습니다. 시간적 여유가 없기 때문에 한 분당 토론, 발표에 대한 질의응답을 5분씩 하시고 일본분들은 통역이 필요하기 때문에 5분을 추가하게 되면 사실상 시간적 여유가 없습니다. 이 점을 유념해 주시기 바랍니다. 발표자에 따라서는 토론 요지문이 상당히 많습니다. 축약해서 질문을 해 주시기 바랍니다. 그럼 제일 먼저 발표를 하신 서영수 선생님의 발표에 대해서 홍익대의 김태식 선생님이 토론해 주시겠습니다.

□ **김태식** : 예. 제가 토론문을 준비해 오지 못해서 죄송합니다. 서영수 선생님의 발표는 이제 광개토왕비문의 고구려와 왜의 관계라고 할까요. 그런 것에 대한 것인데, 여기서 대부분의 고구려사를 하시는 분들의 이 문제에 대한 표현은 고구려를 굉장히 강조하시고, 또 왜에 대해서 강조를 하면서, 보통은 백제하고 신라, 가야를 경시하는 투가 지금까지는 많았었는데, 이번에 서영수 선생님의 논문을 읽어보니까, 고구려를 다루면서도 백제, 신라, 가야의 입장을 어느 정도 반영을 한 것으로 보입니다. 그래서 상당히 전진적인 연구였다고 생각이 됩니다. 그래서 마지막에 서영수 선생님이 왜가 광개토왕 비문에 많이 나오는 것은 고구려의 남진 대상이 백제, 신라, 임나, 가라 등의 순서였기 때문에 왜가 연동되어서 자연스럽게 나타난 것이다라고 하셨습니다. 이러한 결론에도 동의를 합니다. 발표시간이 짧아 아마 요

238 동아시아 속에서의 高句麗와 倭

지에 대해서 자세하게는 듣지못하셨을 것 같은데, 몇 가지 표현상에 문제가 있다고 생각하는 것을 한두 개 지적을 하고자 합니다. 우선 4쪽하고, 5쪽에 보면 광개토왕 비문에 가장 많은 비중을 차지하는 기사가 백제에 대한 정토전과 신라와 가라에 대한 복속정책 및 이에 부수되는 倭討滅戰으로 구성됐다 이렇게 말씀하셨고, 5쪽의 아래 셋째줄을 보면 '永樂9年條 기사가 직접적으로는 10년조의 신라복속전과 관계가 있다' 이렇게 말씀하셨는데, 10년조를 신라 복속전이라고 하면 아마 고구려사를 하시는 고구려 입장에서 보시는 분들은 그 표현이 별 문제가 없다고 생각하실지 모르겠는데, 신라사나 남쪽 역사를 연구하시는 분이 듣기에는 영락 10년의 전투로 인해서 신라가 고구려에 복속되었다. 복속되었다는 것은 마치 정복되었다는 것과 같은 느낌이 듭니다. 그래서 용어를 신라를 구원 혹은 도와준다던가 하는 식으로 설명하지 않으면 고구려가 마치 정복자의 입장에서 한강 이남지역을 무차별적으로 공격하는 그런 느낌이 들어 표현을 바꿔야 하지 않을까 생각이 듭니다. 그 다음에 가야사와 관련된 건데요, 8쪽 둘째줄 '비문의 임나가라가 대가야의 원명으로 추정된다' 라고 하셨는데, 지금 비문에 나오는 임나가라를 우리 가야사 쪽에서는 아주 많은 논란이 있는 부분입니다. 그 임나가라를 고령의 대가야로 보는 견해하고, 김해의 금관가야로 보는 견해로 나뉘어져 있고, 저는 그것을 금관가야로 보는 쪽에 속하는데요, 지금 임나가라를 대가야의 원명으로 추정된다고 하신 것은 고령으로 보신 건지, 만약에 고령으로 본 것이라면 고고학적 사정이 다릅니다. 400년 전투를 계기로 해서 고령에 대가야 쪽은 고분군이 매우 커지고, 김해의 금관 가야쪽은 고분군이 몰락하는 그러한 면모가 보이기 때문에 비문의 임나가라는 역시 금관가야로 봐야 고고학적 사정과 부합하게 됩니다. 선생님이 이것을 고령으로 생각해서 썼다면 가야사의 연구동향에서 본다면 맞지 않다는 생각을 하게 됩니다. 그리고 7쪽에도 그와 관련된 얘기가 있는데요, '안라인수병'에 대해서 왕건군의 설에 따라서 신라인으로 하여금 지키게 하였다는 견해가 좋을 것이다' 이렇게 말씀하셨는데요. 물론 지금 안라인수병에 대해서는 크게 봐서 이제 두 가지로 되있어서, 하나는 안라인 즉 함안에 있는 안라국과 관련된 것으로 보는 설과 그 다음에 또 하나는 고구려가 어떤 군대를 가야지방 어디에 주둔시켰다 이렇게 보는 견해로 두 개로 크게 나뉘고, 함안을 안라국으로 보는 설도 또 두 가지로 나뉘어 함안의 안라국을 왜에 부속된 병사로 보는 견해가 있고, 함안의 안라국을 자립적인 군대로 보는 견해도 있고, 또 그것을 문장으로 보는 견해에서 지금 선생님이 정리하신 것처럼 신라인으로 보는 견해하고 이를 고구려의 巡邏兵으로 보는 견해가 있습니다. 지금 서선생님은 이것을 신라인으로 지키게 하였다 라고 하는 게 옳다고 하셨는데, 문장상으로 봐서 그렇다는 것 같습니다. 선생님께서는 혼동하기 쉬운 순라인의 약칭으로 보기 어렵다고 하셨는데, 역시 '羅人'을 신라인으로 본다면 역시 임나가라인하고 혼동되기 때문에 오히려 혼동하기 쉽다고 그러면 신라인의 약칭으로 보기 어렵고, 오히려 순라인의 약칭으로 보는게 낫지 않을까 하는 생각인데요. 다만 이 문제는 이 당시에 격파되었다고 보이는 낙동강 하류의 동쪽지방에 대개 양산이나 부산이나 또 김해에서도 동쪽의 일부 지역은 있을지 모르겠는데요. 그 지역의 고고학적으로 봤을 때 신라고분 또는 고구려고분의 흔적이 있는가 하는 것이 추후의 연구대상인 것 같습니다. 지금 상태로써는 이 문제에 대해서는 문장상으로는 이렇게도 볼 수 있고, 저렇게도 볼 수 있고 지금 좀, 해명하기 어려운 내용인 것 같습니다. 이 세 번째 말씀은 제 생각을 말씀드린 것입니다. 이상입니다.

□ **연민수** : 감사합니다. 시간이 너무 촉박하기 때문에 질문을 하실 때 시간을 정확히 지켜주시고, 가능한 한 이 주제가 고구려하고 왜이기 때문에 고구려와 왜와 관련된 내용에 한정시켜서 질문해주셨으면 합니다. 앞의 쟁점이 되는 질문 2가지에 대해서 간단히 답변 바랍니다.

□ **서영수** : 예, 여러 가지를 지적해 주셨는데, 제가 급하게 쓰는 과정에서 표현이 잘못되어 오해할 여지가 있습니다. 두 번째 질문에 대가야와 같다

라고 한 것은 '임나'라는 용어의 의미가 그렇다는 것이고 실제 금관가야를 가리키는 것인데, 제가 설명을 다 빼버렸기 때문에 혼동이 있었던 것 같습니다. 물론 전기가야연맹체의 맹주인 금관가야를 가리키는 것입니다. 그리고 마지막 문제를 먼저 말씀드리자면 제가 비문의 역사서술과 문장구조를 분석을 해 왔는데, 그런 입장에서 주로 말씀드린 것입니다. 역사서술과 역사의 실체가 꼭 일치한다고 보기는 어렵겠지요. 다만 비문의 문장 상에서 보면 신라를 도와서 내려와 가지고 신라인과 같이 임나가라의 성을 뺏은 것이기 때문에, 거기서 임나가라인을 두고 지키게 했다고 하는 것은 논리적으로 좀 모순이 되지 않을까. 그러니까 처음에 나온 신라인을 약칭으로 표현하여 탈환하거나 뺏은 성을 그들로 하여금 지키게 했다고 보는 것이 타당성이 있다 그런 뜻으로 말씀드린 것입니다. 그러한 사실을 고고학 증거를 포함시켜서 입증하는 문제는 그것은 별개의 문제라고 봐도 되겠습니다. 그래서 저는 비문의 '안라인수병'에 대해 종래의 안라로 보는 견해는 비문의 문장 서술에 있어 이해가 되지 않기 때문에 인정하기가 어렵고, 문맥상 '安'을 동사로 보는 것이 마땅한데, 동사로 보면 지금 세 가지 중에 하나를 택하게 될 거 같으면 역시 신라와 공동작전 한 것이므로 그들로 하여금 고구려를 대신하여 지키게 하였다는 것이 순리적이며, 신라가 역사적으로도 고구려의 군사력을 배경으로 해서 그쪽 지역에 진출했다고 보는 것이 맞지 않을까 생각합니다.

마지막 문제의 경우는 이것도 제가 과거에 글을 쓸 때 고심 고심했는데, 우리가 일반적으로 광개토태왕의 대외전쟁을 단순하게 생각하는 경우가 많은데, 제가 동사 술어를 가지고 그 전쟁의 성격에 따라 세 가지 유형으로 나눴습니다. 하나는 정토, 하나는 복속, 하나는 순수, 순수는 물론 전쟁이 아니라 자기 영토를 관찰한 것인데, 정복기사 중에서는 요동지역을 순수하는 기사와 평양을 순회하는 기사, 백신토곡을 관찰하는 기사가 있는데, 이 세 개는 정복기사가 아닙니다. 자기 국경지역을 순회하고, 순수하고 관찰하는 것이지요.

그 다음에 전쟁기사의 경우는 전쟁의 양상도 세 가지로 다룹니다. 정토라고 하면 백제와 같이 정복을 목표로 하지만 결국 복속을 못시켰기 때문에 정토라고 표현을 하는 것이고, 신라의 경우는 영락 8년에 소규모 군사작전이 있었는데, 편사를 보내었지만 결국 복속을 시켰기에 복속, 또는 조공지배라 표현하였습니다. 따라서 실제로 복속을 시킨 것이지요. 다른 말로 표현하기 어렵다고 볼 수 있습니다. 실제로 영락 10년의 귀결점이 조공관계 중에서 가장 강력한 조공관계 이것을 친조라고 하는데, 즉 사신을 보내서 조공을 하는 것이 아니라, 국왕이 직접 조공을 바치는 것을 친조라고 하는데, 최후의 단계라고 볼 수 있습니다. 그러니까 비문의 문장에서 고구려와 신라 관계가 비교적 선명하게 나타나기 때문에 결국 구원을 빙자하였지만 복속으로 보는 것이 옳을 것으로 생각됩니다. 국제정치 질서라고 하는 것은 그냥 구원해 주는 법이 없다고 볼 수 있겠죠. 그래서 우리가 중원고구려비에서 보는 바와 같이 신라 土內幢主라고 하는 고구려 군사령관이 신라에 주둔하는 그런 결과를 초래하지 않았겠어요. 그러니까 당연히 구조상, 문장상으로는 어느 정도는 제한적이지만, 복속전이라 볼 수 있습니다.

아까도 말씀드렸지만 비문의 구조에서 보면 고구려 사관이 그렇게 인식하였던 것이지요. 물론 그것을 해석하는 약간의 유연성이 필요하다고 봅니다만, 그러나 이런 해석이 잘못되었다고 생각되지는 않습니다.

그리고 사회자가 말씀하신바와 같이 왜에 대한 문제는 별로 질문 안 해주셨는데, 전 그렇게 생각합니다. 아까 이방인이란 말을 썼는데, 왜가 국가적인 체모를 갖고 동아시아의 국제 외교권에 등장하는 것은 이것보다 좀 더 후대인 5세기 후반, 송서 왜국전 단계에 와서야 가능한 것이 아니냐, 오히려 이 비문의 내용은 문자 그대로 표현된 대로 그냥 이해를 하면 좋지 않을까, 오히려 이런 과정 속에서 일본사측 입장에서도, 왜가 이러한 국제적 경험을 토대로 성장해서 5세기 후반에 이르면 말석이라도 동아시아의 국제외교 무대에 나타나는 것이 아닌가 그렇게 이해하고 있습니다.

□ **연민수** : 예, 서영수 선생님 일단 거기까지만 하시죠. 다음의 주제에서 관련된 질문이 나올 것입니다. 광개토왕시대가 끝나면 송서에 보이는 5세기 대의 사료가 나옵니다. 송서 왜국전을 보면, 왜왕 상표문과 고구려, 바로 이 4, 5세기 전란의 세기를 이해할 수 있는 중요한 부분이 실려 있습니다. 이영식 선생님께서 말씀해 주시지요.

□ **이영식** : 예, 제가 지금 말씀드릴 토론 내용은 책자 88페이지에 있습니다. 참조해 주시면 좋겠습니다. 요즘에 수다가 많아져 가지고 그냥 토론문을 읽는 게 가장 시간을 절약하는 방법인 것 같습니다. 가와모토 선생님이 발표하신 이 주제는 종래의 한일관계사에서 아주 빈번하게 다룬 주제였습니다. 그러나 한남부제국명, 여러 나라명칭을 포함하는 군사호의 현실성이라든지, 고구려, 백제, 신라, 가야, 왜의 장군호 획득경쟁이라든지, 그 경쟁에 얽혀 있는 각국의 정치적인 이해관계라든지, 외교적인 주장이라든지, 수여하는 남북조의 군사적인 책략이라든지, 또는 남북조에 의한 칭호의 남발, 이런데에 대한 관심이 지금까지는 집중되어 왔습니다. 그런데 비해서 가와모토 선생님의 이번 발표는 이런 이른바 정치적 의미와는 전혀 관계가 없이 전혀 관심을 보이지 않고 있습니다. 이런 특징은 발표자 자신이 세운 부제에 '고대 동아시아의 역사적 전개에서 본'이라고 하는 부제에서 잘 드러나고 있습니다. 중국의 역사적 변동과 의식의 변화, 그리고 인간의 이동이 고구려, 백제, 왜 등의 고대국가 형성과정에서 어떠한 영향을 미쳤고, 그 결과가 주변 여러 나라에서는 어떠한 형태의 의식과 국가체제, 발표문에서는 국제라고 표현을 하고 있습니다만, 나타나게 되었는지를 추적하는데 관심이 집중되고 있습니다. 이 논문이 중국사의 정리에 많은 부분을 할애하고 있는 것도 아마 5~7세기 동아시아 변동의 동기와 가장 큰 영향이 중국의 전란과 변동에서부터 비롯되었다는 시각에서 이루어진 것으로 생각됩니다. 종래의 연구에서 주로 관계사의 관점으로만 다루어지던 책봉이나 칭호의 수수, 그리고 외교교섭의 문제는 중국적 천하의식과 중화의식의 확산, 그리

고 부체제라는 국제출현을 촉발하였던 교류의 기회에 불과하였던 것과 같
이 취급되었습니다. 주의 동천에서부터 시작된 중원개념의 확산, 북위에서
일어나고, 수당으로 정착되었던 이적의 중화로의 탈바꿈 등은 고구려와 왜,
수대 일본도 다루고 있습니다만, 자기중심의 천하관과 중화의식이 전개되
도록 하였고, 그 직접적 계기는 중국에서 변란을 피해서 만주나 한반도, 그
리고 일본열도로 이동했던 사람들에 의해진 것이다 라고 하는 주장이었습
니다.

이 논문이 전부 한, 발표논문인데 한 160매나 됩니다. 저도 다른 분들하
고 사정이 같아서 황급하게 번역을 하면서, 번역을 끝나자마자 이 토론문을
작성했습니다. 그러니까 번역은 한 이틀쯤 했고, 토론문은 한 세 시간쯤 작
성을 한 게 지금 제가 읽고 있는 거라서, 이 전체를 다 다룰 수는 없습니다.
평소에 제가 관심을 가지고 있고, 그리고 의문점으로 생각했던 것들 몇 개
만 나열해 보겠습니다. 우선 첫 번째는 아마 주최측의 가장 궁금했던 점일
수도 있는데요. 왜왕 무의 상표문의 해석 중에서 무 이전까지 누대에 걸쳐
서 왜왕들이 평정했다고 하는 渡平海北九十五國의 실체와 내용에 대해서
발표자는 어떻게 생각하시는지 듣고 싶다 하는 생각입니다.

□ **가와모토** : 저는 한국어를 거의 할 수 없어서 죄송하게 생각합니다. 지
금 이 선생님의 토론문을 처음으로 읽었습니다. 여기에 대해서 충분히 대답
할 수 있을지 없을지 잘 모르겠습니다만, 저는 이전부터 북아시아사와 중국
사가 전공입니다. 그래서 한시대부터 당시대까지의 동아시아사의 역사전개
가 어떻게 되고 있는가가 저의 관심입니다. 여기에서 질문이 되고 있는 상
세한 내용에 대해서는 성실하게 생각해 본 적이 없습니다. 질문의 제1점에
관해서는 여러 가지 설이 있다는 것은 알고 있습니다만, 저의 관심으로써는
구주와 한국 사이에 있는 오키노시마의 제사유적이 제일 관심이 있다고 말
씀드릴 수 있습니다. 그 오키노시마의 제사유적은 왜의 오왕시대에 가장 많
은 유물이 존재하고 있습니다만, 그 유물이 큐슈에 있던지, 세토나이카이에

있던지 그러한 지역에 몇 개인가의 호족세력이 봉납할 수 있는 것이 아닙니다. 어떠한 형태로든 국가권력의 개입이 생각되어 집니다. 그 국가권력의 개입을 생각했을 때, '해북95국'이 어떠한 세력인가를 생각해 볼 때 그것을 야마토 조정의 세력이 어떠한 형태로 관여하고 있다고 생각합니다. 그것이 왜의 오왕의 상표문 속에 나타나 있다고 하는 것이 어떠한 의미를 갖고 있는가 라는 것은 주로 이 실태를 질문받고 있습니다만 그 실태로써 이러한 것이 있었는가 어떤가는 또한 문제가 될 것이라고 생각됩니다. 왜왕권이라고 했을 때 야마토 조정이 하나의 이상적인 형태로써 그 지역에도 세력을 미치려고 하는 또는 영향을 주었다고 생각하고 있었던 것이 이번의 발표입니다. 이 정도면 괜찮을까요.

□ **이영식** : 예, 역사적인 사실이 아닌 것에 대해서는 대답을 회피하시고요. 야마토 조정에 의한 형태로 전제를 한 뒤에 논문을 작성했다 이렇게 대답을 하셨습니다. 저, 새벽 여섯시부터 김해에서 왔는데, 한 가지만 하라고 하네요. 그래서 굉장히 서운하고 그런 느낌도 드는데, 대장이 시키면 그렇게 해야지 어떻게 하겠습니까. 두 번째라고 되어 있는 그거 하나만 더 말씀을 드리겠습니다. 두 번째 내용은 다름 아닌 지금 이 국가 체제로써 가령 예를 들어서 고구려, 백제, 그리고 왜왕이 각각 중국으로부터 장군호를 책봉을 받고, 그 장군은 막부를 열 수 있고, 따라서 그 막부는 長史, 司馬, 參軍의 중요한 요속으로 구성이 된다. 실제로 고구려, 백제, 왜에서 국가체제로 병행이 됐을 것이다 라고 하는 주장이었습니다. 그런데 그런 주장은 이미 일본학계에도 鈴木靖民 같은 분이 있었고, 또 우리, 우리쪽에는 김한규 선생님 같은 그런 주장이 이미 있었습니다. 그런가하면 이 외교사절들 즉 백제나 왜에서 중국에 파견되는 외교사절들이 중국의 막부체제라고 하는데 맞춘 그런 외교형식상의 직함에 불과하다. 즉, 백제왕이나 왜왕이 자신의 외교적인 목적을 잘 관철시키기 위해서 중국의 長史, 司馬, 參軍이라고 하는 막부요속의 체제에 맞춘 것에 불과하다, 명함에 불과하다고 하는 주장도 이

미 사카모토 선생님에 의해서 주장된 바 있습니다. 한 가지만 좀 문제가 된 다고 생각해서 그걸 드러내면, 백제의 경우에는 분명히 진동대장군으로써 막부를 개설할 수 있는 자격이 있습니다. 또 백제의 사절들은 長史, 司馬, 參軍이라고 하는 막부의 요속의 직책을 가지고 있습니다. 그런데 거기에 기술해 놓은 것처럼 막부의 요속으로 장사삼하삼군이라고 하는 사람들에, 어떤 사람들이 여기에 임용이 되고 있는가를 보면, 장씨라든지, 모씨라든지, 회씨라든지, 부씨라든지, 양씨라든지, 제씨라든지 이런 사람들입니다. 간단 히 말씀드려서 중국풍의 성씨들입니다. 아까 오전에 다른 생각도 있었지만, 이 당시에 백제는 거의 2자성입니다. 백제 왕성이 부여씨고, 우리가 사택지 적비에서도 보이듯이, 사택씨가 2자성이고, 다 목라라든지 2자성이지요. 복 성인데 비해서 외자성으로 되어 있는 건 중국풍 성씨고, 간단히 말해서 중 국계 사람들로써 백제왕의 신하가 되어 있던 사람들입니다. 중국통이라서 백제왕에 의해서 중국에 사신으로 보내진 사람들이죠. 그 지역의 언어와 문 화에 익숙한 것을 이용해서 백제왕이 보냈던 겁니다. 어쨌든 여기에 사열단 에 이름들을 보면, 이런 중국풍의 성씨를 가진 사람들이 장사삼하삼군에 임 명이 되고 있습니다. 이 장사삼하삼군은 백제왕의 최고 관료들입니다. 그런 데 반대로 수서에서는 이 당시의 백제를 경영하던 대성 8성을 들고 있는데, 그 8성은 전통적인 백제의 성씨들입니다. 한자로 표시되어 있지만, 아까 사 택씨 같은 경우에 사씨라든지, 목라씨 같은 경우엔 목씨라든지, 그런 여덟 성씨입니다. 분명히 최고 지배층인, 백제왕의 최고의 관료로써 장사라고 하 는 사람이, 사마라고 하는 직책이, 삼군이라고 하는 직책이 있다면 이 사람 들은 분명히 대성팔족의 성씨를 띠고 있을 텐데 그렇지 않다는 거죠. 따라 서 실제로 막부체제가 백제왕이라든지, 왜왕에 의해서 국가 체제로써 기능 한 것 같지는 않다. 일본서기라든지, 아니면 삼국사기의 경우에 실제로 이 러한 막부의 요속들이 실제로 누가 임명이 되었고, 누가 어떻게 활동을 했 고, 구체적인 기사들은 양쪽 나라에 다 보이진 않습니다. 따라서 이러한 장 군부로써 그리고 長史, 司馬, 參軍이라고 하는 직책을 갖는 사람들이 또는 이런 직제가, 막부가 백제나 왜에서 실질적인 국가체제로 경위되었던 것 같진 않다 그런 생각이 있습니다.

□ **가와모토** : 이 두 번째 문제에 관해서는 司馬라는 것이 형식적인 것이 아닌가 라는 것입니다만, 분명히 그러한 면이 있을지도 모릅니다. 다만 저로써는 이번 발표에서 그 규모를 더 크게 보고 싶다고 생각합니다. 중국에 황제가 있어 그 황제가 주변 제국을 장군으로 임명합니다. 그 장군으로 임명했을 때 하나의 군부가 성립됩니다. 이것은 조선과 일본사의 연구자들 사이에서는 그것을 이 장면에 한정해서 검토하고 있습니다. 그것을 폭넓게 취합했을 때 예를 들면 왜의 오왕 때에는 왜라는 성을 장군이 내걸고 있습니다. 또는 장군이라기보다는 일본이 내걸고 있습니다. 조선의 경우에도 高라던지, 餘라던지의 성을 내걸고 있습니다만, 중국의 황제가 성을 이용하는 행위를 통해서 주변 제국에 성이라는 중국적인 개념이 원래 지금의 천황이 성이 없는 것처럼 일본에는 그 당시에 성이 없는 문화가 있었다, 조선의 경우에도 기본적으로 그렇습니다만, 그러한 중국의 왕조들이 장군호라는 것을 부여해 주는 것으로써 그것에 하나의 국가라는 것에 원형이 설정됩니다. 그 속에서 일본의 대왕권이라는 것이 형성되어 그것이 이윽고 대왕이라는 말을 내걸고 천황이라는 틀로 내겁니다. 이번에는 천황이 자신의 제국의 여러 나라에 주변 사람들에게 여러 가지의 장군을 부여해 간다라고 하는 형태로 일본 내부의 중국화를 거쳐서 일본의 국성이 완성되었다라고 하는 관점으로부터 이 말을 논한 것입니다. 그러한 점에서 형식적이라는 것 등등의 것은 또한 그 실태가 어떠한 것이었는가 라든가, 이 선생님이 말씀하신 바와 같이 백제로부터, 백제였습니까? 長史, 司馬라든가, 參軍이 모든 것을 직접적으로 해 왔다라는, 역할을 다해오지는 않았는가라고. 그것은 그러한 경우에 분명히 있을지도 모릅니다만, 저의 시각은 조금 다른 입장에서 취급하고 있다 라는 것입니다.

□ **연민수** : 예. 할 말씀은 많고 갈 길은 바쁩니다. 두분 밖에 토론은 않했는데 벌써 40분 가까이 지났습니다. 세 번째 박천수 선생님의 발표는 최근 논쟁이되고 있는 영산강유역 전방후원분에 관한 것입니다. 특히 전방후원분의 피장자가 누구냐를 둘러싼 논의가 한일 양 학회에서 다양한 학설이 제기되고 있고, 지금도 논의가 계속되고 있는 상황입니다. 토론자이신 윤명철 선생님도 토론문에서 다양한 의견을 제시해주셨는데, 시간이 지금 한정되어 있기 때문에, 피장자문제를 중심으로 간단히 질문해 주시고, 그리고 나중에 시간이 남으면 다시 논의를 하겠습니다.

□ **윤명철** : 안녕하세요. 동국대 윤명철입니다. 저는 고구려사를 전공하고, 해양사를 전공하고 있는데요. 박천수 선생님의 논문을 제목을 보고 처음에는 고구려와 관련이 있는 줄 알고 제가 쉽게 응낙을 했습니다. 그런데 막상 보니까 영산강 유역의 전방후원분이 중심이었거든요. 개인적으로는 공부도 많이 됐고, 좋았습니다. 그리고 제가 토론문을 120페이지부터 123페이지까지 되어 있는데요, 토론문을 일단 보시면 좋겠습니다. 처음에는 박천수 선생님에 대한 전체적인 평가와 함께 제가 나름대로 굉장히 긍정적인 평가를 내렸습니다. 개인적으로 참 고맙게 생각합니다. 그 부분은 제가 시간이 없으니까 생략을 하도록 하지요. 칭찬하는 부분은. 질문인데요. 발표자는 큐슈북부의 무덤들을 한꺼번에 예를 들었습니다. 그런데 제가 간단히 말씀드리겠는데, 제 개인적인 입장은 큐슈북부지역을 한 번에 뭉뚱그릴 순 없다는 겁니다. 예를 들면, 저는 해양사 입장에서 볼 때, 큐슈북부로 진입한 항로를 넓힌 세력과 영산강이라든가 한반도 서남해에서 출발한 세력들이 도착하는 큐슈북서부 내지는 서북부 지역. 유명해 지역을 중심으로 하는 약간 북쪽지역이 지역과는 차이가 있다고 보기 때문에 그런 부분들을 좀 구분해 주어야 한다고 생각하고요. 그 다음에 영산강 유역에 있었던 집단들을 특수집단이었을 가능성은 없는지를 제가 일단 질문을 했습니다. 전사단이란 표현을 쓰셨는데, 전사단 이외에 혹시 상업적 성격을 가진 집단은 아닌가, 이런 얘

기도 제가 질문을 드렸고요. 또 한 가지는 구주지역의 모 집단에 보내고 대가로 일종의 군사력을 제공받는 창구의 역할을 한 것으로 추정된다 이렇게 말씀하셨는데, 혹시 이 관계를 현재 글 자체만 보게 되면, 일본 열도에 있는 세력이 한반도 남부 지역으로 온 걸로 돼 있는데, 모 집단과 자 집단의 관계를 이쪽을 영산강 하구역을 모집단으로 놓고, 일본 열도의 특정한 지역에 있는 세력들을 자집단으로 보고. 저는 과거에 뭐 십년도 훨씬 넘었습니다만, 식민 모국과 자국이라는 논의를 전개해서 발표한 적이 있는데요. 모와 자를 보고, 이 자가 다시 역류해서 우리 쪽으로 오는 그런 순환 시스템으로 볼 수는 없는지 그런 점도 말씀드리고 싶었습니다. 그 다음에 영산강 유역의 전방후원분의 피장자를 왜계백제관료라는 말을 쓰셨는데, 그렇다면 영산강 유역의 백제인들과 그들이 언어라든가, 종교라든가, 문화, 또는 역사에 대한 계승 인식 등에서 밀접한 관계가 있었는지 이게 좀 궁금했는데, 이것도 역시 생각을 듣고 싶을 뿐이에요. 나머지는 생략하고 다음 페이지로 넘어가겠습니다. 그 다음에 큐슈집단 얘기를 하셨는데, 예를 들면 큐슈 외에도 다른 기타 지역이 있고요. 그 다음에 오카야마 지역도 발표자가 거론을 했어요. 오카야마 지역도 거론하고, 이즈모라던가, 또 우리가 알고 있는 키나이 지역과의 관계는 어떠한 지, 역시 해양계 입장에서 볼 때에는 불가분의 관계에 있거든요. 그리고 이제 네 번째 보면, 백제가 남해안까지 장악하지 못한 데 따라서 여러 가지 얘기를 하고 있는데, 그리고 백제 해양활동 능력이 기본적으로 한계가 있다는 걸 전제로 하셨거든요. 그래서 제가 간단히 말씀드리는데, 기본적으로 그 시기에 전반적인 내용을 비교해 보면, 사료라던가, 아니면 대외관계라던가, 아니면 실질적인 유물을 놓고 볼 때, 우리 한반도 지역이 일본열도에 있는 지역보다 특히 큐슈지역에 있는 세력보다 훨씬 더 해양활동 능력이 뛰어났다. 예를 들면, 조선술이라든가, 항해술이 뛰어났다는 것을 제가 전공자 입장에서 말씀을 드립니다. 그리고 제언을 한두 가지만 더 하겠는데요. 제가 이 논문을 읽으면서 또는 일본사 전공자들의 논문을 읽으면서 느낀건데요. 한일관계사라는 관점에서만 보게 되면,

이상하게도 고구려라든가, 또는 북방에 대한 위치가 상당히 미약해 지는 것 같아요. 고구려던가, 그 이전에 쓰던 고조선같은 경우는 실질적으로 북방과 또는 서쪽의 한족과의 관계가 주력을 이루었거든요. 따라서 한일관계의 입장에서 보면 마치 한국쪽에 있는 분단된 몇 개의 나라들과 통일되지도 않은 일본 열도에 있는 외국이란 존재를 가지고 통일된 것으로 인식하면서 대등한 관계로 보고, 그러다 보니까 본의 아니게 이 문장들을 보면 마치 일본열도에 있는 세력이 강력하게 영향을 끼친 것으로 되어 있는데, 당시 동아시아적 관점이라는 면에서 본다면, 그렇지 않다는 것을 말씀드리고, 앞으로 일본사 전공자들은 북방사라든가, 특히 중국 내부에 있어서의 각 종족이라든가, 국가의 흥망성쇠과 관련시켜서 해석하는 것이 필요하지 않을까 하는 것을 제가 제언을 합니다. 또 한 가지는 한일관계에 있어서 가장 중요한 것은 결국 길의 문제인데요, 앞으로는 해양과 관련되어 이야기 할 때, 좀 더 구체적이고 논리적인 해양적 지식을 가지고 논리를 전개했으면 하는 바람을 가지고 있습니다. 박천수 선생님의 논문을 보면, 이런 시도가 상당히 바람직해요. 그러나 제 입장에서 보면 아쉬운 점이 있고, 또 다른 분들의 논문을 보게 되면, 이런 해양력과 정치세력의 관련성에 대해서 언급하지 않는 경향이 있거나, 언급한다 할 지라도 상식선에서 언급하는 경향이 많이 있습니다. 이런 것들은 문제가 있기 때문에 앞으로는 한일관계사를 이해할 때, 고대관계사를 이해할 때는 해양문화의 메카니즘 이런 것들을 정확히 이해하는 것이 좋다는 것을 말씀을 드립니다. 그리고 한 가지만 더요. 여기서 연안항해의 얘기가 나왔었는데, 실질적으로 연안항해가 가장 힘듭니다. 근해항해라든가 원양항해보다. 특히 근해항해 같은 경우는 충분하게 항해가 가능한데, 실질적으로 어려운 것은 연안항해기 때문에 이 연안 항해랑 관련해서 세력의 문제들, 정치세력의 문제들을 큐슈지역이라든가, 또는 한반도 남부 관련성을 보는 것이 옳다고 봅니다. 그리고 바다에서는 가는 항로와 오는 항로가 틀리다는 사실도 염두에 두고 해석하는 것이 옳다고 봅니다. 마지막으로 이 부분이 아주 어렵고 미묘한 문제를 설득력 있게 해석되는 발표자의 노고에 감사드립니다. 저는 주전공이 이 부분이 아니기 때문에 소홀했던 부분을 공부할 수 있어서 매우 기뻤고, 그리고 이렇게 거시적인 안목을 가지고 논문을 쓰는 자세를 계속 견지해서 저는 개인적으로 한일관계사에 대한 새로운 모델을 가지고 새로운 이론을 발표자가 만들기를 기대하겠습니다.

□ **연민수** : 박선생님 간단히 답변 부탁드립니다

□ **박천수** : 간단하게 질문에 대답하겠습니다. 먼저 전방후원분 피장자 집단이 너무 넓은 지역에 설정된 거 아니냐 하는 질문입니다. 그것은 역시 북부구주지역만 아니라 중부구주지역 예를 들면, 유명의 아리아 포함하는 지역으로써 생각되는, 이것은 왜냐하면, 분열 석실의 공포라든지, 영산강 유역 전방후원분에서 발견되는 조계팔지의 분포라든지, 그 외 영산강 유역 토기의 분포, 백제 원골의 분포를 볼 때 이렇게 생각되고요. 그것은 역시 그, 중요한 것은 이제까지 아타야마 고분에 왜 그렇게 백제산 문물이 들어갔는지 어떤 의미에선 김해지역보다는 훨씬 더 많은 백제산문물이 들어가 있습니다. 그러면 이것은 바로 영산강 유역 전방후원분과 관계가 있지 않을까 이렇게 생각됩니다. 두 번째, 영산강 전방후원분 축조집단이 너무 전사단적인 것을 이야기하고 있지 않은가 하는 이야기를 아까 하셨는데, 국어학 자료를 봤을 때, 제가 발표에서 예를 든 바와 같이, 갑주를 가진 석관묘라든지 일본 식사료를 가진 이미 뭐 문헌에서도 나오는 바입니다. 또 하나는 지적하신 상업이라든지, 교역, 영산강 유역 전방후원분이 축조된 대부분 해안에 인접한, 인해성이 아주 강한 지역입니다. 여기서 이것은, 이러한 지역은 교역 거점역할을 했을 가능성도 높다고 생각됩니다. 단 하나 중요한 것은 그것은 영산강 유역의 재지수장이라든지, 또는 왜인들이 독자적으로 한 것이 아니고, 역시 백제와의 관계 속에서 바라봐야 되지 않을까 이렇게 생각합니다. 세 번째, 영산강유역 전방후원분 축조집단이 일찍이 일본열도에 이주한 한

반도계 이주민들이 다시 기항해서 그것을 축조했을 가능성도 있지 않느냐 그런 걸 염두에 두고 하신 것 같은데, 예를 들면, 영산강 유역에 모집단이 있고, 구주지역에 자집단이 있다는 것인데, 그럴 가능성도 있다고 생각됩니다. 그러나 그것을 증명할 수 있는 자료가 없는 겁니다. 예를 들면, 영산강 유역에서 일본열도로 이주해서 예를 들면, 어느 지역에 이주해서, 그러한 이주민들이 예를 들면, 백 년 동안 어떠한 고분군을 축조했고, 어떠한 지역에 살았고, 그래서 그러한 사람들이 다시 영산강으로 이주했는지에 대한, 사실상 고고학적 자료로 확인 불가능합니다. 그런데 구주지역에서 나타나는 이주민들의 사례를 보면, 예를 들면, 유명한 고대라든지, 이케네우에 고분의 사례를 보면, 역시 원향에서 쓰던 같은 묘재를 사용합니다. 전방후원분을 축조하지 않고, 원분에다가 토광목각묘를 사양한다든지, 그런 것으로 봤을 때, 이주민들이 다시 원향으로 돌아왔다고 보기엔 좀 어렵지 않을까 이렇게 생각되고요. 그 다음에 왜 그러면 백제인들도 항해능력이 뛰어난데, 그러면 왜 하필이면 영산강 유역 전방후원분 피장자 집단을 그렇게 항해능력을 높이 평가하느냐 그 말씀입니다만, 사실은 백제 항해 능력에 대해서는 고고학적 자료로 아직까지 증명할 수 있는 자료가 없습니다. 예를 들면, 백제의 선형토기라든지 이런 것들이 나온 예가 없기 때문에 제가 사실 전공이 아니라 잘 알 수가 없고요. 단지 제가 말씀드릴 수 있는 것은 구마모토라든지 북부구주 이 지역에 장식복원에, 배의 선각들이 많이 나타납니다. 그런 것들이 또 참조가 되고요. 또 하나는 아까 전에도 이야기 했던 것처럼 유명해라든지 이런 지역에는 조수간만의 차가 일본에서 가장 큰 지역이고요. 또 하나 결정적인 증거는 구마모토 남부에 있는 우토라는 지역이 있습니다. 우토지역에서 제작한 석관이 기내지역, 오사카 주변 시가켄까지도 반입이 됩니다. 무려 거리가 400, 500㎞정도 되는 지역을 거대한 석관을 가지고 사, 오백 키로를 항해하는 것은 역시 구마모토 남부의 아리아켄카이라든지 또는 북부 구주지역이 상당한 항해술을 가지고 있었지 않은가 그것을 평가하고자 할 뿐입니다. 예. 이상입니다.

□ **연민수** : 감사합니다. 우리가 고고학 자료를 이용해서 어떤 시대를 논한 다든가 또 거기에 대한 어떤 사실관계를 추정한다든가 할 때, 상당히 어려운 게, 문헌사하고 맞아떨어지면 좋은데, 문헌기록하고 차이가 있을 때 어려움이 많습니다. 예를 들면 영산강유역의 전방후원분의 피장자가 일본열도에서 건너와 백제관료가 된 이른바 왜계백제관료라고 가정할 때 문제가 되는 것이 시기입니다. 일본서기의 기록을 보면 왜계백제관료는 540년대 한 10여년 나타나다 사라지거든요. 왜계백제관료들이 540년대에 생존해 있으면서 활동을 했다고 하면, 사망연도는 한 2, 30년 후라고 하면 6세기 후반이 됩니다. 고고학적 성과와 맞지않는다는 것이지요. 편년의 문제를 포함해서 여러 논란이 있습니다. 오늘 논의로 모든 것이 종료하는 것이 아니니까 이 정도로 해 두고 오전발표의 마지막으로 하신 신카와 선생님의 발표에 대해서 이화여대 김영미 선생님께서 토론해 주십시요.

□ **김영미** : 네. 이화여대 김영미입니다. 157페이지에 있는 토론문을 참조하시면서 들어주시면, 제가 간단히 질문하는 걸로 하겠습니다. 신카와 선생님께서는 미륵신앙을 중심으로 고구려 불교를 파악하시고, 그것과 왜에서 나타나는 미륵신앙의 특징을 비교하셔서 연구를 진행해 오셨습니다. 그런데 고구려 불교사를 연구하는 사람의 수가 매우 제한적인 것은 고구려 불교사 연구에서 필연적으로 겪을 수밖에 없는 자료의 부족과 그 다음에 남아있는 문자자료라고 하더라도 그 연도를 확정하기가 굉장히 어렵다는 점 때문일 것 같습니다. 선생님 논문을 읽으면서 마찬가지의 어려움을 다시 한번 절감하였습니다. 그리고 연도를 언제로 비정하느냐에 따라서 고구려 불교의 성격이 달라질 수도 있다 라는 점은 전제하고 토론을 진행하기로 하겠습니다. 먼저 질문하고 싶은 것은 왜가 고구려 불교를 수용했다 라는 쪽에서 미륵신앙을 키워드로 하고 계십니다. 제가 토론 요지문에서 말씀드렸던 것처럼 고구려 불교에서 백제와 달리 미륵 상생신화, 도솔천이 태어나고자 한다는 신앙이 나타나는 점은 큰 특징이라고 할 수 있습니다. 그런데 선

생님의 논문에서 문제가 되는 부분은 선생님께서 다루고 있는 자료들을 살펴보면, 고구려의 자료는 주로 5세기, 6세기의 자료인데, 그 영향을 받았다고 하는 왜의 경우 7세기 중엽에 해당합니다. 그래서 이제 그렇게 된다면 고구려 불교는 5세기부터 7세기까지 변화하지 않았다는 것인지, 그리고 7세기 전반에 신라와 고구려의 밀접한 관계나, 백제 불교가 왜에 미친 영향 등을 감안한다면 미륵신앙과 고구려 불교와의 관계가 지나치게 확대 해석된 것은 아닌가 하는 의문이 듭니다. 그 다음 두 번째는 왜 불교에 미친 고구려의 영향을 미륵신앙을 중심으로 파악하고 계신데, 과연 그렇다면 고구려 불교를 미륵 상생신화, 그리고 석가에서 미륵으로 이어지는 세대 계열신앙으로만 규정할 수 있을 것인가 하는 문제와 관련이 된 것입니다. 그래서 우선 첫 번째, 다시 지적하고 싶은 것은 고구려 금석문에 나타나는 무량수불의 극락에 대한 이해입니다. '경4년 신묘'명 내용을 보면, 무량수상을 봉안하고 미륵을 만나기를 기원한 것에 대해서 발표자는 무량수불의 세계에 태어나 무병장수하다가 먼 훗날 미륵하생시 여러 부처를 만나기를 소망하는 것으로 이해하였습니다. 그러나 선생님께서 주요 자료로 인용하고 계시는 석굴사원에서 발견된 불상 명문들을 살펴보면 극락이나 도솔천과 같은 개념들이 명확히 이해되지 못하고 불상 명문이 만들어진 것을 볼 수 있습니다. 그 이유는 중국에서도 무량수불에 대한 신앙이 담란에 의해서 유포되는데, 그 담란의 활동시기가 6세기 전반기라는 점과도 관련이 있을 것 같고, 그래서 중국의 경우도 무량수불배 즉 우리가 요새 아미타불에 대한 신앙이 고취되는 것은 오히려 당대이기 때문에 그때까지는 무량수불의 극락과 미륵의 도솔천이 크게 구별되지 못한 채 혼재되어 이해되고 있는 것으로 보입니다. 따라서 선생님께서 이해하신 것처럼 무량수불의 세계에 태어났다가 먼 훗날 다시 미륵이 이 땅에 내려올 때 나도 내려오기를 빌었는지는 굉장히 의문시됩니다. 왜냐하면 그것은 제가 주에서 달아놓은 것처럼 중국에서 만들어진 불상 명문에는 미륵석상을 조상하면서 서방 무량수불국에 용화수와 삼해설법이 태어나기를 기원하고 있습니다. 바로 그 얘기는 무량수불의 세계는 극락이고 그 극락과 용화수와 삼해설법은 미륵의 세계이기 때문에 전혀 관계가 없는데, 하나의 조상명문에 동시에 등장하고 있다는 거죠. 그래서 부귀불교의 영향을 굉장히 많이 받았다고 생각되는 고구려의 경우도 초기신앙의 양태는 이렇게 이해해야 될 것이 아닌가 라고 생각을 합니다. 그리고 덕흥리 고분의 경우도 선생님께서는 석가모니불의 제자는 곧 미륵의 제자이다 라고 해석을 하셨는데, 이렇게 되면 고구려 초기불교의 성격과 후기불교의 성격을 동일시해야 되는 것은 아닌가 하는 의문이 듭니다. 따라서 408년 명문이라고 할 수 있는 석가모니불 제자의 기원은 오히려 고국양왕 때 불교를 믿어서 복을 구하라 라고 했던 하교와 연결시켜서 해석한다면 불교의 부처는 외국의 신 정도로 받아들여졌던 것이 아닌가 라고 이해를 할 수 있을 것이고, 그 이후 불교에 대한 이해가 깊어지면 이제 미륵에 대한 개념도 받아들였을 것이고, 그리고 교학에 대한 연구가 진행되면 고구려 불교의 성격도 분명히 변화하였으리라고 생각이 듭니다. 그런데 선생님의 논문에서는 고구려 불교의 시기별 변화에 대해서 뚜렷하게 염두에 두지 않으신 것 같다는 생각이 들었습니다. 이상입니다.

▫ **신카와** : 지금의 김 선생님의 토론이랄까요. 발언이 있었습니다만, 저는 충분하게 한국어를 이해하지 못하지 때문에 일본어로 번역한 것을 받은 것을 포함해서 답변을 말씀드리도록 하겠습니다. 반대로 저는 김 선생님에게도 질문을 드리고 싶은 것이 있습니다만, 우선 한국학회와 다른 견해를 제가 제시했다고 말씀하고 계시는데, 이하 김선생님이 지적하고 있는 점이 지금의 한국학회의 연구성과인지 아니면 그 배경에 어떠한 것이 있는지 라는 것을 제가 가르침을 받고 싶은 점도 있습니다. 그래서 질문을 받았던 점은 제가 이해하는 범위에서는 첫째 왜의 고구려 불교 수용에 관한 문제입니다만 특히 사료의 문제가 아닌가 라고 생각합니다. 우선 제가 취급했던 사료는 5세기, 크게 잡아도 6세기까지입니다. 그런데 왜와 비교할 경우에 왜의 미륵신앙의 사료라는 것은 7세기의 것이 아닌가라고 생각합니다. 따라서 7

세기의 단계와 조금 더 오래된 5, 6세기의 단계를 직접적으로 관련짓는 것이 적절할지 어떨지 라는 질문이라고 생각합니다. 이것은 정말로 저도 중요한 질문이라고 생각합니다. 저도 발표 때 몇 번인가 언급을 해드렸다고 생각합니다만, 이것은 사료의 제약이라는 것도 있지만 현상으로서는 고구려의 사료가 남아있지 않기 때문에 그 이상의 것을 언급하는 것은 불가능합니다. 다만 여기에서 다른 관점으로부터 보충 설명을 하고 싶다고 생각합니다. 그것은 중국의 많은 사료가 남아있습니다. 그것을 말씀드리면 커다란 불교를 중심으로 한 역사인식이라고 할 수 있을까요. 아니면 세계관의 변화는 6세기부터 7세기에 걸쳐 있지 않은가 라고 생각하고 있습니다. 이것은 꽤 동아시아 전체 속에서의 변화가 아닌가, 그렇다면 그 변화는 무엇인가, 제가 이해하고 있는 점에서 말씀드리면 첫째는 미륵신앙과 관련되어지는 것으로서 석가가 죽고 나서 그때부터 미륵이 등장하는 것으로 되어 있습니다만, 그 석가는 이미 없고 미륵은 아직 나타나고 있지 않다 라는 그 공백기의 불안감, 위기감이라는 것이 상당히 불교세계에서는 강했다는 것을 첫 번째로 들 수 있습니다. 그리고 두 번째 점은 말법사상입니다. 이것은 말법이 비교적으로 가까이 왔다고 하는 어떻게 될 것인가라고 하는 정법이 끝나는 것은 아닌가 라는 시간감이 이것이 제2의 대단한 위기감입니다. 그런데 이것을 잘 생각해 보면, 미륵이 아직 나타나지 않는다라는 위기감이라는 것은 50억년 앞의 일입니다만, 기다리면 어떻게든 된다라고 하는 천문학적 숫자입니다만 이것을 어떻게든 생명을 연장시키든지 어떤 세계라도 좋으니까 살아있어서 라든가 미륵의 부활을 기다린다라는 방향으로 각오를 정한 것인지 또는 이미 말법에 들어가 있기 때문에 모두 다시 새로운 방향으로 절망에서부터 출발할까 라는 것은 커다란 전환기였다고 생각합니다. 이것이 수당시기에 올 것이다. 이것은 정치레벨과는 틀릴지도 모릅니다만, 순수하게 불교의 범위에서 말씀드리면 그렇게 위기, 불안한 시기에 도립해 있다는 것이 7세기에 새로운 불교가 한반도와 왜에서 어떻게 전환해 오는가와 밀접한 관계가 있어 그것은 꽤 어려운 것이기 때문입니다. 예를 들면 미륵의 부활을 어디까지 기대한다라고 한다면 이것은 무량수를 활발하게 신앙하지 않으면 안됩니다. 그러나 말법이라는 것을 각오하고 있었다고 한다면 이것은 생명을 연장시켜도 어쩔 수 없습니다. 때문에 새로운 방향으로 향한 것입니다. 여기에 아마도 무량수에서 아미타불로의 전환이 일어났을 것입니다. 이 각오가 아미타불의 출현을 이끌어 냈을 것이라고 저는 생각하고 있습니다. 그래서 고구려가 어떤 길을 선택했는가, 이것은 실은 고구려만의 문제가 아니라 백제도, 신라도 실은 미륵신앙을 문자로서는 나타나있지는 않지만, 어느 정도 활발했었다는 것은 사실이었다고 생각합니다. 백제에서는 미륵사라는 절이 만들어져 있고, 신라에서도 일본과의 관계에서 말하자면 교토의 흑룡사 불상이 전해지고 있다고 말해지고 있습니다. 때문에 같은 미륵신앙을 6세기까지 전해지고 있었지만 7세기에 들어와 어느 길을 선택해 갔는가, 각기의 지역, 나라에 따라서 선택의 여지가 있었습니다. 그 경우에 고구려가 어떠한 길을 선택했는가에 대해서는 사료가 확실히 남아있지 않기 때문에 알 수 없습니다만, 저의 억측속에서 말씀드리자면, 제3의 길을 선택한 것은 아니다. 다시 말하면 도교를 중국으로부터 적극적으로 받아들인 것은 한반도 삼국 중에서 고구려뿐입니다. 왜 그렇게 도교에 관심을 가졌는가 하면 역시 동아시아의 위기속에서 도교를 선택한 것이었다고 저는 생각하고 있습니다. 그런데 그 도교의 선택은 동시에 여러 가지의 불가사의한 奇術이나 異術 등을 포함해서 그 천하와 연계해서 진전하고 있었고, 최종적으로는 나라가 멸망하고 말았습니다. 그러한 선택의 여지를 불교의 관점에서 말하자면 선택했을 것이라는 식으로 저는 생각하고 있습니다. 그것이 무량수의 신앙과 역시 6세기 이전까지에는 관계하고 있었습니다. 김 선생님의 지적과 같이 무량수의 세계도 미륵의 세계도 일반 사람에게는 같지는 않습니다. 이것은 일면에서는 말씀하신대로라고 생각하고 있습니다만, 문제는 미륵신앙을 또는 석가신앙을 수행하고 있을 때 또는 실현하고 있을 때 왜 무량수불과 관련지어 지는가 이유를 생각하지 않으면 안된다고 생각합니다. 그 이유를 저는 생명을 연장시킨다라고 하면 약간의 어폐가 있습니다만, 그 관점으로부터 접합으로 진행하였을 가능성이 있지는 않은가 라고 저는 생각하고 있습니다. 끝내겠습니다.

　□ **연민수** : 충분한 답변시간을 드리지 못해서 죄송합니다. 오전 네 분의 발표 토론을 모두 들었습니다. 신묘년기사의 왜의 성격의 문제, 안라인수병에 대한 해석, 고구려가 왜를 어떻게 인식했는지 등 다양한 의견이 많이 제기되었습니다만, 한편으로는 시간관계상 충분히 논의되지 못한 면도 있습니다. 송서왜국전의 문제만 해도 한반도 제국명이 관칭된 작호를 왜왕이 송황제한테 구하고 있는데, 그 목적이 무언가, 지배권을 확립하기 위해서인가, 다른 목적이 있었느냐. 대단히 중요한 문제임에도 질문에 대한 답변이 충분하지 못한 것같습니다. 또 영산강유역의 전방후원분의 문제도. 피장자를 둘러싼 논의가 심화할 필요가 있습니다. 최근에 일본측에서는 영산강 유역의 전방후원분과 임나일본부설을 연결시키려는 견해도 나오고 있어 가볍게 넘어가서는 않되겠습니다. 불교문제만 해도 고구려관계 자료가 적지않게 남아 있고 관련 유물, 유적도 많이 발견되고 있습니다. 이런 많은 것들이 앞으로 구체적으로 연구되지 않으면 안 될 과제입니다. 시간이 벌써 1시간을 넘겼습니다. 아쉬움을 남기면서, 제 1부 토론은 이것으로 끝내도록 하겠습니다. 수고하셨습니다.

- 2부 -

□ **연민수** : 2부 종합토론을 시작하겠습니다. 질의 응답은 각각 5분 이내에 간략히 해주시기 바랍니다. 오후 첫 발표인 김선민 선생님의 6세기 후반 고구려와 왜에 대해서 동의대학의 정효운 선생님이 토론을 해주시겠습니다. 토론문의 분량이 많은데 고구려와 왜와 관련된 것에 한정해서 질의해주시기 바랍니다.

□ **정효운** : 알겠습니다. 아무래도 사회보시는 우리 회장님으로써는 시간 부담이 많을 것 같습니다. 그래서 두 가지만 하지요. 일단은 발표 가운데서도 김선민 교수님께서도 본인의 약점이랄까 그 점을 말씀하셨는데, 역시 고구려하고 왜의 사신의 초청문제를 가지고 6세기를 복원하고 계시는데, 여기서 가장 큰 문제가 역시 항로의 문제라고 봅니다. 이시가와현 같은 경우 상당히 동쪽으로 치우쳐 있는데, 중국으로 가려고 하면 역시 서해로 가는 것이 타당하고, 그렇기 때문에 그것이 과연 그런 쪽으로 연결될 수 있는가 하는 부분이 가장 신경이 쓰이고요. 그 다음에 이것과 관련지어서 동해안 쪽으로 상정을 하는 것이 좋을 것 같은데. 후대의 일이지만 발해가 동해안을 거쳐서 오고 있기 때문에 동해안의 항로 루트도 있었다고 봅니다. 그렇기 때문에 그쪽에서 생각하는 것이 가장 좋을 것 같지 않느냐 하는 것이 개인적인 생각이고요. 그 다음에 일곱 번째 나눠드린 질문지를 읽으면서 두 가지로 끝맺도록 하겠습니다. 6세기의 다양한 정치 세력에 의해 전개되는 한일관계사를 8세기 이후의 통일적 또는 율령국가적인 시각에서 이해하고 있는 것은 아닌가 그런 느낌이 조금 들었습니다. 부언하자면, 왕권과 지방 그리고 왕권과 왕권을 연결해 주는 중간자적 존재라든지, 윤교수님 아까 토론하실 때 조금 언급하신 것 같습니다만, 한일세계의 교통로를 장악하고 있던 해양세력의 존재 양상이라든지, 왕권과 왕권의 교류, 오늘의 주제를 따

르자면 고구려와 왜, 이 두 왕권을 연결해 주는 세력이 통역이라든지, 언어의 문제를 어떻게 해결했는가 하는 고증이 고려되지 않는다면 고구려와 왜의 국가적 통교라는 부분을 이해하는데 상당히 어렵지 않을까 라고 생각할 수 있습니다. 이 두 가지 점에 중점을 두고 질문을 마치도록 하겠습니다.

□ **김선민** : 예, 감사합니다. 사실은 토론문을 보시면 아시겠지만, 시간이 있으면 저한테 던진 질문이 일곱 가지입니다. 그런데 사실 일곱 가지 질문이라고 하는 것이 상당히 의미가 있는 질문이어서, 사실 제가 이 논고를 완성하는데 상당히 도움이 많이 될 것 같습니다. 이 점에서 먼저 감사를 드리고. 그 다음에 질문은 가장 마지막 번째 질문입니다만 사실은 제일 어려운 질문입니다. 왜냐하면 이것은 단지 고구려와 왜의 문제를 생각할 때 뿐만이 아니라, 우리가 고대 어느 지역과 어느 지역의 교류라든지, 어느 국가와 국가의 교류를 생각할 때 항상 이러한 문제를 염두에 두지 않고는 해결할 수 없는 문제이기 때문에 상당히 중요한 문제입니다. 그런데 아마 이 질문에 정효운 선생님의 질문은, 대개 아마 이런 문제가 일본 역사, 일본 고대사에 이런 문제가 있지 않나 하는 것을 전제로 하는 것 같습니다. 어떤 문제냐 하면 과연 6세기 말에 소위 우리가 얘기하는 야마토 정권에 의해서 일본이 과연 어느 정도 통일되어 있었느냐 하는 문제에 대해서 생각이 사실 저랑 좀 다른 것 같습니다. 아까 좀 얘기를 했습니다만, 제가 볼 때 물론 과연 야마토 정권의 영향력이라는 것이 그때그때 어느 정도였냐 하는 것을 아는 것은 사실 힘든 문제입니다. 뭐 이것은 역시 시간이 오래된 거고, 사료도 그 당시의 생생한 일차사료라든지 하는 것이 많이 남아있지 않기 때문에 사실 일본서기를 갖고 이 문제를 이해한다는 것은 상당히 위험하고 어려운 일입니다. 이런 점에서 사실 저는 6세기 말 정도의 일본의 상태라고 하는 것은 적어도 527년입니까, 이와이의 난이라고, 츠쿠시노 쿠미노미야츠쿠였던, 이와이가 난을 일으킵니다만, 원래 일본학계에서 이와이의 난이라고 하는 것은 그 지역이 츠쿠시의 이와이 지역이라고 하는 것이 벌써 야마토 정권한

테 복속된 가운데에서 일종의 반란의 형식으로 이해를 합니다만, 저는 이것에 대해서는 상당히 상징성이 있게, 이와이의 난을 비로소 이것을 진압함으로써, 일종의 큐슈전체가 뭐라 그럴까 일본에, 야마토 정권에게 완전 복속된다고 이렇게 해석을 하고 있습니다. 물론 이것은 제 개인적인 해석은 아닙니다. 이런 연구가 있습니다. 그런데 아마 정선생님 같은 경우에는 이와이 난이 끝나고 난 다음에도 과연 야마토 정권이 혼슈의 대부분을 통일하고 있었을까 하는 데 상당히 의심이 있으신 것 같아요. 이러한 차이에서 아마 문제가, 나오는 문제가 아닌가 싶습니다. 그리고 시간이 얼마 없어서... 이것은 상당히 일반적인 문제고, 상당히 중요한 문제입니다만, 그 다음에 왕권과 왕권 내지는 지방과 중앙, 그리고 지방과 지방간의 교역 이것은 상당히 중요한 문제입니다. 하지만 이 시기에 아까 발표문 속에 조금 나왔습니다만, 사실 이 문제가, 이 문제에 초점을 맞추는 게 상당히 중요하다고 보는데, 왜냐하면 이시카와 지방이랑 예를 들어서 고구려와의 어떠한 관계의 교류가 있었느냐 했을 때 일종의 뭐냐 하면, 국가와 지방 내지는 지방과 지방과의 교류를 상정해 볼 수 있습니다. 사실상 이런 것을 이해하기에는 6세기 말이라고 하는 시대라고 하는 것은, 상당히 정말 뭐라고 그럴까, 지금으로부터 시간이 오래되지 않은가 하는 생각이 듭니다. 결국 뭐라 그럴까, 근거라든지 아니면 사료가 상당히 부족하기 때문에 이러한 문제는 중요한 문제지만, 우리가 이러한 것을 해결하려고 했을 때는 상당히 곤란하지 않겠느냐 하는 생각을 합니다. 그 다음에 또 한 가지가 결국 일본사가 편찬되는 시기의 생각을 가지고 대개 6세기 문제라든지, 그 전시대 문제를 갖다 보고 있지 않나하는 것입니다만 사실 그러한 면이 누구나 있습니다. 저뿐만이 아니라. 왜 그러냐 하면 일반적인 얘기로 일본서기를 참고로 했을 때, 과연 일본서기에 나와 있는 기사를 어떻게 해석하느냐, 어느 정도의 신빙성을 두고 어떻게 하느냐의 문제라는 것이 사실 일본 고대사의 전부의 문제일 수 있습니다. 그러니까 제가 오늘 들고 있는 흠명 31년조에서 나오는 기사들도 결국은 뭐냐하면 굉장히 설화적이고, 사실 이것을 갖다 사실로 인정을 하느냐 했을 때는 상당히 문제가 있습니다. 하지만 예를 들어서 이것이 어떠한 형태의 사실을 갖다가, 사실에 기초를 한다든지, 아니면 어떠한 전승에 기초를 한다든지 하는 의미에서 이 자체가 무의미하다고 얘기하는 건 또 다른 문제라고 봅니다. 하기 때문에 우리가 결국은 일본서기뿐만 아니라 역사학, 고대사 일반의 문제입니다만 어떻게 뒤에 편찬된 사료를 가지고 그 시대를 이해하려고 했을 때, 과연 어떤 자세 내지는 어떤 분석이 필요하느냐 하는 문제입니다만, 한마디로 뭐라고 말씀드리기에는 좀 그렇습니다만, 이런 한계를 갖다 결국 의지적으로 극복하는 것이 대개 고대사의 연구자들이 해야 될 일 아닌가 하는 이 정도로 제 답변을 마무리 하겠습니다.

▫ **연민수** : 감사합니다. 두 번째로 모리 선생님 발표에 대해서 백촌강, 사실 제가 제목을 드린게 백촌강 전투와 고구려입니다. 백촌강 전투하면 백제와 일본과의 관계로만 규정짓고 있지만 크게 보면 고구려도 관여되어 있는 사료도 나오고 있어 전체주제에 맞게 백촌강전투와 고구려라는 제목으로 부탁을 드렸습니다. 이에대해 부경대의 이근우 선생님께서 질문해 주시겠습니다.

▫ **이근우** : 예, 이렇게 시간이 급할 줄 알고 저는 질문 많이 하지 않았습니다. 우선 간단히 제가 해 온 걸 말씀드리면, 백촌강 전투라고 하는 것 자체가 일본으로 봐서는 특히 일본서기라고 하는 사료 속에서 굉장히 자세하게 나오고 있습니다. 그런데 정작 전쟁의 당사자였던 신라로서 보면 백촌강 전투에 대해서는 정말 나중에 문무왕의 회고 속에서 잠시 한 줄 정도 나오는 걸로 그치고 있고요. 그리고 마찬가지로 중국 사료 속에서 백제를 공격하거나 이런 사건들이 과연 어느 정도 자세하게 기록하고 있는가를 보면 사료가 거의 없는, 그래서 사실은 일본으로서는 그 당시 가장 큰 사건이었지만, 신라로서 봐서는 별로 큰 일이 아니었다고 할 수 있고, 또 한편 신라로서는 나중에 당과 싸우는 일들이 정말 신라의 존망이 걸린 그런 전쟁이

었지만, 당나라로 봐서는 주변의 돌궐이나 여러 나라들과 싸우면서 하고 있는 어떻게 보면, 당의 외교나 군사정책 속의 신라의 문제라고 하는 것은 아주 일부에 불과했던 이런 사실을 우리가 먼저 동아시아라고 하는 속에서 이해할 필요가 있을 것 같습니다. 그래서 백촌강 전투라고 하는 것에 대해서 일본서기에 가장 많은 기록을 남기고 있지만, 왜로서는 중요한 일이었지만, 신라로서는 그다지 중요한 일이 아니었을 수 있다 라고 하는 생각을 먼저 할 필요가 있을 것 같습니다. 그런데도 사료로써는 일본서기쪽 사료가 가장 많이 남아있기 때문에 결국은 그걸 가지고 논의한다 라고 하는 것을 어떻게 보면 거꾸로 연구하고 있는 게 아닌가 하는 생각이 듭니다. 그리고 또 하나 일본서기라고 하는 사료가 가지고 있는 동아시아 속에서 비중이라는 문제 하나하고, 또 하나는 무의식적으로 일본인 연구자들 속에서 아마도 근대 일본 그러니까 미국과 싸우고, 중국을 점령하고, 만주를 점령하고 이런 근대일본의 모습이라고 하는 것을 고대에 그대로 투영시키고 있는 게 아닌가 하는 생각이 종종 듭니다. 그 예를 들어서 백촌강 전투에서도 보면, 모리 선생님께서 쓰시기를 마치 전투의 주체가 당의 수군과 왜군의 수군, 이게 전쟁의 주체였던 것처럼 백촌강 전투를 기록하고 있지만, 그에 대해서 신라는 전혀 다르게 이해하고 있습니다. 그래서 실제 전쟁이라고 하는 것은 결국은 백제 부흥군에 주된 거점이라고 할 수 있는 주류성 함락에 목적이 있었고, 그 함락을 위해서 실제로 당과 신라가 어떻게 보면 처음 백제를 멸망시킬 때보다 더 많은 군사를 동원해서 이 전투에 임했다고 할 수 있고, 삼국사기 문무왕의 회고에 따르면 그 때 주류성을 함락시키고 왔는데, 보니까 왜성 천 척이 아무래도 과장이 됐겠지만, 많은 병력이 왔다는 뜻일 거고, 결국 그 전투의 승기를 잡은 것은 왜의 배가 와 있는 상태에서 강 아래는, 언덕에는 백제의 기병들이 포진하고 있고, 또 마찬가지로 신라의 기병도 당의 수군을 엄호하기 위해서 와 있는데, 거기서 이미 백제 부흥군의 기병에 의해서 결국 괴멸적인 타격을 입기 때문에, 실제로 왜의 수군이라고 하는 것은 당의 수군의 공격을 받은 것만이 아니고 강 언덕으로부터 신라의 공격을 역시 함께 받음으로써 쉽게 결국은 이렇게 왜 수군이 괴멸되었다고 이렇게 생각됩니다. 그래서 결국 마지막은 어떻게 되었냐면 주류성이 함락되었다라는 것으로 회고를 끝내고 있기 때문에 실제로 일본 쪽에선 일본서기 이런데선 백촌강 전투라고 얘기하고 싶을지 모르지만, 사실은 삼국, 신라의 입장에서 보면 주류성 전투의 일환, 주류성 전투를 진행하는 과정에서 왜도 참전했고, 그 왜는 사실은 쉽게 어떻게 보면 정리가 된 상태고, 주류성이 함락되었다고 하는 것에 초점을 맞추고 있습니다. 그래서 과연 백촌강 전투라고 하는 용어는 일본측 중심적인 그런 생각을 가지고 접근하는 것이 바람직하겠냐는 것입니다. 그래서 이 전쟁을 마치 청일전쟁때 청나라와 일본이 한반도에서 싸운 것처럼, 또 임진왜란 때 명과 일본이 한반도에서 싸운 것처럼, 이 백촌강 전투를 그런 식으로 마찬가지로 확대해석하는 것은 좀 문제가 있다고 생각합니다. 두 번째 질문, 아 첫 번째 질문은 그런 인식의 문제였다고 할 수 있고. 두 번째는 과연 백촌강 전투의 과정에서 고구려가 개입되었느냐, 왜가 고구려에 대해서 어떤 연락을 취해서 협조하려고 한 체제를 만들었냐 하는 문젠데. 물론 제 생각에도 큰 어떤 연락이 구체적으로 있었던 것 같지 않습니다. 그런데 오히려 그런 것들이 뭐냐하면 그 당시 동아시아의 정세라고 하는 것을 당시에 왜가 얼마나 안이하게 보고 있었느냐 그러니까 한 2만 7천여 명을 동원해서 한반도에 뜨면, 한반도 백제의 부흥이라고 하는 문제가 금방 해결될 것처럼 인식을 하고 또 고구려의 도움을 원하지 않았다고 하는 것 자체가 그 당시 왜의 동아시아 인식이라고 하는 게 전체의 논문 속에서 굉장히 왜가 한반도 정세나 중국의 정세에 대해서 예민하게 반응하고 있고, 굉장히 정밀하게 읽고 있는 것처럼 그렇게 느껴지지만, 실제로 백촌강 전투라고 하는 과정을 보면, 사실 당시의 왜가 어느 정도로 동아시아 정세, 그 당시의 당의 무력이라든지, 또는 고구려와 당의 관계, 이런 문제들에 대해서 예민하게 느끼고 있었는지가 의문이 듭니다. 그렇게 정리를 하겠습니다.

▫**모리** : 죄송합니다. 한국어는 거의 아니, 완전히 모르기 때문에 받아두었던 페이퍼에 근거해서 답변을 말씀드리도록 하겠습니다. 우선 이번에는 고구려와 왜였기 때문에 신라와 백제의 움직임에 대해서는 별로 언급하지 않았습니다. 이것에 관해서는 『백천강이후』라는 강담사에서 출판된 저의 책 속에서는 그것에 관해서도 상세하게 설명하고 있습니다. 그 가운데에서 특히 이 시기 조금 전에 카와모토 선생의 토론 때에 해북을 바다의 북쪽이라는 말이 있었습니다만 그것은 아마도 5, 6세기의 조선반도에 대해서 가야가 멸망한 7세기에는 일본측에서는 조선반도에 대해서는 서해 또는 서쪽이라는 의식이 있었습니다. 그리고 때마침 백촌강 전투의 출병 때에 일본서기에서는 서쪽을 정벌한다는 의식이 있어서 왜국측에서는 역시 별로 당을 의식하고 있지 않았습니다. 어디까지나 신라와 전쟁을 하고 있고 신라와 싸우고 있는 백제를 도와준다고 하는 꽤 유약한 국제인식이 있지는 않았을까 라는 것이 하나의 저의 생각입니다. 이 점에 관해서는 이 선생님이 지적한 바와 같습니다. 그리고 다음으로 사료에서 예를 든 b부터 e까지의 사료입니다. 이것에 관해서는 분명히 몇 개인가로 크게 나눌 수가 있어서 사료의 a라든가 b라는 것은 당의 군대의 행동을 주제로 삼고 있고, 그리고 c, d는 한반도에서의 백제 구원의 군대와 왜의 군대와 고구려가 손을 잡고 있고 그리고 그 뒤에 사료 e는 道顯의 예언이라고 할 수 있는 것입니다. 분명히 크게 이렇게 나누어집니다만, b에 관해서는 당의 동향에 관해서 받아들인 것이 있어서 그것을 일본세기에 인용하고 있고 나아가서 일본서기는 도현에게 전해져 괄호와 같은 것을 추가했다고 생각해 본다면 일본서기가 실제로 사용되고 있지 않았기 때문에 일반적으로 이 시기의 한반도를 포함한 고구려의 멸망을 전해주는 사료가 아닌가 또는 당 관계의 움직임을 파악하여 그것에 대해서 도현이라는 사람이 코멘트를 추가하는 형태로 일본세기에 그 문서가 있었다 라는 식으로 생각해 봅니다. c와 d에 관해서는 정확하게 말하자면 과연 일본세기라고 생각해도 좋은지, 그렇지 않으면 백제로부터 망명한 사람도 있었기 때문에 그 사람들을 통한 사료를 이용한 것이 아닌

가라고 생각해야 하는가 라는 가능성은 있다고 생각합니다. 일단 여기에서는 고구려 관계의 기사라는 것으로 특히 고구려와 왜와의 연휴를 주장하는 것에 관해서는 여러 가지 상황적인 면에서 말하자면, 역시 직접적인, 전략적인 연휴라는 것은 상정하기 어렵지 않은가 라고 생각합니다. 그리고 그것이 왜라는 것이 전략적으로 당시의 동아시아 정세에 잘 대응하고 있지 못했다라는 것을 나타내고 있지 않은가 라고 생각하고 있습니다.

▫ **연민수** : 백촌강전투뿐 아니라 광개토왕비문에서도 나오듯이 한반도내부의 전쟁에 중국과 왜가 연동되어 국제전의 양상을 띠고 있습니다. 이들 전재의 성격에 대해 근대의 일본 연구자들은 러일전쟁이나 청일전쟁과 결부시켜서 논하는 경우가 많습니다. 예컨대 광개토왕비에서는 백촌강전투는 당나라와 일본의 대결로 몰아가려는 것입니다. 아까 이근우 선생님이 말씀하신대로 백촌강 전투가 청일전쟁을 연상시키는 그러한 인식을 갖고 있다는, 끊임없이 이러한 논조가 사실 일본학계에 상당부분 남아있습니다. 인식의 문제니까 끊임없이 논의되어야 될 것이라고 생각이 됩니다. 다음은 김은숙 선생님 발표에 이도학 선생님께서 토론해 주시기 바랍니다.

▫ **이도학** : 오늘 밤에 역사 스페셜에서 백촌강 전투에 대해서 다루더라고요. 참조하시면 좋을 것 같습니다. 김은숙 선생님 발표문에 대해서 간단하게 몇 가지만 말씀드리도록 하겠습니다. 네 번째 질문입니다. 안승 계보문제입니다. 두 가지 설이 있다는 것이죠. 보장왕의 서자설을 따르고 있는 그런 견해도 있습니다. 여기 보면 연개소문의 이미지, 고구려 사람들에게는 고구려를 망친 그런 장본인으로 인식되어 왔던 것으로 볼 수가 있습니다. 연개소문의 동생의 아들, 고구려 유민들이 끊어진 세대를 잇고 이렇게 과연 인식할 수가 있겠는가 이런 점에 대해서 생각해 봐야 할 것 같습니다. 일곱 번째, 신찬성씨록에 보면 백제 도모왕입니다. 백제 도모왕은 고구려 주몽왕하고 같은 인물로 간주를 했습니다. 신찬성씨록에 보면, 추모, 주몽이죠. 추

모가 고구려의 국왕이다 이런 기록들이 몇 군데 기재되어 있습니다. 같은
책에서 한 사람, 추모는 고구려의 국왕으로 있고, 도모왕은 백제 태조로 되
어 있습니다. 서로 다른 사람으로 별개 인물로 같은 책에 적혀있습니다. 선
생님께서는 같은 인물로 보고 있는데 여기에 대해서 조금 설명해 주셨으면
좋을 것 같습니다. 그리고 여덟 번쨉니다. 일반적으로 다른 나라를 지배하
게 되면 외교권부터 박탈하기 마련인데 신라가 보덕국의 대일외교권을 허
용해 준 이유가 뭔지 설명이 필요할 것 같습니다. 그리고 마지막 아홉 번째
입니다. '왜국의 춤과 함께 고구려, 백제, 신라의 음악을 연주한 것은 왜국
이 이들 나라의 사람들을 포용한 정권인 것을 말한다' 이렇게 말씀하셨습니
다만, 연주한 것은 맞습니다. 당나라 경우는 서역악이라고 고구려 백제의
기악을 연주하게 했습니다. 그래서 이건 아마 포용 이런 것 보다는 아마 천
하관하고 결부지어 볼 수 있지 않겠느냐 하는 생각입니다. 신라의 가야악을
연주한 것, 이것도 마찬가지라 할 수 있습니다. 이것은 일본적인 천하관, 다
른 선생님께서 발표하실 때 천하관 이야기 나왔습니다만, 그런 식으로 결부
지어서 해석하면 어떨까 이런 생각을 생각해봤습니다. 이상입니다.

□ **연민수** : 네, 질문 중에서 7, 8번 질문이 중요한 쟁점으로 보입니다. 두
가지 질문에 대해서만 답변 부탁드립니다. .

□ **김은숙** : 백제 도모왕이라고 하는 게 일본식으로 츠모라고 읽어서 사에
키씨 같은 경우도 이걸 주몽하고 추모를 같은 사람으로 보고 있습니다. 저
도 그렇게 봤구요. 그리고 신찬성씨록에 보면 화조신이라고 나와 있는데,
환무천황의 어머니 집안인데요. 백제국의 도모왕 18세손, 무녕왕으로부터
출자했다고 하는 출자계보를 가지고 있는데, 이 화조신에 관한 기사를 보더
라도 도모왕이라고 하는 것은 주몽을 갖다가 생각한 것이 아닌가 이런 생
각이 드는데, 신찬성씨록에 보면 고구려계랑 백제계는 확실히 같은 주몽을
놓고도 표기법이 다른 한자를 쓰고 있습니다. 그래서 고구려 쪽에서 이걸

주장한 건 오히려 나중에 주장한 거고, 같은 동일한 시조를 놓고 조금 표기를 달리 하는 것으로 서로 자기네 시조라고 주장할 수 있었던 것은 아닌가. 고구려 측에서도 백제측에서 이걸 먼저 썼으니까 실제로 고구려 시조다 라는 것을 주장하기 위해서 그랬던 것은 아닌가 하는 생각이 들었습니다. 어찌보면 같은 걸로 보는데, 선생님은 이걸 다른 게 아닌가 라고 이렇게 얘기했을 경우, 이도학 선생님은 도모왕을 누구라고 생각하시는지 알고 싶었거든요. 저도 별로 주의 안했는데, 정말 한 번 생각해 봐야 될 문제라고 생각합니다. 8번의 경우, 외교권을 대외에 허용해 줬다기보다 어떻게 보면, 완전한 외교권이라고 할 수 없거든요. 신라가 간섭을 하는 것이기 때문에 허용해 준 것처럼 보이지만 사실은 이용한 것이 아닌가. 완전한 대일외교권은 없다고 봐야되지 않나 생각합니다.

□ **연민수** : 시간이 없어 일단 끊겠습니다. 마지막 토론을 하겠습니다. 오늘의 비디오 촬영도 고마 선생님한테만 맞춰져 있는데, 그만큼 중요한 비중을 차지하고 관심의 초점이 된 것 같습니다. 아까 어느 분이 살아있는 역사를 지금 공부한다고 말씀도 하셨는데, 바로 고마선생님이 그 주인공인 것같습니다. 고마 선생님 발표는 학술적으로 깊이 들어가기 보다는 흐름을 주요 시대별로 정리해 주셔서 이해하기 쉬웠고 고구려왕족 후손이 일본에서 어떻게 살아왔는가를 알기 쉽게 정리해 준 것 같습니다. 이용현 선생님 질문해 주십시오.

□ **이용현** : 중앙박물관의 이용현입니다. 단상단하의 참가하신 한일 양국의 쟁쟁한 선생님들의 면면을 보면 한국에서 열린 근래에 보기 드문 가장 훌륭한 한일 고대사 국제 심포지움이라고 생각합니다. 이같은 훌륭한 심포지움을 주최하신 연민수 회장님이나 학회의 간부들께 깊이 감사합니다. 아울러 시간적인 제약 속에서도 환상적인 사회로 명쾌하게 정리해 주신 사회자께 감복할 뿐입니다. 아울러 마지막이라는 상징적인 자리에 앉게 된 것, 그

리고 고마 선생님과 같은 산 역사 옆에 있을 수 있다는 것을 대단히 영광스
럽게 생각합니다. 준비된 질문의 문장 1의 3, 4, 5행하고 7, 8행을 읽겠습니
다. 오자가 있는데요. 문장 2의 '의 정체성'은 잘못된 글입니다. 삭제바랍니
다. 고마 선생님의 역사해석에서는 고마씨와 일본 조정간의 '신뢰'를 강조하
고, 역사를 가급적 밝게 긍정적으로 조명하려는 의지를 읽을 수 있습니다.
다. 이 점이 본 논고의 특징이라 할 수 있습니다. 고려인은 야마토 조정에게
신뢰받았기 때문에 "고려왕"성을 받았으며, 고려군을 건립할 수 있었다는 것
입니다. 그렇지만, 토론자는 '신뢰'만으로 이같은 역사를 해석할 수 있을까
의문입니다. 당시는 고려군 뿐만 아니라 신라군도 창설되었으며, "고려왕"성
뿐만 아니라, 백제왕과 초(배)나왕성도 창출되었습니다. 그같은 당시의 시대
적 배경도 함께 고려되어야 하지 않을까 생각합니다. 이상입니다.

　□ **연민수** : 고마 선생님. 질문이라기보다는 제언이고, 소감을 말씀하신 것
이기 때문에 답변을 안하셔도 좋을 것 같습니다. 많은 분들이 고마 선생님
에 대해서 관심이 많으신 것같습니다. 고구려가 멸망하기 2년전에 왜국의
사자로 온 현무약광이라는 고구려 사신이 고구려가 멸망하자 돌아가지 않
고 일본에 체재하게 되고 후에 일본 조정으로부터 고려왕이라는 특별 성을
하사를 받습니다. 보통 일본에 이주해 온 한반도계 사람들은 일정 기간이
지나면 改姓을 하고 점차 정체성을 잃어버려 그 계보를 알 수 없는 경우가
많은데, 현재까지 1,200년이 넘는 기간 동안 족보도 갖고 있고, 고구려인이
라는 것을 상당히 자각을 하면서 내려왔다는 아주 드문 예입니다. 백제의
경우도 백제의자왕의 후손들이 '백제왕'성을 받죠. 의자왕의 후손들에 대해
일본조정에서 특별대우를 해 준 건데. 현재 오사카 히라카타시에 가면, 삼
송씨라고 해서, 백제왕의 후손을 자칭한 집안이 있지요. 이곳에는 백제 절
도 있고, 신사도 있습니다. 그러나 가계가 단절이 된 것 같습니다. 아마도
고마씨는 일본에서 고대에 이주한 한반도계 씨족 중에서 계보를 확실히 알
수 있는 유일한 예로 보입니다. 고마 선생님께 궁금한 게 있는데, 자신을 포

함해서 고마씨 집안사람들은 고구려 후손이라는 어떤 자각, 인식을 느끼고 있는지요.

▫ **고마** : 제가 처음으로 거의 선조에 대해 상세하게 얘기를 들은 것은 저의 아버지부터가 아니라 어머니로부터 들었습니다. 제가 6살이었던 초등학교 1학년때 자신의 가계에 대해서 처음으로 들었습니다. 그 이전에는 그런 얘기를 별로 듣고 있지 않았다가 그 때 처음으로 들었습니다. 듣긴 들었습니다만, 잘 이해하지 못했었습니다만, 그래도 내 자신이 다른 일본인과 조금은 틀리다는 무엇인가를 가지고 있구나 라는 것을 그 때 느꼈습니다.

▫ **이근우** : 잠깐만 한 가지만, 지금 여기 고구려왕 약광에 대한 훈에서 코마노 콕시작코 이렇게 되어 있는데, 이게 백제왕을 이를 경우에는 콕시가 아니라 코니키시라고 읽어서 건길지다 이렇게 그게 왜 콕시라고 되어 있는지 궁금하구요. 또 하나는 현무라고 하는 게 당시의 고구려의 성으로 조금 이상한 데, 이게 오히려 북부라든지 이런 것들을 상징을 나타내는 사신신앙과 관계해서, 그런 것과 관계되지 않는가 생각되는데 그런 점은 어떻게 생각하시는지.

▫ **고마** : 콕시의 훈독입니다만, 말씀하신대로 코니키시, 코시키, 콕시키 여러 가지의 읽는 방법이 있는 것 같습니다. 아까도 말씀드렸습니다만 저 자신이 콕시로 계속 읽어왔기 때문에 아무래도 그것을 무의식적으로 사용해 버리는 면이 있습니다. 다만 그것에 대해서 어떤 것을 사용해야 좋은가라는 것은 반대로 제가 물어보고 싶은 점입니다. 또 한가지 현무작코의 기술입니다만, 저도 선생님이 말씀하신대로 관계가 있을 것이라고 하는 그리고 또 다른 하나는 고구려의 강쇠와의 관계도 아마 있지는 않을까라고 생각합니다. 다만 이것에 대해서도 확신하고 않기 때문에 이 정도로의 추측이라고 생각해 주시기 바랍니다.

▢ **연민수** : 고마씨가 시조로부터로부터 현재 60대라고 나와 있습니다. 그 시조가 현무약광이라는 인물인데, 현무는 이근우 선생님이 말씀하신대로 방위를 표시하지만, 왕족인가 아닌가에 대해선 고마 선생 본인조차도 궁금해 하고 계신데. 왕족이 틀림없다고 봅니다. 현무는 방위관으로부터 북쪽을 가르킵니다. 한원 고려기에는 북부를 절노부, 후부, 흑부 등으로도 기록되어 있어 바로 현무 즉 북부는 고구려 5부족 중의 하나인 절로부로 왕비족에 해당합니다. 따라서 현무약광은 고구려왕족임에 틀림없다고 생각됩니다. 그럼 지금부터 방청석의 의견을 듣겠습니다. 시간을 잘 지켜 주셔서 앞으로 15분 정도 여유가 있는데, 오늘 주제발표 전체에 대해 질문이 있으시면 해주시기 바랍니다.

▢ **윤명철** : 오전에 발표하신 박천수 선생님께 여쭙겠습니다. 고고학적으로 양속관계를 입증할 수 있는 근거에 대해서 간단히 가르침을 받겠습니다.

▢ **박천수** : 양속관계에 대한 아이디어는 그 전에 왜계백제관료에 대해서 논문 쓰신 분들이나 오늘 여기 계신 이재석 선생님의 논문을 받고 영향을 받았습니다. 실제 고고학 자료라고 할 때 그것을 증명할 수 있는 것은 첫째 상당히 재밌었던 것은 역시 큐슈의 아리아케카이 남해, 에다후나야마 고분 피장자라든지, 에다후나야마 고분의 피장자가 가지고 있는 부장품을 보면, 백제계 문물이 있는 반면에 또한 왜왕으로부터 하사받은 명문계도가 있습니다. 이런 것도 볼 수 있겠고요. 또 하나 이러한 양속관계에서 주목되는 것은 북부큐슈지역 왜인들도 꼭 양속관계라고 할 수 없겠습니다만, 북부큐슈지역의 능의 석실 및 축조되는 지역을 살펴보면, 영산강 유역뿐만 아니라 실은 가야지역에서 최근 몇 군데서 발견되고 있습니다. 예를 들면, 의령의 경산이라든지, 의령의 운공이라든지, 또는 거제고 간곡공원이라든지, 또 고성의 성악동 공원분에서 발견되는데, 이것은 어떤 의미에서 북부구주 지역 왜인들도 다양한 채널을 가지고 있지 않았는가. 왜 왕권과도 또한 관계를

가지고, 또한 백제 왕권과의 관계를 가지고 또한 대가야 왕권하고도 관계를 가지는 이러한 점에서 한번 고고학적으로 접근할 수 있지 않을까 이렇게 생각해 봤습니다.

□**연민수** : 네, 이재석 선생님

□**이재석** : 박천수 선생님께 저도 한 가지 묻고 싶은 게 있는데, 영산강 유역의 왜인들을 만약에 백제가 대치했다고 선생님 가설대로, 맞다고 한다면, 왜인의 대치했을 때 메리트가 어디에 있습니까. 제재기반에 외부인을 그 지역에 넣어서 백제의 중앙권력이 그 지역을 자기 영역으로 확보해 간다는 그런 간접적 지배방식에서 직접적 방식으로 넘어가는 과도기인 점을 설명하셨는데. 만약에 서울사람이나 충청도 사람도 전라도 지방 가면 기반이 없어지는데, 그 점에서 기반이 없는 사람을 넣는다고 한다면 반드시 왜인이어야 할 필요는 없다고 생각합니다. 그럴 때 왜인을 넣었을 때 메리트가 백제에서 볼 때 어떤 점을 중시했는지. 그리고 않으면 안 시켜 줄 것 같은데 하나 더 해도 됩니까. 가와모토 선생님께 한 가지 더 하겠습니다.

□**연민수** : 간단히 부탁합니다.

□**이재석** : 천하관에 대해서 질문을 드리고 싶은데, 중국에서 발생하여 고구려를 통해서 일본으로 전래가 되었건, 또는 도래인을 통해서 외부로 전래가 되었건, 천하 또는 중화의식과 같은 그런 지식체계가 일본으로 전래되었다고 하더라도, 그것을 일본 왕권이 그것을 채용할 때는 뭔가 계기가 있다고 생각합니다. 안다고 생각해 가지고 그걸 곧장 자기네 지배세계를 그렇게 천하라고 표현하지는 않을 거라고 생각하거든요. 그럴 때 그 계기가 뭔지 선생님께서 어떻게 생각하시는지.

▫ **연민수** : 가와모토선생님부터 답변하시지요.

▫ **가와모토** : 아메라든가, 천이라는 말이 아닌가요. 어떠한 민족이라도 천상의 세계는 그러한 원시적인 신앙이 있다고 생각합니다. 일본에도 당연히 있었다고 생각합니다. 그러한 것이 실체화되어 갈 때는 도래인이라는 사람들로부터 사상을 배웠다라는 면은 있었다고 생각합니다.

▫ **연민수** : 그럼, 박선생님 답변 부탁드립니다.

▫ **박천수** : 이재석 선생님 대답에 대해서 말씀해 드리겠습니다. 첫째 영산강 유역 전방후원분 피장자가 왜인인 것은 부정하기 어렵다고 생각됩니다. 묘제뿐만 아니라 실현 과정에서 제지수당묘하고 구분되는 묘역을 사용하고 있고, 그것이 1세대에 끝나는 점에서 왜인 묘라는 점은 부정하기 어렵다고 생각됩니다. 그러면 왜 백제가 왜인을 활용하였느냐, 이 점이 되겠습니다만. 역시 백제가 활용할 수 있는 그 당시 우방국이라고, 당시 대가야와는 어떤 의미에서 남해안을 두고 경쟁상대에 있습니다. 제가 주목하고 있는 것은 왜 그러면 왜인들 가운데 여러 지역 사람들이 있는데, 북부구주 지역의 왜인들, 또는 중부구주지역 왜인들을 활용하였느냐 하는 점입니다. 여기서 주목되는 것은 이미 5세기 중엽부터 북부구주식, 또는 시보형 석실들이 세토나이카이 양안이라든지, 또는 동녘지방, 산음지방에 전파되고 있습니다. 이것은 아마도 백제 왕권으로 봤을 때는 일본 열도에 이미 네트워크를 형성하고 있었던 북부 구주지역 또는 유명해의 지역 왜인들을 활용하는 것이 일본 열도 내에서 백제 문물을 전파시킨다든지, 또는 왜 왕권과의 중간매체로써의 역할을 기대할 수 있었지 않은가 이렇게 생각합니다. 이상입니다.

▫ **연민수** : 윤명철 선생님 말씀해 주세요.

□ **윤명철** : 동국대학교의 윤명철입니다. 그 문제에 관해서 몇 가지 말씀드리고 싶은데요. 해양사 입장에서 볼 때, 왜계 사람들이 한반도 특정한 지역에 또는 여러 지역에 있는 것은 전 이상하다 생각하지 않습니다. 상대적으로 똑같이 한반도의 고구려, 백제, 신라, 가야 세력들도 일본열도에 곳곳에 나름대로 진출 내지는 가서 거점을 확보한다는 것도 저는 전혀 이상하다고 생각하지 않습니다. 또 한 가지 말씀드리고 싶은 것은 지금 양속관계를 말씀하시는데, 그 구체적인 내용은 모르겠지만, 기본적으로 일단 왜계 있는 사람들이 한반도 지역에 온 것을 얘기하시는데, 저는 개인적인 생각은 역사의 계기성을 생각할 때, 야요이 시대라던가 그 이전부터도 한반도에서 여러 곳을 통해서 건너갔고요. 그런 것은 비단 이궁뿐만 아니라, 시마네 현이라든가, 돗토리현이라든가, 그리고 아까 올골이시카와라고 했는데, 올고쿠가 이시카와가 맞습니까. 김은숙 선생님이 발표하셨나요? 아까 올곡 얘기가 나왔는데, 궁금하구요. 이시카와가 맞습니까? 전 후쿠이로 생각하고 있는데. 그리고 후쿠이라든가 이시카와도 물론 고구려라든가 신라계도 물론 가지요. 그런데 기본적으로 그런 계승성을 생각할 때 일단 우리 쪽에서 건너간 사람들이 일본 열도에 곳곳에 거주했다가 시간적인 과정을 거친 후에 다시 올 수는 있거든요. 왜냐면 해양문화의 특성인데. 제가 이 자리에서 얘기하고 싶은 것 중의 하나는 한일관계사를 연구하건, 한중관계사를 연구하건, 교통에 관한 문제가 중요한데, 육지적 시각이라든가, 육지적 시각에 약간의 변형을 통해서 해양의 메커니즘을 이해한다는 것은 오류를 범할 수가 있어요. 그래서 그런 부분들은 굳이 박천수 선생님뿐 만이 아니라, 모든 분들에게 제가 말씀을 드리고 싶습니다. 그리고 유명해 말씀하셨는데, 유명해 연안을 가는 것은 이를테면 가야지역에서 섬진강 이동지역에서 유명해 지역으로 가는 것은 사실은 어렵습니다. 그런데 섬진강 이서지방이라든가 영산강 하구지역에서 출항하게 되면 유명해 연안으로 갈 수밖에 없어요. 큐슈북부지역으로 가는 것이 아니라 유명해 연안지역으로 갈 수밖에 없는 겁니다. 그러다보니까 지금 에다후나야마 고분 얘기가 나왔습니다만, 곡지천 지역

에 지금 의외로 많은 고분들이 밝혀져 있는 것도 가능한 얘기죠. 그리고 또 한 가지는 지금 박천수 선생님 논리대로 후나야마 고분을 비롯해서 이런 걸 말씀하시는 것 같은데, 그런 면이라면 똑같이 해양문화 집단이 그들이 영산강 하구지역에서도 그들이 만든 전방후원분 속에 그런 흔적이 남아있어야 되거든요. 그런데 해양과 관련되서는 그 전방고분속에서 하나도 나타난 것이 없어요. 이런 것도 논리적으로 좀 보완해야 된다는 생각을 합니다. 그리고 또 한 가지는 아까 석관얘기를 말씀하셨는데, 석관을 말한다는 것이 저는 또 하나 말씀드리고 싶은 건데, 일본사 전공하는 분들한테 이 자리에서 제가 단도직입적으로 말씀드려요. 일본사나 한일관계사 전공하는 분들의 논문을 보면, 이상하게 주로 일본인들의 논문들이 인용이 되어 있어요. 그것도 좀 이해가 안되거든요. 같은 한국인으로서 일본자 전공자들의 논문도 인용이 되어야 되고, 또 한가지는 이것이 한일관계사인만큼 한국사에서도 그 시대를 연구하는 사람들의 논문이 있습니다. 또 고구려와 관련시켜도 고구려 전공자들이 있고요. 백촌강 전투만 하더라도 고구려랑 관련이 되면 고구려 연구자들이 나와야 되고, 해양과 관련되면 해양과 관련된 메카니즘이 있고, 한일관계 해협을 연구한 논문들도 많이 있는데, 그런 논문에 대한 검토가 있는지 없는지 모르겠지만, 단 하나의 인용도 없이 일본인의 논문인용해 가지고 얘기한다는 것이 저는 사실 학자로써 받아들이기 힘들어요. 이런 부분은 제가 명확히 말씀드립니다. 그리고 아까 석관문제 같은 경우는 그렇게 항해술로 볼 때 뛰어난 것은 아니죠. 기본적으로 한국사 전공자라던가, 고구려 전공자 논문을 읽고 같이 인용하고 그런 자세가 바람직하다고 생각합니다. 이상입니다.

□ **연민수** : 한일관계사, 일본사 연구자들이 좀 게을러서 그런 것 같습니다. 해당 전공자들은 한국연구자의 연구성과를 많이 인용하시기 바랍니다. 이제 종료시간 6시가지는 5분이 남았습니다. 마무리를 해야할 것 같습니다. 아침 9시 반부터 6시까지 장장 9시간 동안 여덟분의 발표와 토론을 했습니

다. 오늘의 주제는 동아시아 속의 고구려와 왜입니다. 고구려와 왜의 관계는 4세기말 광개토왕대로부터 시작이 됩니다. 이것은 공적 교류가 아니라 군사적 충돌에 의한 간접적인 접촉이지요. 어떤 면에서는 직접 부딪쳤으니까 직접 교류라 볼 수 있는데 비문에 나타난 모습을 보면 왜는 고구려에 의해서 무참하게 패하게 됩니다. 그 결과가 송서 왜국전에 5세기에 나타나는 왜왕들의 고구려에 대한 증오심, 송조의 힘을 빌려서 뭔가 자신들의 정치적인 목적을 이루려는 강한 의지가 보이고 한편으로는 고구려에 대한 공포감을 느끼고 있었습니다. 이후 양국의 직접적인 교섭은 보이지 않다가 한반도 정세의 변화에 따라서 고구려가 왜에 사절을 파견하게 되고 양국은 깊은 우호관계에 들어갑니다. 지금까지 우리가 알고있었던 양국관계가 적대관계로 일관했던 것이 아니라 상당기간 동안 우호적 입장을 유지하고 있었다는 사실이 상세히 밝혀졌고 중요한 의의가 있다고 생각합니다. 그러나 백제의 멸망사태에 즈음해서 왜국은 자국의 위기의식 때문에 고구려와의 관계에 거의 손을 놓게 되었고 668년 고구려는 나당연합군에 멸망하게 됩니다. 고구려의 멸망으로 왕족 등 많은 유민들이 왜로 망명해 흘러들어오면서 왜계 고구려인으로 생활하게 됩니다. 그 중의 하나가 오늘 고마선생이 발표하신 고려왕약광입니다. 고구려왕족 출신인 약광의 후손들은 그 계보를 기억하면서 현재까지 많은 역사적인 굴곡을 겪으면서 지금까지 이어져 내려오는 그런 모습에 새삼스럽게 고구려인의 끈기를 엿볼 수 있을 것 같습니다. 한일관계는 참으로 복잡하고 미묘합니다. 교류하면서 대립과 갈등이 많았고 선린우호의 시기도 많았습니다. 서로를 필요로 하여 다양한 교류도 행해 왔습니다. 과거의 한일관계를 논하면서 오늘날에 여러가지 시사하는 점도 많습니다. 삼국의 정립시기의 한일관계와 현재 분단시대의 한일관계를 비교해 보면서 양국의 교류의 방향이 어떻게 나아가는 것이 바람직한가 생각해 볼 수 있는 기회가 됐으면 합니다. 장시간 9시간 넘게 발표, 토론해 주신 선생님들, 그리고 끝까지 경청해주신 방청석 여러분들께 감사의 말씀드리면서 한일관계사학회 국제학술회의를 마치도록 하겠습니다. 감사합니다.

<보 론>

古代日本의 高句麗觀 研究

延敏洙

(동북아역사재단 연구위원)

1. 서 언

국가간의 상호인식의 문제는 자국의 이해관계와 역사적 경험으로부터 형성된다. 고대의 일본열도의 왜왕권이 한반도 삼국을 바라보는 시각은 역사적 전개와 시대적 정세에 따라 차이는 있지만, 역사적인 흐름 속에서의 대세적 경향은 친백제, 반신라적 입장이라는 것이다. 이러한 왜왕권의 인식의 차이에도 불구하고 양국은 이른 시기부터 왜왕권과 교섭을 시작하였고, 복잡한 국제정세와 국가적 이해관계에 따라 단절없이 공적, 사적 교류가 전개되었다.

반면 왜왕권의 고구려와의 관계는 백제나 신라에 비해 접촉의 시기도 늦고 6세기후반이 되서야 공적인 교섭이 시작되었다. 양국의 최초의 접촉은 4세기말 고구려 광개토왕의 남정때의 일이지만, 그것은 정치적 교섭이 아닌 전란에 의한 군사적 교통이었다. 시간적으로 보면 570년경에서 고구려가 멸망하는 7세기후반까지 약 1세기간이 양국의 공적인 교류의 전부였다고 말할 수 있다. 이러한 현상은 양국간의 교통을 방해하는 지리적인 요인도 있지만, 동아시아의 국제정세 속에서의 자국의 이해관계와 깊히 연관되어 있다고 생각된다.

군사적 충돌에 의해 시작된 고구려와 왜왕권의 관계는 그후 150여년이라는 장기간의 공백기간을 맞이했지만, 상대국에 대한 국가적 입장은 4세기말 한반도의 전란 속에서 형성된 상호인식의 연장선상에 있었다고 보인다. 그것은 5세기를 통하여 고구려적 우위의 국제정세라는 상황 속에서 고구려의 대왜인식은 적개와 무시로 일관했다. 왜왕권의 對고구려 인식은 증오와 공포로서 점철되어 있었다고 생각된다. 이것은 국제정세에 연동하여 왕권의 처해있던 내부적 상황과 그로 인한 모순이 주요 요인으로 작용하였다.

그후 6세기후반 가야제국의 몰락과 신라세력의 성장에 따른 한반도정세의 변화는 그동안의 적대관계였던 고구려와 백제를, 신라를 공동의 적으로 하는 협력관계로 만들었다. 게다가 중국대륙에서의 수당이라는 거대 통일왕조의 출현은 자국의 안전을 위협하는 새로운 세력으로 인식되었다. 고구려의 대왜견사는 이러한 시대적 배경하에서 시작되었다. 고구려의 견사에 대해 왜왕권의 對고구려 노선은 새로운 전기를 마련하였고, 고구려에 대한 전통적 인식을 변화시키는 계기가 되었다고 보인다. 그후 7세기대의 격동하는 한반도의 정세하에서 삼국은 왜왕권을 자국의 동맹세력으로 편입시키기 위해 군사외교를 전개한다. 여기에 인적, 물적자원이라는 외교적 문물공세는 문화적 후진성을 극복하려는 왜왕권으로 하여금 외교적 선택의 폭을 확대시키는 계기가 되었다. 고구려문화가 대량으로 유입되는 7세기전반 왜왕권의 고구려에 대한 인식은 동류의식을 감지할 수 있을 정도로 친연성을 발현시켜 나간다. 군사외교의 이면에서 진행된 문화외교는 왜왕권의 고구려 인식을 우호적 분위기로 고착시키는 계기가 되었다. 그러나 고구려의 멸망과 일본율령국가의 성립에 이르는 시기에 이르면 고구려를 일본의 조공국, 번국으로 보는 새로운 이념을 창출해 내면서 고구려 인식의 변용이 나타나게 된다.

본고는 4세기말부터 고구려 멸망 이후에 이르는 양국의 역사적 전개과정을 4단계로 구분하여 그 시기의 왜왕권의 고구려관의 변화과정을 추적해 가고자 한다. 이것은 왜왕권의 역사적 전개과정에 고구려가 어떠한 존재였고, 동시에 동아시아에 있어서 고구려의 국가적 위상을 조명하는 일이기도 하다.

2. 倭王 上表文에 보이는 高句麗觀

일본열도의 왜왕권이 고구려와 접촉을 시작한 것은 4세기말 고구려 광개토왕의 남정 때이다. 5세기대의 동아시아의 패자로서 군림했던 고구려는 안정된 왕권을 바탕으로 고구려적 천하의식을 발현시킨다. 주변제국을 조공국, 속국으로 간주하는 국가적 이념은 이 시기에 나타난 고구려적 중화사상이다. 고구려에 있어 일본열도의 왜란 존재는 광개토왕비문에 나타나듯이 고구려의 천하질서를 흔드는 존재로서 고구려적 천하관의 밖에 있는 이질적 존재로서 간주했다. 고구려의 대왜인식은 군사적 충돌이라는 실제적 경험의 투영이지만, 이후의 역사적 전개과정에서 볼 수 있듯이 고구려에 있어 왜란 존재는 단지 경계의 대상일 뿐 관심의 영역에서 벗어나 있었다.

그럼 왜왕권에 있어 고구려는 어떤 대상으로 인식되고 있었을까. 광개토왕비문을 통해서는 고구려의 왜인식을 나타내고 있을 뿐 왜의 고구려관을 간취하기는 어렵다. 한반도에서의 전란이 끝난 이후의 『日本書紀』應神紀 28년(417)조에는 "고구려왕이 사자를 보내 조공하고 表를 올렸다. 그 表에

는 "고구려왕이 일본국을 가르친다"라고 하였다. 그때 태자인 菟道稚郎子
는 그 表를 읽고서 분노하여 表의 無禮함에 고구려사를 책하고 그 表를 찢
어버렸다」라는 기록이 나온다. 417년이면 광개토왕의 사후 5년밖에 지나지
않은 시점으로 고구려가 적대세력으로 간주하고 있었던 왜국에 사자를 파
견했다는 것은 생각하기 어렵다. 게다가 외교의 주체가 왜왕이 아닌 태자로
되어있는 것도 윤색의 가능성이 엿보인다. 태자인 菟道稚郎子라는 인물은
응신기15년, 16년조에 백제에서 온 阿直伎와 王仁을 스승으로 삼았다고
되어있는데, 이는 마치 推古紀3년(595)조의 고구려승 慧慈가 聖德太子의
스승이 되었다는 이야기와 유사하다. 또 表文의 내용이 '無禮'하다는 것도
중국적 禮制에 대한 지식이 없으면 나오기 어려운 말이다.『隋書』왜국전
에 隋使 裴世淸이 왜국에 왔을 때, 왜왕이 '大隋禮義之國'이라 하면서 스
스로를 '不聞禮義'라는 대비적 표현을 사용하고 있듯이 禮制에 대한 지식
은 이 시기에 본격화되었다고 보인다. 이 기록은 7세기초의 성덕태자시대의
역사상이 응신기에 투영되었을 가능성이 높다. 당시 고구려에 대한 경외심
과 강성의 이미지, 여기에 광개토왕비문에 보이듯이 고구려군에 의해 비참
한 패배라는 적개심이 융합되어 고구려국의 무례함을 책한다는 유교적 지
식을 가미시켜 응신기에 위치시킨 것으로 생각된다.

　한편『宋書』왜국전에 의하면 왜왕 武가 송황제에게 보낸 상표문이 실
려있다. 이 상표문의 전반부는 왜왕의 선조들의 정복사업을 기술하고, 후반
부는 백제를 공격하고 왜왕의 대송사절의 해로를 차단하는 고구려를 비난
하는 내용이다. 왜왕권의 고구려 인식을 반영하고 있는 이 상표문의 작성에
는 문자지식에 밝은 한반도계 도래씨족이 관여했을 가능성이 크다. 당시 왜
조정의 문서행정에는 대부분 도래계 인물들이 담당하고 있었다.

　우선 전반부의 내용에서 왜국을 '封國' '藩'이라 하여 송황제의 책봉을
받는 국임을 자임한다. 이것은 후반부의 고구려에 대한 비난과 지원을 받아
내기 위한 왜왕의 극단의 외교적 언사이다. 송과의 예속적 관계를 강조하는
일은 왜국이 받고 있는 고통을 곧 송의 것으로 인식시켜 고구려의 행위에

대한 응징을 기대하고 있는 것이다. 예속성이 강하면 강할수록 정치적 효과
는 극대화되는 것이고 왜왕은 이 점을 노려 상표문의 첫머리에 왜국을 송
의 '封國' '藩'으로 기술했던 것이다. 다음은 왜왕 무의 선조들이 국토정복
사업에 대한 내용으로 송의 藩屛으로서 국내통치를 충실히 지켜나가고 있
다는 것을 보여주는 기술이다. "東으로 毛人 55국을 정복하고, 西로는 衆
夷 66국을 복속하고, 바다 건너 해북 95국을 평정했다"라는 이 국토정복사
업 기사는 일찍이 기내의 왜왕권의 세력판도를 가름하는 사건으로 중시되
어 왔다. 특히 이 기록은 稻荷山古墳 출토의 철검명과 江田船山古墳 출
토의 대도명에 나오는 獲加多支鹵(獲□□□鹵)大王을 『일본서기』의 雄
略天皇, 『송서』 왜국전의 왜왕 武에 비정하여 5세기후반대에 이미 기내의
왜왕권은 동으로는 관동지방, 서로는 구주지방까지 세력권하에 두었던 것
으로 판단한다.[1] 5세기후반대의 왜왕권의 지방세력에 대한 지배력이란 것
은 왜왕권의 우월적 입장에서 연합과 동맹적 성격으로 보아야 함이 옳다고
본다. 『송서』 왜국전에 보이는 425년에 왜왕 讚이 송황제에 요청하여 제수
받은 신료집단의 장군호를 보면, 平西·征虜·冠軍·輔國將軍으로 왜왕
이 받은 安東將軍과 같은 3품으로 서열상의 차이는 있지만 동급에 속한다.
신료집단이란 중앙의 귀족 뿐아니라 지방의 유력자도 포함되었다고 보이므
로 당시의 왜왕의 권력이란 중앙과 지방의 유력호족들과의 연합정권으로
그 성격을 규정할 수 있다.[2] 주변제국이 중국에 보내는 상표문에는 과장된
필법이 자주 구사된다. 왜왕 무의 상표문도 기내의 왜왕권이 지방세력에 대
한 초월적 권력과 권위를 행사하고 있다는 것을 송황제에게 과시하고 송황
제를 권위를 빌려 국내지배체제의 안정적 구축을 의도했던 것이다.

　국토정복사업의 마지막 부분인 "바다 건너 海北 95국을 평정했다"라는
기록은 왜왕권의 국내지배를 넘어 해외에까지 영역을 확대했음을 주장하는

---

1) 井上光貞, 「雄略朝における王權と東アジア」 『東アジアにおける日本古
　　代史講座』 4, 學生社, 1980.
2) 藤間生大, 『倭の五王』, 岩波新書, 1968, 139쪽 ; 拙稿, 「倭의 五王時代의
　　對外關係」 『고대한일관계사』, 혜안, 1998.

필법이다. 여기서 '海北'은 그 방향성으로부터 九州의 북단 즉 한반도남부를 가리킨다고 해도 대과가 없다.[3] 즉 왜왕 무의 선조들이 한반도남부에서 군사적 활동을 시사하는 내용이지만 95국을 평정했다는 문구에서 극히 허구에 가까운 과장된 수사를 동원하고 있다. 이때의 한반도남부에서의 군사적 활동이란 4세기말 5세기초의 광개토왕비문에 등장하는 왜병의 활동을 말하며 70여년 전의 역사적 기억들이 전승화되어 상표문에 기록된 것으로 보인다. 비문의 영략14년조의 "倭寇潰敗斬殺無數"라는 광개토왕시대에 형성된 왜왕권의 고구려에 대한 패잔의 경험과 인식은 5세기를 통하여 그대로 계승되었다고 생각된다.

상표문의 3분의 2를 차지하는 후반부의 고구려에 대한 憎惡의 念은 이를 잘 대변해 주고 있다. 고구려는 '無道'하게도 백제를 병탄하려고 하고 抄掠과 살육을 멈추지 않는다고 비난하였다. 나아가 '天路'를 막아 송에의 견사를 방해하고 있어, 이에 분노한 백만의 병사들이 정의의 목소리를 내어 거병하려고 했으나, 父兄이 사망하는 바람에 뜻을 이루지 못했다. 만약 황제의 은덕으로 '强敵'을 눌러 왜국의 국난이 없어진다면 충성을 다할 것이라고 맹서한다. 끝으로 開府義同三司를 가칭하고 그외의 관작을 제수받아 충절을 표시하고 싶다고 호소한다. 이에 송황제인 順帝는 왜왕 武를 使持節都督倭新羅任那加羅秦韓慕韓六國諸軍事安東大將軍倭國王으로 제수하였다.

왜왕권의 고구려에 대한 무도의 행위를 비난하는 내용 중에 고구려의 백제침략을 거론하고 있다. 이때의 백제침략이란 475년의 장수왕대의 한성을 함락시키고 개로왕을 살해한 사건을 가리키지만, 크게 보면 광개토왕대의 백제 아신왕을 항복시킨 사건을 포함한다. 즉 4세기말에서 5세기대의 역사적 경험과 기억의 전승들이 포괄적으로 담겨있는 기록이라 생각된다. 이 시기의 왜왕권의 고구려인식이란 백제의 고구려인식과 일체되어 있다. 이것

---

3) 武田幸男, 「平西將軍・倭隋の解釋－五世紀の倭國政權の解釋-」『朝鮮學報』77, 1975 참조

은 양국이 고구려를 공동의 적으로 하는 당시의 역사적 상황과도 일치한다. 광개토왕비문 영락9년조의 "百濟違與倭和通", 『삼국사기』의 아신왕자 전지의 대왜파견이라는 4세기말 고구려의 남정시에 맺어진 백제와 왜왕권의 군사동맹은 이후 정치적 친연관계로 발전하면서 백제의 멸망이 이르기까지의 300년 외교사의 서막이었다. 고구려에 의한 침략은 곧 왜왕권의 이해관계와도 관계되어 있었던 것이다. 요컨대 광개토왕의 남정과 왜왕권의 출병으로 시작된 백제의 선진문물의 왜국으로의 유입은 왜왕권의 친백제노선의 유지시키는 계기가 되었다. 백제의 쇠퇴는 왜왕권의 선진문물의 수입과도 직접적인 관계에 있었던 까닭에 고구려의 백제침략을 강하게 비난하는 언사를 기술했다고 보인다.

왜왕권의 고구려에 대한 인식을 단적으로 보여주는 사례가 '强敵'이다. 왜왕권은 고구려를 강적으로 표현했던 것이다. 이러한 강적을 제압하는데 송황제의 권위에 의존하고 있다. 이미 왜왕권은 4세기말 5세기초에 고구려의 광개토왕군대와의 전쟁에서 참담한 패배를 경험한 적이 있다. 상표문 작성시인 5세기후반에 분노한 백만의 병사가 이 강적과 일전을 준비했지만, 父兄의 사망이라는 돌발적 사태에 직면하여 중지했다는 왜왕의 발언은 고구려를 타도의 대상으로 생각하고 '강적'을 제압할 수 있는 길은 송황제의 덕에 있다는 점을 강조하기 위해 과장된 외교적 수사에 불과하다. 강적 고구려는 왜왕권에 있어 공포의 대상이었다. 전쟁이라는 무력행사로서는 고구려에 승리하기 어렵다는 현실적 판단에서 송의 힘을 이용하고자 했다.

이와 관련하여 5세기대의 사건으로 편년되어있는 『日本書紀』仁德紀 12년조에는 고구려가 철제 방패와 과녁을 바쳤다는 기록이 있다. 왜조정에서 군신과 백료를 불러 고구려의 철제 방패와 과녁을 쏘게 했는데, 的臣의 선조인 盾人宿禰만이 이를 관통시켰다고 한다. 이 글은 的臣의 조선전승으로 이 씨족의 家傳에서 채록된 것으로 보이지만, 이 시기에 고구려가 사자를 보냈는지에 대해서는 의문이다. 다만 군사무기에 해당하는 철제 방패와 군사훈련용 과녁을 고구려가 보냈다는 전승은 고구려 무기에 대한 인식을 보여주는 것이다. 的臣의 선조가 이를 관통했다는 것은 씨족의 군사적 능력을 과시하기 위한 家傳 특유의 과장법이지만, 군사적 시험대상이 고구려제 방패와 과녁이라는 사실과 아무도 해내지 못한 능력을 보여주었다는 것은 씨족의 전승기록을 통해 고구려라는 현실의 강적을 제압할 수 있다는 것을 상징하고 있다. 이러한 내용이 『일본서기』에 채록되었다는 것은 왜왕권에 있어 고구려라는 존재가 곧 군사적 강대국이란 인식과 맞물려 있었음을 보여주고 있다.

왜왕 무는 송황제에 대해 開府儀同三司라는 관작을 가칭하고 그 외는 선왕들이 받았던 작호를 제수받기를 청했다. 그러나 송에서는 開府儀同三司는 제외시키고 使持節都督倭新羅任那加羅秦韓慕韓六國諸軍事安東大將軍倭國王이라 하여 안동장군에서 안동대장군으로 승진하는 선에서 제수하였다. 왜왕이 이 작호의 제수를 원했던 것은 고구려 장수왕 高璉이 大明7년(463)에 宋朝로부터 車騎大將軍·開府儀同三司를 제수받은 것과 무관하지 않다.4) 개부의동삼사는 『晉書』職官志, 『宋書』百官志 등에 의해 大司馬, 大司徒, 大司空을 총칭하는 것으로 알려져 있고,5) 宋의 품계 중에서 3품의 四(東西南北)安將軍 이하가 넘지 못하는 벽으로 되어있다.6) 고구려왕에게 제수된 개부의동삼사는 송조의 고구려에 대한 특별한 배려임에 틀림없다. 그것은 바로 北魏와 대항관계에 있는 송조로서는 북위의 배후에 있는 고구려를 의식하지 않을 수 없었다고 보인다. 개부의동삼사와 더불어 차기대장군이라는 제1품의 장군호를 제수한 것도 고구려의 위상을 보여주는 예라고 할 수 있다. 왜왕은 고구려에 대한 대항의식에서 개부의동삼사를 요청했지만 송조에 의해 거부되어 고구려와 동등한 국제적 지위를 획득하는데 실패하였다. 한편으로는 왜왕이 요청한 안동대장군은 고구려왕 高璉이 永初元年(420)에 송조로부터 제수된 정동대장군과 이 시기 백제왕

---

4) 坂元義種, 『倭の五王』, 敎育社, 1981, 258쪽.
5) 菅政友, 「漢籍倭人考(中)」『菅政友全集』, 國書刊行會復刊, 1970, 349~350쪽.
6) 坂元義種, 『倭の五王』, 敎育社, 1981, 193쪽.

이 제수받은 진동대장군 보다도 서열이 낮다. 이들 장군호는 같은 2품이지만 안동대장군→진동대장군→정동대장군 순이다. 왜왕이 고구려에 대한 대항의식에서 개부의동삼사를 요청한 것에 비하면 장군호에 있어서는 스스로를 고구려의 하위에 두고 있는 셈이다. 게다가 왜왕이 제수받은 안동대장군도 송조의 패망 직전에 일로서 송황제의 대외적 권위가 추락한 시기였다. 왜왕권에 있어 고구려는 넘볼 수 없는 국제적으로 공인된 벽이었고 고구려에 버금가는 현실성 없는 장군호의 제수를 요청할 필요가 없었다고 판단한 것 같다.

왜왕권의 고구려인식을 보여주는 것으로서 이른바 한반도제국을 관칭한 왜왕의 작호에 '都督高句麗諸軍事'가 제외되어 있다. 왜왕은 처음부터 고구려에 대해서는 자칭에서도 요청하지 않았다. 왜왕이 '都督高句麗諸軍事'라는 군호를 요청하지 않은 것은 고구려에 대한 관심이 저하가 아니라 강하게 인식하고 있었다는 증거이다. 왜왕권의 한반도남부에 대한 이해관계가 고구려에 의해 좌절되고 고통받고 있었다는 현실을 말해주는 것이다. 5세기대의 고구려 우위적 국제정세하에서 왜왕권은 한반도남부의 제세력과의 교류에 커다란 제약을 받았다. 한반도남부에 대한 고구려세력의 확산은 이들 지역으로부터 철자원을 비롯한 선진문물을 수입해 오던 왜왕권을 비롯한 일본열도의 각지역 세력에게는 왕권의 안정을 저해하는 요인으로 작용하였다. 전란이 끝난 후 왜왕권은 중국에서의 宋이라는 신왕조가 들어서자 곧바로 대송외교에 들어갔다. 왜왕권이 집요하게 요청했던 것은 백제를 비롯한 신라, 임나(가라), 진한, 모한 등의 한반도남부의 제국에 대한 "都督 … 諸軍事"였다. 이것은 이들 지역을 왜왕권이 군사적 지휘권을 획득하여 송조에 승인을 얻으려는 것이 아니라 고구려세력이 미치는 지역으로서 고구려의 영향력으로부터 배제시켜 통교의 회복을 위한 외교적 노력으로 생각된다. 바로 왜왕들이 관칭한 한반도제국명은 왜왕권을 비롯한 일본열도의 제세력이 교류하고 있던 지역국가들로서 이해된다.[7]

---

7) 拙稿, 「倭의 五王時代의 對外關係」 『고대한일관계사』, 혜안. 1998.

4세기말 왜왕권의 출병과 5세기대의 대송외교의 전개는 왜왕권을 중심으로 한 일본열도내 反고구려 세력의 결집의 결과이다. 군사적 대결로는 고구려와의 전쟁에 승산이 없음을 판단하고 송황제의 권위를 빌려 고구려세력을 한반도남부로부터 축출하려는 의도였다. 5세기대의 왜왕권이 인식한 고구려는 두려움과 공포의 대상으로 제압하기 어려운 강대국이었다. 왜왕 무의 상표문에 고구려에 대한 적개심에 불타는 호소문은 광개토왕 이래의 고구려에 대한 피해의식의 표출이고 고구려를 타도할 수 없는 현실적 안타까움이 배어나오고 있다.

3. 고구려의 對倭遣使와 高句麗 인식의 변화

고구려와 왜왕권의 공적인 교섭이 시작된 것은 570년경이다.『日本書紀』에는 欽明紀31년(570), 敏達紀2년(573), 동3년(574)에는 3차에 걸친 고구려사신의 왜국파견 기록이 보인다. 이전 시기의 고구려인의 사적인 도래전승을 제외하면 이 시기를 양국의 공적교류의 시점으로 보아도 대과없을 것이다.[8]

4세기말 이래 형성된 양국의 상호인식은 적대와 불신이었다. 고구려의 대왜인식은 적대세력으로 규정하면서 무시적 태도로 일관하였다고 보인다. 고구려 우위적 국제정세하에서 왜란 존재는 고구려에 있어 그다지 위협적이질 못했다. 반면 왜왕권에 있어 고구려는 적개와 증오의 念으로 점철되어 있었고, 5세기에서 6세기중엽에 이르는 동안 백제편에 선 고구려정책을 전

---

8) 이와 관련된 논고로는 津田左右吉,『日本上代史硏究』, 津田左右吉全集第3卷, 岩波書店, 1970, 124~125쪽 ; 李弘稙,「日本書紀所載 高句麗關係 記事考」『韓國古代史의 硏究』, 신구문화사, 1971 ; 山尾幸久,「大化前代의 東アジアの情勢と日本の政局」『日本歷史』229, 1967 ; 栗原朋信,「上代의 對外關係」『對外關係史』, 山川出版社, 1978 ; 李成市,「高句麗と日隋外交」『古代東アジアの民族と歷史』, 岩波書店, 1998.

개하였다.

475년 고구려의 공격으로 한성의 함락과 개로왕의 피살, 웅진천도라는 국가적 위기상황을 맞이한 백제는 한성의 회복을 노리며 고구려와의 만성적인 전쟁상태에 돌입하게 된다. 백제동성왕15년(493)에는 신라와 결혼동맹을 맺고 군사협력체제를 구축하여 고구려에 공동대항하였다. 그러나 신라와 공동작전으로 고구려가 점령하고 있던 한강유역의 구토를 회복했으나 553년에는 신라의 배신으로 한수유역을 신라에 빼앗기고 이듬해 관산성 전투에서는 백제 성왕은 전사하고 사졸 29,600명이 희생당하는 막대한 피해를 입었다.[9] 『일본서기』에는 이때 왕위를 계승한 위덕왕이 왕제 혜왕자를 왜국에 보내 구원을 요청하는 내용을 상세히 전하고 있다.[10] 백제와 고구려의 접경지대를 신라가 접수한 이후 백제의 對고구려전투는 종료하고 한반도의 새로운 강자로서 신라가 등장한다. 신라는 이제 백제와 고구려의 위협세력으로 양국을 상대로 한 대립적 국면으로 접어들게 된다. 신라의 영토적 팽창을 여기서 머물지 않고 고구려의 영역인 한반도의 동북방지역으로 진출하여 진흥왕29년(568)에는 함경남도 함흥군과 이원군에 각각 황초령비와 마운령비를 세워 신라의 북방경계의 지표로 삼았다.

고구려의 신라에 대한 위기위식이 고조되는 가운데 고구려 왕권내부의 권력의 암투가 일어났다. 『日本書紀』欽明紀6년(545), 동7년조와 그 분주의 「百濟本記」에 의하면, 安原王(531~545)의 병세가 악화되자, 세자를 낳은 中夫人 일족과 小夫人 일족이 왕위계승을 둘러싸고 대란이 일어나 이 과정에서 소부인측 2천명이 살해당했다고 한다. 이어 즉위한 陽原王13년(557)에는 환도성의 干朱理란 자가 모반을 일으키다가 주살당하는 사건이 일어났다. 이러한 불안정한 정세하에서 축조하기 시작한 長安城은 바로 정국의 전환을 통한 왕권의 강화와 국력회복을 위한 大役事였다.[11] 군사방

---

9) 『三國史記』新羅本紀 眞興王13年・14年條.
10) 『日本書紀』欽明紀16年 春2月條, 同17年 春正月條.
11) 李基東, 『韓國史講座』古代編, 일조각, 1982, 178쪽 ; 武田幸男, 「朝鮮三國の動亂」『週間朝日百科・日本の歷史』45, 朝日新聞社, 1987 ; 李成市, 앞

어적 도성으로 설계된 장안성의 축성이 진행 중이던 平原王12년(570)에 대
왜 사절을 파견했던 것은 이러한 국내외적인 위기상황을 타개하기 위한 외
교적 결단이었다. 요컨대 왜왕권의 협력을 얻어 신라를 견제하고 나아가 왜
국과 우호관계에 있던 백제와도 손을 잡아 고구려-백제-왜를 잇는 군사협력
체제를 구축하여 신라를 압박하려는 정책이었다고 생각된다.[12)]

고구려사가 왜국 越의 해안에 도착한 것은 欽明31년(570)으로 그해 4월
越人 江渟臣裙代가 중앙의 조정에 이 사실을 알린다.[13)] 고구려사가 도착
한 越은 일본의 서안으로 현재의 北陸道로서 대체로 越中, 能登, 加賀,
越前, 若狹 등지가 고구려사의 내착지로 추정된다. 이들 지역은 8세기 이
후의 발해사가 내착 혹은 표착한 곳이기도 하다. 고구려가 동해를 횡단하는
이 코스를 선택한 것은 이미 한반도 서해와 남해의 주요 해안이 신라의 수
중에 들어가 있었다. 동해를 횡단하는 코스는 신라군의 방해를 차단할 수
있고 거리적으로도 가까워 항해의 기일을 단축할 수 있는 이점이 있기 때
문에 조난이 예상되는 위험에도 불구하고 이 코스를 강행했다고 보인다. 이
것은 당시의 고구려의 긴박했던 상황을 알려주고 것이기도 하다.

고구려의 대왜접촉은 광개토왕시대의 전란이 끝난 이후 실로 160여년이
나 경과한 시점이었다. 越人의 보고에 따르면 "高麗使人, 辛苦風浪, 迷失
浦津, 任水漂流, 忽徒着岸"이라 하여 초행길의 험난한 해상의 여정을 보
여주고 있다. 이에대해 조정에서는 有司에게 명하여 山城國 相樂郡에 고
구려사를 위한 館을 세울 것을 명한다. 상락관은 현재의 京都府 相樂郡
精華町 부근으로 추정되고 바로 왜조정이 있는 大和지역으로 들어오는 북
방의 길목이다. 이어 東漢氏直糠兒, 葛城直難派를 越地方에 보내 고구려
사를 마중하게 하고, 또 膳臣傾子를 파견하여 고구려사에게 향응을 베풀었
다. 동년 5월에는 近江에 도착한 고구려사를 위해 許勢臣遠과 吉士赤鳩

의 논문, 1987, 192~193쪽.

12) 拙稿,「古代韓日外交史」『韓國古代史硏究』27, 2002(『古代韓日交流史』所
收, 혜안. 2003).

13)『日本書紀』欽明31年 夏4月條.

를 보내 裝飾船을 難波津에서 발진시켜 맞이한 후에 새로 지은 山城의 相
樂館에 들이고 향응을 베풀었다. 고구려사를 경호하는 수호인으로는 東漢
坂上直子麻呂와 錦部首大石 등이 담당하였다. 고구려사가 도착한 월지방
에서 산성의 상락관에 이르는 과정을 보면 고구려사를 맞이하는 왜왕권의
세심한 배려가 엿보인다. 다양한 인물군에 의한 외교적 접대와 상락관의 신
축, 장식선 건조 등 고구려사에 대한 왜조정의 태도는 예사롭지 않다.외국
사절을 맞이하기 위한 영빈시설은 8세기 율령시대의 九州의 大宰府에 鴻
臚館이 존재했고 그 이전의 筑紫館의 명칭도 보인다. 구주지역은 일찍부터
해외로부터의 관문이고 이곳은 사절의 출입국을 관리하는 관부와 아울러
숙박시설이 설치되어 있었다. 또 구주로부터 세토내해를 지나 難波津에 상
륙하면 難波館이라는 외국사절을 위한 객관이 설치되어 있었다. 이들 시설
물들은 백제나 가야제국, 신라 그리고 중국사절이 이용하였다. 570년까지
고구려와 공적교류가 없었던 왜왕권으로서는 갑작스런 고구려사의 도착소
식에 당황했을 것이며, 그것도 구주지역이 아닌 越해안으로 입항했다는 사
실에 외교적 의례의 문제를 두고 고민하지 않을 수 없었다고 보인다. 1세기
전에 작성한 송서 왜국전의 왜왕무의 상표문에서 고구려에 대한 憎惡의 念
을 발한 것이 생생한 기억으로 전해지고 있었고, 6세기 전반대에도 백제의
대고구려 전쟁에 수차에 걸친 군사적 지원을 행한 사실도 있어 고구려사의
입국은 왜왕권에게 충격과 경외로움으로 비쳤을 것임에 틀림없다.

   그러나 왜조정에서는 고구려사의 입국사실에 바로 월지방에 이들을 맞이
하는 관인을 파견했고 상락관의 조영을 명했던 것이다. 왜국의 서안지역으
로 외국의 공적 사절이 온 것은 처음으로 외국사를 위한 영빈시설이 설치
되어 있지 않았다. 왜조정에서는 기존의 지방관아의 시설 대신에 새로이 객
관을 조영했던 것이다. 뿐만아니라 장식선을 건조하여 고구려사를 맞이하
고 있다. 장식선의 존재는 7세기 推古朝 隋使를 맞이할 때 難波에서 장식
선을 띄운 일이 있지만[14], 그 이전 시기에 장식선의 존재는 확인되지 않는

---

14)『日本書紀』推古紀16年 6月條.

다. 推古16년(608)에 왜국에 온 隋使일행을 위해 왜조정에서는 難波에 新館을 조영했다. 배세청을 단장으로 하는 이때의 수사는 왜왕권의 隋에의 견사에 대한 답례의 형식이었다. 왜왕권의 대중국 통교는 478년 이후 단절되었다가 수왕조의 등장 이후 600년에 재개했다. 따라서 隋使 일행을 맞이하는 왜조정에서는 최고의 예우를 갖춘 외교의례를 행했다고 보인다. 바로 고구려사를 맞이하는 왜왕권의 의례는 중국사절의 그것에 전례가 될 만큼 유사성을 보이고 있다. 그것은 다름아닌 고구려에 대한 강한 경외감의 발로임에 틀림없다. 고구려의 군사적 강대함에 밀려 송황제에게 감성적 언사로서 비난과 타도를 호소했고 때론 백제를 지원하여 대항할 수 밖에 없었던 고구려가 왜국를 찾았다고 하는 그 자체가 왜왕권에게는 흥분될만한 사건이었던 것이다. 고구려에 의해 압박받았던 과거의 경험이 고구려사의 내항에 의해 왜왕권의 존재성을 확인할 수 있었던 것이다. 欽明의 조서에 따르면, "짐이 帝業을 이은지 약간년이다. 고구려인이 해로를 헤매다가 비로서 월 해안에 도착하였다. 표류에 고통받았지만, 생명은 보존하고 있다. 이것은 짐의 정치가 널리 세상에 퍼지고 덕과 교화가 행해져 큰 은혜가 멀리까지 퍼진 것은 아닌가. 유사는 산성국의 상락군에 관을 지어 후히 접대하도록 하라"[15]는 지시를 내리고 있다. 이 내용은『일본서기』편찬 당시의 율령적 필법에 의한 윤색도 엿보이나, 고구려사를 대하는 왜조정의 태도를 간취할 수 있다. 어디서도 고구려에 대한 이전의 적대적인 감정은 찾아보기 어렵다. 고구려에 대한 왜왕권의 우호적 분위기를 확인할 수 있는 내용이다.

그러나 흠명조에 왜국에 온 고구려사는 왜왕 흠명의 중병으로 사망하는 바람에 왜조정에서의 외교의례는 성사되지 못했다. 왜왕이 사망하기 직전인 흠명기32년 3월조에는 "고구려사의 獻物과 表文을 주상하지 못했다. 수십일 사이에 점치고 吉日을 기다렸다"는 내용으로부터 왜왕이 상당기간 중병에 앓고 있던 까닭에 국서의 전달 등 외교적 의례가 실현되기 어려웠다고 보인다. 따라서 고구려사 일행은 산성의 상락관에 머문채 왕경에는 들어

---

15)『日本書紀』欽明紀31年 夏4月條.

오지 못했다. 國喪이 예상되는 분위기에서 외국사를 맞이한다는 것이 왜조
정으로서는 용인하기 어려웠고, 또 고구려에 대한 경계의 심리도 작용했을
것임을 추측하기 어렵지 않다.

흠명의 사후 왜왕으로 즉위한 敏達은 고구려사신의 소재를 찾는다. 당시
상락관에 머물고 있던 고구려사가 왜조정에 와서 어떠한 외교의례를 받았
는지에 대해서 기록에 없다. 중국적 賓禮가 채택되기 이전 한반도제국에
대한 외교의례는 대체로 大臣 주재하에 행해졌고, 왜왕은 이를 보고받는
형식으로 진행되었다고 보인다. 이것은 국가의 대외적인 교섭권(외교권)이
왜국왕의 휘하에 확립되지 않았고 중국적인 외교의례를 행할만한 도성의
구조와 관료기구가 정비되지 않았던데에 기인한다고 생각된다.[16] 고구려사
가 가져온 국서는 왜왕이 직접 대신에게 주면서 史官인 '東西의 史'들을
불러 해독시켰다. 이때의 상황을 보면, 여러 사관이 3일이 지나도록 해독하
지 못하자 船史의 선조인 王辰爾가 능히 해독하였다고 하고, 천황과 대신
으로부터 칭찬받고, 사관들은 왕진이 한사람만 못함을 질책받았다고 한다.
이 전승은 왕진이의 후예인 船史의 家傳으로부터 채록된 것으로 보이는데,
제 사관들의 '不能讀'에 대해 왕진이에게는 '能奉讀釋'이라는 대비적 표현
등 과장과 윤색이 엿보인다. 이것은 왕진이의 후예씨족인 船史들이 그들의
선조에 대한 미화의 필법으로 생각된다. 그런데 고구려의 국서는 까마귀 깃
털에 쓰여져 있었고 깃털이 검어 판독할 수 없었던 것을 왕진이가 밥 김에
쪄서 비단을 깃털 위에 눌러 글자를 베껴낼 수 있었다고 한다. 국서를 까마
귀 깃털에 썼다고 하는 기이한 내용은 기밀을 생명으로 하는 국서의 성격
으로부터 나온 전승과정에서의 설화적으로 부회된 것으로 생각된다.

그럼 과연 국서에는 어떠한 내용이 담겨져 있었을까. 국서는 국가의 의
지를 반영한 것으로 고구려의 왜왕권에 대한 모종의 메시지가 기록되어 있
었을 것이다. 그러나 국서의 내용을 알려주는 일체의 기록은 없다. 앞서 언
급했듯이 고구려의 긴박한 국제환경, 즉 신라의 군사적 공격에 대한 위기의

---

16) 田島公, 「外交と儀禮」岸俊男編, 『日本の古代』7, 中央公論社, 1986, 223쪽.

식을 타개하기 위해 왜왕권에 협력을 구하러 왔음은 의심의 여지가 없다. 이에 대한 왜왕권의 반응은 알려지고 있지 않지만, 당시의 왜왕권의 친백제 책 그리고 신라를 공동의 적으로 하는 고구려와 백제의 협력체제가 성립되어 가는 상황에서 왜왕권의 고구려에 대한 입장은 우호적일 수밖에 없다고 보인다. 왜왕권은 십수년전에 한수유역이 신라로 수중으로 들어가고 성왕이 피살되었을 때 지원요청을 한 백제에 파병한 일이 있고, 게다가 가야제 국이 신라에 의해 병합되자 대신라 적개심이 극에 달해 있던 상황이라 친 고구려 노선은 자연스럽게 이루어질 수 있었다고 추측된다.

한편으로는 민달2년(573)과 동3년(574)의 고구려사를 보면 고구려에 대한 외교노선을 둘러싸고 왜왕권 내부에 갈등도 존재하지 않았나 하는 추측도 든다. 민달2년조에 의하면, 고구려사가 越 해안에 도착했는데, 익사자가 많았다고 하고, "朝庭猜頻迷路, 不饗放還"이라 하여 왜조정에서는 고구려사가 자주 길을 잃은 것을 의심하여 연회도 베풀지 않은채 돌려보냈다고 한다. 이러한 사실은 과거의 고구려에 대한 적개심을 풀지않은 왜조정의 反 고구려 강경파에 의한 조치로 생각된다. 게다가 고구려사절의 귀국시에 고구려 사절의 안전을 위해 파견된 왜국의 送使 吉備海夫直難波가 풍랑을 겁내어 고구려 사절 2인을 바다에 던져 죽게한 사건이 일어났다. 출항을 앞두고 越의 해안에서 고구려사와 왜국의 송사는 왜국의 送使 2인을 고구려 선박에 태우고 고구려사 2인은 송사의 선박에 태워 사고발생에 대비하자고 합의한 후에 발생하였다. 그러나 이러한 극단적인 행위를 송사의 개인적인 판단에 의해 저질러졌을가 하는 의문이 든다. 왜왕권 내부에 고구려와의 통교를 탐탁하게 여지지 않는 집단[17]을 상정하지 않고는 이해하기 어렵다. 고구려에서는 송사 배에 승선한 2인의 고구려사가 귀국하지 않자 이듬해 왜국에 사자를 보내어 그 이유를 물었다. 이에 왜조정에서는 吉備海夫直難波의 죄를 책하고, 조정을 기만한 죄, 이웃나라의 사신을 익사시킨 죄목을

---

17) 平野卓治, 「日本古代史料에 보이는 倭王權·日本律令國家과 高句麗」『高句麗의 正體性』, 학연문화사, 2004.

들고, "不合放還, 以斷其罪"라고 하여 사면의 부당성을 강조하고 단죄하였다. '放還'이라는 말은 이들을 단죄하지 말고 돌려보내라는 뜻이다. 요컨대 왜조정의 친고구려 노선에 반대하는 일부의 관인집단의 존재도 상정되는 것이다. 시대적 상황이 변했어도 장년에 걸친 고구려에 대한 불신과 경계심, 공포적 심리상태가 전승되어 현실의 외교노선에 불만은 품고있던 지배층 내부의 일각에서 계획되어진 사건으로 생각된다.

4. 고구려 문물의 유입과 '神子'의식의 표출

570년대의 왜왕권의 고구려사를 맞이하는 태도는 일부의 불만을 품고있던 세력도 있었지만, 전체적으로 우호적 분위기로 전개된다. 과거의 강성의 이미지로 존재했던 고구려가 왜왕권에 도움을 요청하면서 왜왕권 지배층의 자존의식이 높아짐과 동시에 고구려에 대한 적대적 인식은 거의 해소되었다고 생각된다.『隋書』왜국전에 "신라와 백제가 왜국을 大國으로 섬기고 있다"는 왜왕의 수황제에 대한 자기주장은 중국왕조를 향해 자신의 우월성을 과시하려는 외교적 수사임에 틀림없으나, 흥미로운 사실은 고구려에 대한 우위적 표현이 보이지 않는다는 것이다. 수황제에 대해 스스로를 '日出處의 天子'라고 외칠 정도로 자존의식이 높았던 왜왕으로서도 고구려에 대해서는 침묵하고 있다. 고구려에 대해서는 우위성을 주장하기 어려운 역사적 경험이 있고 왜왕권의 현실적 인식이기도 하였다.

이후 양국은 인적, 물적 교류가 이루어지고 고구려의 문물이 왜국으로 유입되면서 군사대국으로부터 문화적 선진국으로서의 고구려의 위상이 왜왕권 지배층 속으로 파고들게 된다. 왜왕권은 用明朝(586~587) 때에 阿倍比等古라는 사절을 고구려에 파견하였다.[18] 이때의 사절은 불교홍륭을 위

18)『續日本紀』和銅4년 12월조에 의하면 用明朝 때에 阿部比等古라는 인물이 고구려에 파견되었음을 기록하고 있다.『日本書紀』에는 누락되어있는 내용

한 불교문화의 수입과 관련이 있을 것으로 추측된다.『日本書紀』用明2년
조에 用明이 군신들에게 "朕은 三寶에 귀의하고자 하는데 卿들은 이를 의
논해 보시오"라는 칙어를 내린다. 이에 대해 불교수용의 반대파 物部氏와
수용파인 蘇我氏 간의 논쟁이 벌어지고 급기야는 物部氏는 蘇我氏에게
주살되어 멸망하고 만다. 이 사건 이후 왜국의 불교는 안정적 발전을 보이
게 되고 백제와 고구려로부터 불교문화의 수입에 적극적으로 나서게 된다.
推古3년(595)에 고구려승 慧慈의 渡倭는 이러한 흐름 속에서 이루어졌고,
왜왕권의 대고구려 외교의 중요한 성과로서 생각된다. 왜왕권은 전략은 백
제와 고구려를 동시에 아우르는 문물 수입국으로서 계획했던 것이고, 여기
에는 백제, 고구려가 신라를 공동의 적으로 하는 현실적 국제정세가 직접적
인 영향을 미쳤다고 보인다.

　『日本書紀』推古3년조에 "고구려승 혜자가 歸化하다. 즉 황태자의 師
가 되다"라고 기록하고 있다. 여기서 황태자란 推古朝에 "攝政에 임하고
萬機를 위임하였다"는 성덕태자이다. 그는 崇峻을 살해하고 추고여제를 즉
위시킨 大臣 蘇我馬子의 협력을 얻어 飛鳥朝廷을 이끌어 간 정권 담당자
였다. '歸化'라는 용어는 8세기 천황제 율령국가의 이념으로 채색된 용어이
고 현실적 외교용어로서는 적절하지 않다. 성덕태자의 師가 된 혜자는 불교
의 교리 뿐아니라 다양한 지식을 겸비한 당대 최고의 교양인이었다. 추고4
년조에 "고구려승 혜자에게선 內敎를 배우고, 박사 覺哿에게선 外典을 배
웠다"라고 하듯이 불교와 유교를 각각 혜자와 백제승 각가에게 전수받았다.
혜자가 입국한 이듬해에 飛鳥寺가 완성된다. 소아씨의 氏寺로 알려져 있는
이 절은 왜국 최초의 가람형식을 갖춘 官寺的 성격의 사찰이었다. 왜조정
에서는 혜자와 백제승 혜총을 이 절에 들이고 불법을 설법케 하였다. 추고2
년조에, 이 양인을 평하여 "불교를 포교하고 아울러 佛法의 棟梁이 되었
다"라고 하듯이 혜자는 불법의 동량으로서 초창기의 왜국 불교계를 지도하
며 육성, 발전에 큰 역할을 하였다.

────────────────

　　이다.

혜자는 성덕태자의 학문의 師일 뿐아니라 정치, 외교상의 고문 역할도
하였다. 혜자가 初面한 성덕태자는 당시 22세의 청년이었고, 20년간 성덕
태자의 최측근으로서 그를 보좌하였다. 귀국후 5년이 지난 620년에 고구려
에서 성덕태자의 사망소식을 접한 혜자는 슬픔을 이기지 못하여, "나는 비
록 國家는 다르지만, 태자와의 마음의 인연은 끊을 수 없다. 홀로 살아 무
슨 득이 있겠는가. 나는 내년 2월5일에 필히 죽어 上宮왕자와 淨土에서 만
나 태자와 함께 중생을 교화할 것이다"라는 애절한 사모의 정을 토로한다.
생전의 양자의 관계를 말해주는 대목이다. 혜자의 가르침은 성덕태자의 사
고의 형성과 정책에 적지않은 영향을 미쳤을 것임은 틀림없다. 성덕태자가
제정했다고 전하는 헌법17조도 혜자의 사상으로부터 기초가 되었고 고구려
관위제의 영향이 엿보이는 관위12계의 제정도 혜자의 가르침에 근거를 찾
을 수 있다. 또한 飛鳥寺의 조영에도 고구려의 영향이 확인된다. 이 사찰은
백제의 영향이 작용하였고 실제로백제의 鑪盤박사, 瓦박사, 畵工 등의 공
인의 존재가 확인되고 있어[19] 백제의 造寺技術이 직접적으로 이용되었다.
한편으로는 가람배치에 있어 飛鳥寺의 1탑 3금당의 형식은 고구려 평양의
淸岩里土城 중의 金剛寺과 上五里寺跡와 동일한 것이고, 이러한 양식은
고구려 사원건축의 기본이자 정형이라고 한다.[20] 바로 아스카사 조영의 마
스터프랜에는 고구려의 관여가 있었고 그 중심에 있었던 인물은 혜자였다.
바로 혜자는 고구려 문명의 전수자이고 고구려가 파견한 국가사절로서 고
구려의 대왜외교의 일선에서 중추적 역할을 하고 있었음을 알 수 있다.

7세기에 들어가면 推古9년(601) 3월에 왜왕권은 大伴連囓을 고구려에
파견한다. 그는 이듬해 6월 백제를 경유하여 귀국하는데, 이것은 왜국의 대
고구려 외교의 내용을 백제측에 알리기 위한 것이었다고 보인다. 즉 570년
에 고구려가 의도한 고구려-백제-왜를 잇는 군사협력체제가 왜국의 협력

---

19) 『日本書紀』崇峻紀元年 是歲條.
　　『寧樂遺文』中卷, 『元興寺伽藍緣起幷流記資財帳』, 東京堂出版, 1965.
20) 全浩天, 「高句麗の史脈」『古代朝日關係史のノート』, そしえて, 1985.
　　加藤謙吉, 「蘇我氏と飛鳥寺」『古代を考える·古代寺院』, 吉川弘文館, 1999.

에 의해 성립했음을 보여주는 것이다. 이어 推古13년(605)에는 고구려 영양왕이 왜왕권의 불상조영에 황금300냥을 보낸다. 이때의 황금은 아스카사 본당의 大佛의 표면에 도금하기 위해서인데, 아스카사에 주지하고 있던 혜자의 역할이 추측된다. 그 전년도인 604년에는 諸寺의 불상을 그리기 위해 黃文畵師를 설치했다. 黃文氏는 고구려계 화공집단으로 이미 고구려로부터 화공들이 파견되었음을 말해주고 있다. 推古18년(610)에도 고구려가 승曇徵과 法定을 보내어, 채색, 紙墨, 맷돌의 제조법을 전수하는 등 고구려로부터 문화, 예술적 재능을 지닌 승려들이 파견되어 왔다. 추고33년(623)에는 고구려 영류왕이 惠灌을 보냈는데, 그는 왜국 불교계를 총람하는 僧正의 지위에 임명되었다. 이렇듯 7세기전반은 불교문화를 비롯한 고구려의 인적, 물적 자원이 왜국으로 유입되었다. 이러한 현상은 왜왕권의 지배층에게 문화적 선진국으로서의 고구려에 대한 인식을 강하게 했으며 자신들의 우호세력으로 간주하는데 주저함이 없었다고 생각된다.

　7세기중엽 孝德朝 大化원년(645)에 왜국에 온 고구려사에 대해 왜왕의 조서가 내려진다. 이에 따르면 "천황이 보내는 사자와 고구려의 신의 아들(神子)이 보내오는 사자와는 과거는 짧았어도 장래는 길 것이다. 그런 까닭에 마음을 온화하게 하고 계속해서 왕래할 수 있기를 바란다"라고 우호감을 표시한다. 이 조서에서 왜왕은 고구려왕을 神의 아들로 표현하고 인식했다는 점이다. 상대적으로 같은 날 접견한 백제사에 대해선 "처음에 우리의 먼 천황의 선조 대에 백제를 內官家로 하셨다. 그것은 말하자면 세줄로 된 동아줄과 같은 것이다. 중간에 임나를 백제에 속하게 하였다. … 그런데 백제는 조공을 결한 일이 있어 調物을 돌려보냈다. …"라고 하여 백제와 임나를 왜국의 종속국으로 간주하는 조서를 내린다. 물론 이 기록은 8세기사관에 기초한 윤색된 부분이 강하다고 생각되지만, 고구려와는 확연히 구별되는 백제관을 보여주고 있다. 8세기의 인식이 7세기중엽 당시의 사건에 투영되었다고 하더라도 고구려에 대한 왜왕권의 인식은 다른 한반도제국과는 차별성을 보여주고 있다. 7세기전반기에는 고구려의 건국신화가 이미 왜왕권 내부에 알려졌고 그것을 외교문서의 형식을 띤 조서로 남겼다는 것은 고구려에 대한 강한 유대감의 표시이고 敬愛와 尊崇의 발로임에 틀림없다.

고구려의 건국시조신화는 이미 414년에 건립된 廣開土王碑에 "惟昔始祖鄒牟王之創基也, 出自北夫餘, 天帝之子, 母河伯女郞"이라 하여 고구려의 시조인 추모왕의 출자가 天帝의 子, 水神인 하백의 女라 하여 天神과 水(地)神의 결합에 출생담을 기록하고 있다. 동시대의 금석문인 牟頭婁墓誌銘에도 "河泊之孫, 日月之子鄒牟王", "河泊之孫, 日月之子聖王"이라 하여 추모왕이 水神의 孫이고 日月의 子라고 명기하고 있다. 이때의 日月은 여인이 日影(日光)에 감응되어 출생했다는 북방만주계의 日光感應神話로서『魏書』고구려전의 朱蒙의 출생설화에 상세하다.[21] 고구려의 시조신화에 日神과 水神이 결합한 탄생설화는 생명의 근원인 일광과 물의 결합으로 만물이 소생한다는 관념에 근거한 것으로 고대왕권의 성장과 함께 일광은 일월로 나아가 萬有를 주재하는 절대적 존재로서의 天帝로 추상화되어간다.[22] 고구려 건국신화에 등장하는 天孫의식은 적어도 4세기후반대에는 형성되었다고 보이며『魏書』가 편찬되는 6세기중엽에는 중국 등 주변제국에서도 인지할 정도로 보편성을 띠고 있었다. 왜왕권이 인식한 고구려에 대한 '神子'관념은 고구려승 혜자에 의해 전해졌을 가능성이 크다. 607년 왜왕이 수황제에게 보낸 국서에 "日出處의 天子가 日沒處의 天子에게 국서를 보낸다"라는『隋書』왜국전의 一節은 바로 혜자의 '天'에 대한 관념, 天사상에 기초해서 작성된 것으로 추측된다.

한편 왜왕권의 고구려에 대한 인식은 왜왕권이 고구려에 파견한 사절의 현지 체험과 경험에 의한 바도 컸다고 생각된다. 고구려 멸망 이전에 왜국사가 고구려에 파견된 것은 敏達2년(573)에 귀국하는 고구려사절의 送使 大島首磐日, 狹丘首間狹, 用明朝(586~587)에 阿部比等古, 推古9년

---

21) 이에 대해서는 武田幸男,「牟頭婁一族と高句麗王權」『高句麗史と東アジア』, 岩波書店, 1989 ; 盧泰敦,「五世紀 금석문에 보이는 高句麗人의 天下觀」『韓國史論』19, 1988 참조.

22) 盧泰敦,『譯註韓國古代金石文Ⅰ』, 가락국사적개발연구원, 1992, 100쪽.

(601)에 大伴連囓, 皇極4년(645)의 학문승, 齊明2년(656)에 膳臣葉積을 대사로 하는 일단의 사절단 등 5회가 확인된다. 이것은 단지 사료상에 보이는 횟수이지만 이들이 직접 경험한 고구려의 실상은 보다 구체적으로 왜왕권에 보고되었고, 이것은 왜왕권이 고구려를 인식하는데 객관적 자료가 되었다고 보인다. 고구려의 왕도인 평양에 중국적 조방제에 의해 조영된 성곽도시인 거대한 長安城의 웅장한 모습, 그 안의 수많은 사찰과 건축물 등은 왜국사절에게 협소한 아스카의 공간을 압도하기에 충분하였다. 게다가 3차에 걸친 거대제국 수의 공격을 격퇴했고, 이로 인해 수가 몰락했다는 사실 등 7세기전반에 전개된 고구려의 군사력을 왜왕권은 경외감으로 받아들였을 것이다. 왕도 평양에는 국내성에 건립된 광개토왕비와 같은 天사상을 반영한 건국신화와 聖王觀에 고구려왕의 神聖性을 강조한 가시적인 기념비가 존재했을 것이다. 대화원년(645) 7월 고구려왕에 대해 '神子'라고 조서를 내린 것은 동년 4월에 고구려에서 귀국한 학문승들이 현지에서 체험한 수많은 정보도 참고되었음이 분명하고, 불교문화 등 고구려문화의 전반에 대한 이해의 폭을 넓히는 계기가 되었을 것이다. 이와같이 왜왕권의 고구려에 대한 인식은 문화의 선진성, 도성의 웅장함에서 느끼는 압도감, 수제국의 격퇴라는 현실적 상황에서 나왔다고 생각된다.

5. 고구려의 멸망과 蕃國觀의 형성

668년 나당연합군에 의해 고구려는 멸망한다. 이때의 소식을 『일본서기』에는 "大唐의 대장군 英公이 고구려를 쳐 멸망시켰다. 고구려 仲牟王이 처음 건국할 때 천년을 통치하려고 했다. 母夫人이 '아무리 나라를 잘 다스려도 불가능하다. 7백년의 치세가 계속되는 것은 틀림없다'라고 말했다. 지금 이 나라가 멸망한 것은 바로 7백년 후이다"라고 전하고 있다. 고구려의 시조인 仲牟王(鄒牟, 朱蒙)과 그 생모인 河伯의 딸 柳花夫人의 인명과 국내사서에 전하는 BC37년의 건국에서 668년의 멸망에 이르는 7백여년의 존속기간을 정확히 기록하고 있어 고구려에 대한 역사지식이 상당히 축적해 있음을 알 수 있다.

고구려의 멸망 이후 『일본서기』에는 고구려의 대일외교 기사가 산견된다. 天智10년(671) 上部大相可婁, 天武元年(672) 前部富加抃, 天武2년 (673) 上部位頭大兄邯子・前部大兄碩干, 天武4년(675) 大兄富于・大兄多武, 天武5년(676) 大使後部主簿可干・副使前部大兄德富, 天武8년 (679) 大使後部大相桓父・下部大相師儒婁, 天武9년(680) 南部大兄卯問・西部大兄俊德, 天武10년, 天武11년(682) 下部助有封婁毛切・大兄昂加 등 671년에서 682년까지 11년간 9번에 걸친 고구려사절의 파견기사가 보인다. 일본에서 고구려에 파견한 사절도 天武10년(681)・13년(683)・14년(684) 등 3회 보이고 있다. 고구려 멸망 이전의 양국관계에 비추어 보면 매우 빈번한 사절이라고 할 수 있다.

이 시기에 일본에 파견된 고구려사절이란 고구려 왕족 安勝을 수반으로 하는 報德國에서 파견한 사절이다. 『삼국사기』 문무왕10년(670) 3월조에 安勝을 金馬渚(益山)에 안치하고 동6월조에는 "沙湌 須彌山을 보내어 安勝을 高句麗王에 封했다"라고 하고, 그 冊命文에 "… 신라왕은 고구려 嗣者 安勝에게 冊命을 보낸다. … 先王의 正嗣로는 오직 公이 이을 뿐이요, 祭祀를 맡을 이도 公이 아니고 누구이랴. 삼가 사신 일길찬 金須彌山 등을 보내어 冊을 펴서 公으로 고구려왕을 삼으니, 公은 마땅히 유민을 撫集하고 舊緖를 繼興하여 길이 인국이 되어 형제와 같이 밀접히 할지어다. …"라고 하여 고구려의 제사권을 계승하고 백성을 위무할 것을 명하고 있다. 보덕국이란 말은 문무왕14년조에 "安勝을 報德王에 봉했다"는 기록에 근거하고 있다. 신라가 자국영내에 이른바 고구려의 망명정권을 세운 것은 고구려유민을 회유하기 위한 통치책의 일환임은 말할 것도 없다.[23] 신라의

23) 村上四男, 「新羅國と報德王安勝の小高句麗國」『朝鮮古代史硏究』, 開明書店, 1978, 235쪽.

대당전쟁이 종료하고 양국이 화해관계에 접어드는 시기가 되면 고구려 망명정권의 이용가치가 없어졌음을 판단한 신라는 신문왕3년(683)에 안승에게 제3위인 蘇判의 관위와 金姓을 하사하고 왕경에 거주케 하여 사실상 보덕국은 소멸하고 만다.[24] 보덕국의 소멸시기에 대일견사가 보이지않는 것은 이러한 역사적 실상을 반영한다.

한편 고구려의 망명정권인 보덕국의 대일사절은 보덕국이 독자의 외교권을 행사한 것으로는 생각하기 어렵고 신라측에 의해 조종된 계획사절로 볼 수밖에 없다. 보덕국의 대일견사에는 신라의 送使가 자주 보이고 있는 것도 이를 증명해 주고있다.[25] 요컨대 신라의 대일외교를 원활히 하기 위해 고구려사를 이용했다고 보인다. 따라서 멸망 전의 고구려의 部名과 官位를 그대로 사용하여 고구려의 독자성을 대외적 장에서 확인시키려는 의도가 엿보인다.고구려와 일본은 이미 6세기후반 이래 1세기에 걸친 우호의 역사가 있고 고구려의 선진문물이 일본지배층의 의식에 다대한 영향을 미치고 있던 시기였다. 바로 신라의 대당전쟁이 진행되던 시기에 고구려사의 대일파견은 적대관계였던 일본으로 하여금 친신라정책을 이끌어내려는 외교전략의 일환이었다고 생각된다. 요컨대 신라에 의해 책봉된 보덕국을 일본에 조공사의 자격으로 보냄으로서 일본조정의 중화의식에 영합하는 외교책을 전개하였던 것이다.

그럼 고구려 멸망 이후의 일본의 고구려에 대한 인식은 어떠했는지 생각해 보자. 보덕국 사절에 대해 일본측의 태도는 王京에의 입경이 허락되지 않고 筑紫에서 향응을 받은채 귀국하고 만다. 이것은 보덕국을 정식외교사절로 인정하지 않으려는 일본조정의 생각때문으로 보인다. 이 시기에 신라사가 일본 조정에 들어가 외교의례를 받고있는 것과는 대조적이다. 그럼에도 불구하고 보덕국 사절의 일본 내조는 일본의 중화의식을 만족시켜주는 소재로 등장했다. 신라에 의해 연출된 일본에 의례적, 현실적 조공국으로서

---

24)『三國史記』新羅本紀 神文王3年條
25)『日本書紀』天武2년·5년·8년·9년조에 신라의 送使가 보인다.

의 보덕국의 존재야말로. 8세기 일본율령국가의 고구려에 대한 蕃國觀의 형성에 중요한 영향을 미치고 있엇다.

이 시기에 일본측의 고구려관을 엿볼 수 있는 사료로서『日本書紀』天智元年(662) 4월조의 기사를 살펴보자. "쥐가 말꼬리에 새끼를 낳았다. 釋道顯이 점을 쳐 '北國의 사람이 南國에 붙으려 한다. 아마 고구려가 패하여 일본에 복속하려는 것일까'라고 하였다"라는 내용이다. 釋道顯은 고구려멸망 이전에 일본에 도래한 고구려승으로 그가 남긴『日本世記』는『日本書紀』,『家傳』등에 인용되어 있다. 참위설의 역사관에 기초한 그의 저술은 예언적 기사가 종종 보인다. 위에 인용된 문장도 고구려의 멸망에 대한 前兆기사로 北國(高句麗)이 패하여 南國(日本)에 복속할 것이라는 내용으로 당시의 일본조정의 고구려 인식을 보여주고 있다.『日本世記』의 편찬연대는 不明이지만「日本」이라는 호칭이 출현한 7세기말에서 8세기초 쯤으로 추정된다. 이 글은 고구려승 도현의 저술이지만 서명에서 풍기듯이 일본화된 의식이 반영되어 있고 일본의 고구려에 대한 번국의식이 잘 나타나고 있다. 일본의 중화적 이념이 강하게 반영된 대보율령의 제정을 전후한 시기에 나타난 고구려관이다. 이른바 일본에 복속되어야 할 존재로서 고구려를 상정하고 있는 것이다.

8세기를 기점으로 일본은 고양된 국가의식을 바탕으로 신라에 대한 강한 우월적 이데올로기를 만들어냈다. 大寶律令의 완성이 그것이다. 당의 永徽律令을 모범으로 하여 신라율령을 참조하여 만든 대보율령은 천황제 율령국가의 정치적 이념이 강하게 반영되어 있다. 율령법에 구애받지 않는 유일한 인물, 초법적 존재로서의 천황은 일본이 理想으로 삼은 절대적 인격체이다. '公式令' 詔書式에 의하면, '御宇日本天皇詔旨'는 隣國 및 蕃國에 대해서 쓰는 말이고, 隣國은 大唐이고, 蕃國은 新羅라고 해설하고 있다(『令集解』所引 古記). 대외관계의 장에서 만들어진 '日本天皇'은 특히 신라국, 신라국왕을 의식해서 성립한 것임은 말할 것도 없다. 중국의 華夷思想에 근거한 新羅=蕃國의 관념은 신라국, 신라국왕보다 우월적 존재로서의 '일본천황'을 자리매김하고자 한 현실적 기대상이다. 이러한 현실적 기대상를 법제화를 통해 구현하려는 것이 일본 율령국가의 이념이자 목적이었던 것이다. 여기에는 이미 멸망해 버린 백제와 고구려까지 일본의 번국으로 자리매김하고 있다. 『日本書紀』신공황후섭정전기에 등장하는 신공황후에 의한 三韓征伐譚의 전승도 이 시기에 형성되었고,26) 『令集解』賦役令「外蕃還條」所引의 穴記에 "蕃高百新等是"라고 기록하고 있는 것도 삼국 모두를 일본의 번국으로 보려는 의식의 소산이다.

이러한 번국관을 현실의 정치에서 실현하려는 조치가 '~王'姓의 창출이었다. 백제에 대해서는 이미 '百濟王'氏라는 특별 가바네를 제정하여 의자왕의 아들인 禪廣(善光)과 그 일족에게 '百濟王'姓을 하사하였다. 續日本紀』天平神護2년(766)조의 百濟王敬福傳에 의하면 禪廣에 대해서 持統朝에 '百濟王'姓을 사여했다고 한다. '百濟王'姓은 다른 도래계 씨족과는 달리 改姓된 적이 없는 백제왕족에 대한 특별 카바네이다. 백제왕족에 대한 '百濟王'姓의 사여는 백제왕족을 왜왕권의 신하라는 것이고 왕권의 질서하에 포섭한다는 의도가 있었을 것이다. 이는 百濟王을 姓으로 하는 百濟王氏를 內臣으로 하고 신라를 外臣(諸蕃), 唐을 隣國으로 위치시키는, 이른바 8세기 천황을 중심으로 한 일본율령국가의 하나의 이념이기도 하였다27).

한편 『續日本紀』大寶3년(703) 4월조에는 "從五位下高麗若光賜王姓"이라 하여 高麗若光에게 王姓을 내리고 있다. 高麗若光은 『日本書紀』天智5년(666) 10월에 고구려사절의 부사로서 일본에 온 玄武若光과 동일인물이다. 玄武는 그 방향성과 내용상으로 北·黑과 상 통하고, 『翰苑』所引의 「高麗記」에 고구려의 5部 중의 北部(絶奴部, 後部, 黑部)로서 『三國志』魏書 高句麗傳의 왕비족인 절노부에 해당한다.28) 현무약광은 고구

---

26) 拙稿, 「統一期 新羅와 日本關係」 『講座韓國古代史』 4, 2003(『古代韓日交涉史』, 혜안, 291~292쪽).

27) 筧敏生, 「百濟王姓の成立と日本古代帝國」 『日本史研究』 317, 1989 참조.

28) 田中史生, 『日本古代國家の民族支配と渡來人』, 校倉書房, 1997, 54쪽.

려의 멸망 직전에 왔다가 귀국하지 않고 일본에 체재하여 관인이 된 인물로 추정된다. 고구려왕족 출신인 약광에게 '高麗王'姓을 내린 것은 대보율령의 제정 직후이다. '高麗王'姓의 사여는 '百濟王'姓과 마찬가지로 고구려를 일본왕권의 조공국으로 자리매김하려는 일본본위의 중화적 세계관의 발로이다.

그러나 '高麗王'姓은 이후 사료상에서 소멸하고 대신 '肖奈王'姓의 존재가 나타난다. 『續日本紀』 天平19년(746)조에 "正五位下肖奈公福信 · 外正七位下肖奈公大山 · 從八位上肖奈公廣山等八人嗣肖奈王姓"이라 하여 肖奈氏에 대해 公에서 王으로의 改賜姓이 행해지고 있다. 肖奈氏는 『翰苑』소인의 『魏略』과 『後漢書』의 고구려 5部 중의 하나인 消奴部(『三國志』 魏書高句麗傳의 涓奴部)에 유래하는 姓으로 추정된다.[29] 肖奈公氏의 후예인 高麗朝臣氏는 『新撰姓氏錄』 左京諸蕃에 "高麗朝臣, 出自高句麗好台七世孫延典王也"라 하여 이 씨족이 광개토왕의 7세손인 延典王임을 밝히고 있다. 肖奈의 기원이 되는 消奴部는 고구려초기의 왕을 배출한 왕족으로 후에 桂婁部에 밀려 왕통을 계승하지는 못했지만, "그 적통을 이은 大人에게는 古鄒加의 칭호가 부여되고, 종묘를 세우고 靈星과 社稷에게 따로 제사를 지낸다"는 『魏書』 高句麗傳의 기록으로부터 고구려 지배집단을 구성하고 있었다. 그러나 이 '肖奈王'姓은 4년후인 天平勝寶2년(750)에 高麗朝臣으로 改姓되고 있다.[30] 불과 4년만에 '王'姓에서 朝臣으로 개성되고 있다는 사실은 그 자체로는 실효성이 없다는 판단때문이 아닌가 생각된다. 國名이 아닌 部族名에 기원을 갖는 씨명에 王姓을 내린 것은 유례가 없는 일로서 일본율령국가가 고구려왕권을 하위에 두면서 중화의 이념을 만족시키는데에는 한계가 있었다고 보인다. 뿐만 아니라 '高麗王'姓도 최초의 수혜자 若光의 1대에 끝나는 등 계승되지 못했다. 이는 '百濟王'姓의 씨족들이 이 姓을 갖고 후대까지 왕성한 활동을 한 것에 비

---

29) 新日本古典文學大系 『續日本紀』(三), 岩波書店, 補註17-17, 1992.
　　　佐伯有淸, 「肖奈氏の氏稱とその一族」 『成城文藝』 136, 1991 참조.
30) 『續日本紀』 天平勝寶二年 正月條.

하면 큰 차이가 난다.

　이것은 일본율령국가의 양국에 대한 인식의 차이에 기인하는 것으로 보인다. '百濟王'姓의 경우는 그 수혜자가 멸망 당시의 백제왕의 직계혈통이고, 대규모의 부흥군을 파견했다는 역사적 관계를 갖고있다는 점이다. 이에 비해 '高麗王'姓을 사여받은 若光의 경우는 고구려 지배층을 구성하는 5부의 구성원 출신이지만, 그는 관인으로서 왔다가 정주한 인물이다. '高麗王'姓의 사여를 통해 고구려왕의 위에 선 일본천황의 위상을 과시하려는 일본적 중화사상을 체현하기가 불가능하다고 인식했기 때문이다. 사실상 일본율령국가는 한반도제국 전체를 일본의 조공국으로 보는 번국사관의 입장에서 율령의 제정과 역사서를 편찬했지만, 고구려에 대해서만은 이를 구체적인 사례를 통해서 실현시키기는데 한계가 있었다고 보인다. 6세기후반 이후 멸망에 이르기까지의 1세기간 일본은 고구려와 유례없는 친연관계를 맺었고 고구려의 선진문물의 최대 수혜자의 입장에 있었다. 반면 한반도 삼국의 군사적 대치 속에서 고구려의 적극적인 군사외교가 시도되었지만, 일본측에서 파병했다는 증거는 찾기 어렵다.[31] 일본율령국가의 고구려에 대한 인식은 멸망의 시점까지 의연 대국적, 선진적 이미지를 형성하고 있었다. 멸망 이후에는 신라영내의 망명정권인 보덕국의 사절을 통해 고구려왕권의 위에 선 일본국의 존재를 표상화하려고 했고, 일본에 정주한 고구려계 관인을 통해 중화사상이라는 이념적 만족감을 표시하려고 했지만 실패로 끝나고 말았다. 일본에 있어 고구려는 극복하기 어려웠던 경외로운 국가였고 이는 오랜 역사적 과정 속에서 형성된 인식의 결과였다.

---

31) 『日本書紀』天智卽位前紀 齊明7年 是歲條와 天智元年3月 是月條에는 고구려의 구원요청에 따라 일본이 파병한 듯이 기록되어 있다. 그러나 이들 기사는 백제의 멸망에 즈음하여 백제부흥군으로 파견된 병력이다. 다만 그 일부가 고구려전선에 투입되었다고 볼 수도 있으나 그 가능성도 희박해 보인다. 백제의 경우 너무도 구체적인 파병과정이 기술되어있는데 반해 고구려에 대해서는 막연한 기술로 일관되어 있고, 병력도 고구려영역이 아니라 백제영내에 머무른 상태이기 때문에 고구려에 대한 파병으로 보긴 어렵다.

6. 결   어

　고대일본이 동아시아 무대에 처음으로 등장한 것은 고구려 광개토왕의 남정이라는 사건에 연동하면서부터였다. 백제의 지원요청에 응하여 최초의 공적 파병을 단행했던 야마토정권은 고구려의 정비된 기마병대에 "倭寇潰敗斬殺無數"라는 참담한 패배를 맛보게 된다. 이 시기에 형성된 고대일본의 고구려 인식은 강성의 이미지로 고착되면서 그후의 일본인의 고구려관의 형성에 지대한 영향을 미친다.

　문화적 후진성을 극복하기 위해 한반도남부의 제지역과 교류하던 일본열도의 제세력은 고구려 남정이라는 대대적인 역풍을 맞아 왕권유지에 필요한 철자원 등의 선진문물의 수입이 원활하지 못하였다. 야마토정권이 중심이 되어 연합정권을 형성한 對宋使節은 바로 고구려에 대한 대응적 차원에서 파견되었다. 倭王武가 송황제에게 바치는 상표문에는 고구려에 대한 증오의 念이 절절히 배어나고 있다. 광개토왕시대에까지 거슬러 올라가는 왜왕들이 경험한 과거의 기억들이 중첩되면서 크로즈업되어 송황제의 감성에 호소하고자 했다. 분기탱천하여 '强敵' 고구려를 한반도남부로부터 철퇴시키려 했던 왜왕들의 대송외교는 성공을 거두지 못한채 끝나고 만다. 대송외교의 실패 이후 왜왕권의 대중통교는 단절된채 백제와의 관계 속에서 선진문물을 수입하게 된다.

　6세기 이후가 되면 한반도에서의 신라가 급성장하여 고구려가 차지하고 있던 백제의 舊土인 한강유역을 접수하고 이어 고구려령인 한반도 동북방지역까지 침투하게 된다. 이때 고구려는 단 한차례의 공적 통교가 없었던 왜에 동해를 횡단하는 루트를 통하여 사절을 파견하게 된다. 신라세력의 성장에 다른 위기의식을 발로였다. 고구려사를 맞이하는 왜왕권의 인식은 경계와 환영이 교차하는 2중적 태도를 견지하였다. 고구려사를 위한 영빈기관을 새로이 조영하고 장식선을 건조하여 맞이하고 있다. 고구려사에 대한 왜

왕권의 태도는 7세기 隋使 일행에 비견될 만큼 외교적 의례를 갖추고 있
다. 그것은 다름아닌 고구려에 대한 강한 경외감의 발로임에 틀림없다. 과
거 고구려의 군사적 강대함에 밀려 대송외교를 통해 대응하려 했고, 때론
백제를 지원하여 대항할 수 밖에 없었던 고구려가 왜국를 찾았다고 하는
그 자체가 왜왕권에게 흥분을 자아내기에 충분한 사건이었다. 흠명의 조서
에서도 나타나듯이 우호적 태도를 분명히 하였다. 한편으로는 고구려사의
입경을 늦어진 것은 흠명의 악화된 병세에 기인하지만 고구려사에 대한 경
계적 태도도 있었다고 보인다.

　수당제국이 통일왕조를 수립하는 6세기말 이후가 되면 왜왕권의 대외정
책도 백제일변도에서 동아시아제국을 상대로 하는 多國外交로 전환하게
된다. 이 시기 고구려의 대왜외교는 승려, 지식인, 기술자를 중심으로 한 인
적외교와 선진문물을 제공하는 문화외교를 통해 왜왕권을 자국의 동맹국으
로 편입시키려 했다. 이러한 양국의 긴밀한 교류 속에서 왜왕권은 고구려사
에 대해 '神子'가 보낸 사절이라는 경외감을 표시한다. 이는 다른 한반도제
국과는 명확히 구별되는 차별적 표현으로 고구려에 대한 강한 유대감, 敬
愛와 尊崇의 발로이다.

　그러나 고구려의 멸망 이후 신라영내에 구축된 괴뢰정권인 보덕국의 존
재에서 일본의 對고구려 인식은 조공국시 하는 태도로 변화하게 된다. 8세
기에 들어가면 율령의 제정과 『日本書紀』라는 사서의 편찬을 통해 고구려
를 포함한 한반도제국 전체를 蕃國으로 보는 대외인식을 보여준다. 고구려
계 이주민인 若光에게 '高麗王'姓을 내리고 또 고구려의 5부의 하나인 消
奴部에 기원을 둔 肖奈公에게 '肖奈王'姓을 하사하여 일본왕권에 포섭되
는 고구려왕권의 존재를 상정하여 율령국가의 중화적 이념을 만족시키려
했다. 그러나 이것도 단기적 일회성으로 끝나 별 실효성을 거두지 못한채
소멸되고 만다. 그후 고대일본의 고구려에 대한 우월적 의식은 고구려를 계
승했다는 발해사에 대한 의례에서 나타나지만, 단지 관념상으로만 남아있
게 된다.

4세기말 고구려에 대한 적대적 인식에서 출발한 고대일본은 6세기후반 이후 1세기간의 교류를 통해 군사적 강국의 이미지에다 문화적 선진성까지 결합된 새로운 고구려관을 형성하였다. 이것은 다른 한반도제국에서는 찾아보기 힘든 대외인식이었고 고대일본이 극복하기 어려운 대상으로서의 고구려에 대해 갖고 있던 특별한 의식의 소산이었다.

※이 논문은『북방사논총』2호(2004.12, 고구려연구재단)에 게재했던 것으로 본서의 편집과정에서 재수록하게 되었음을 밝혀둔다.

<편집후기>

　연민수회장의 제안으로 시작된『동아시아 속에서의 고구려와 왜』를 한 권의 책으로 마무리하기까지 적지 않은 시간과 어려움이 있었다.

　연회장이 처음 심포지엄을 제안한 것은 2005년 6월이었다. 그 해는 연초부터 일본 시마네현에서 <타케시마의 날>을 제정했고, 왜곡된 중학교 역사교과서를 검정통과시켰다. 또한 중국으로로부터도 <동북공정> 프로젝트에 의한 역사도전을 받게 되어 한해 내내 어수선했다.

　정부에서는 급기야 우리 역사를 바로 세우고, 주변국으로부터의 역사도전에 대응해가기 위해, <바른역사기획단>을 만들었다. 그 즈음 <바른역사기획단>의 창립 멤버였던 연회장이 고구려사의 지평을 넓히기 위해 제안한 주제가 바로 <고구려와 왜>였다.

　동아시아 속의 한국사, 나아가 세계사 속의 한국사를 재구성해야 하는 지금, <동아시아 속에서의 고구려와 왜>는 역사왜곡이 난무하는 동아시아 속에서 매우 중요한 시대적 의미를 갖는다. 심포지엄은 2005년 10월에 이루어졌지만, 이 책이 빛을 보게 된 것은 그로부터 1년이나 걸렸다. 국제심포지엄이어서 원고수정 및 연락에 시간이 걸렸고, 또 종합토론을 녹취하는 작업도 수월치 않았다. 끝내 발표자 중 한분의 원고는 싣지를 못했다. 이점을 매우 아쉽게 생각한다.

　이 책의 발간으로 한일관계사학회에서는 열 번째의 단행본을 출간하게 되었다.『한일관계사논저목록』(현음사, 1993)을 비롯하여,『독도와 대마도』(지성의 샘, 1996),『한일양국의 상호인식』(국학자료원, 1998),『한국과 일본』-왜곡과 콤플랙스역사-(자작나무, 1998),『교린제성』(국학자료원, 2001),

『조선시대 표류민연구』(국학자료원, 2001),『한일관계사연구의 회고와 전망』
(국학자료원, 2001),『「조선왕조실록」속의 한국과 일본』, (경인문화사, 2003),
『한일도자문화의 교류양상』(경인문화사, 2004)의 뒤를 이은 것이다. 물론
2005년에『한일관계 2천년』(3권)을 제외하고 모두 국제심포지엄의 결과물
이다.

　앞으로도 우리 <한일관계사학회>에서는 매년 국제심포지엄을 지속적으
로 개최할 것이며, 그 결과물을 <경인 한일관계총서>로 발간해 갈 것이다.
한일관계사연구에 관심과 흥미를 가진 모든 분들로부터 지도와 편달을 기
원한다.

2007. 2.

손 승 철

필자소개 (집필순)

坂元義種	龍谷大學 文學部 敎授
徐榮洙	단국대 역사학과 교수
川本芳昭	九州大學 文學部 敎授
朴天秀	경북대 고고인류학과 교수
新川登龜男	早稻田大學 文學部 敎授
金善民	숙명여대 일본학과 교수
森公章	東洋大學 文學部 敎授
高麗文康	高麗神社 稱宜
延敏洙	동북아역사재단 연구위원

동아시아 속에서의 高句麗와 倭   값 17,000원

2007년 2월 15일 초판 인쇄
2007년 2월 25일 초판 발행

편 자 : 한일관계사학회
발 행 인 : 한 정 희
발 행 처 : 경인문화사
편 집 : 신 학 태
서울특별시 마포구 마포동 324-3
전화 : 718-4831~2, 팩스 : 703-9711
이메일 : kyunginp@chol.com
홈페이지 : 한국학서적.kr / www.kyunginp.co.kr
등록번호 : 제10-18호(1973. 11. 8)

ISBN : 978-89-499-0465-8 93910